Jules SÉVERIN

LE MONOPOLE UNIVERSITAIRE
QU'EST-CE QUE VAUT LA MARCHANDISE
au point de vue technique ?

OUVRAGE PRÉCÉDÉ
D'UNE LETTRE D'ÉDOUARD DRUMONT
ET
D'UNE LETTRE D'ERNEST RENAULD

*L'École sectaire officielle est
l'École du crétinisme.*

the Savoisien & Baglis

Copyright 1905

PARIS

LIBRAIRIE   ANTISÉMITE

45, Rue Vivienne 45

Imp. de l'Assistance par le Travail, 21, rue Ravignan. Paris (18ᵉ arr.)

Première édition numérique 31 août 2011

ERRATA
Corrections effectuées lors de cette reprise numérique.

the Savoisien & Baglis

ÉDITION ORIGINALE NON CENSURÉE

Exegi monumentum ære perennius
Un Serviteur Inutile, parmi les autres

Scan, ORC, Correction
Lenculus

Mise en page
25 Novembre 2019
Baglis

Pour la Librairie Excommuniée Numérique des CUrieux de Lire les USuels

Lettre de M. Édouard Drumont

Mon Cher Séverin,

C'est de tout cœur que je vous écris pour souhaiter bon succès à votre livre, puisque vous espérez que ma parole petit avoir quelque poids près de nos amis pour les décider, non seulement à lire, mais à propager et à répandre ces pages pleines de faits, de science et de raison.

Parmi tous ceux qui s'obstinent courageusement et noblement à éclairer et à défendre contre lui-même ce pays qui ne veut rien faire pour échapper au sort qui l'attend, vous avez choisi la tâche, non pas la plus brillante, mais la plus utile.

D'autres, en d'éloquentes paroles, flétrissent l'infamie des persécutions actuelles et l'ignominie de ces hommes qui, après avoir pendant tant d'années réclamé la liberté pour eux, étranglent avec un si beau cynisme la liberté des autres.

Vous vous êtes imposé pour mission de démontrer que le régime franc-maçonnique et juif que nous subissons n'enlève pas seulement aux Français tout sentiment du grand rôle qu'ils ont joué dans le monde, tout idéal, toute foi patriotique, mais encore il atteint ceux qui travaillent, dans leurs intérêts mêmes, dans leur droit à la vie.

En des centaines de conférences et de réunions vous avez entretenu les ouvriers de la terre, de la condition lamentable faite à nos agriculteurs qui, victimes des spéculations juives, ne peuvent arriver à trouver la juste rémunération de la peine qu'ils se donnent.

Les produits du sol eux-mêmes sont devenus matière à coups de Bourse et prétexte à de scandaleux agiotages.

Ceux qui poursuivent le généreux dessein de substituer un ordre de choses meilleur, à l'ordre de choses actuel, une organisation plus morale, plus raisonnable et plus sage, au système maçonnique, juif et protestant dont nous mourons, auraient-ils triomphé d'une façon absolue s'ils avaient marché dans la voie que vous indiquez, s'ils s'étaient préoccupés davantage du côté pratique des questions ?

J'avoue que, sous ce rapport, je suis un peu sceptique.

La machine administrative que la troisième République a empruntée à l'Empire, en perfectionnant encore les rouages du despotisme, en multipliant les ressorts d'oppression, est si solidement montée qu'elle enlève à l'individu toute possibilité de faire prévaloir sa volonté personnelle.

Vous savez, mieux que moi, que les électeurs ont le plus complet mépris pour la plupart des députés qu'ils envoient à la Chambre et qui, au lieu de prendre en mains les intérêts de leurs mandataires, se bornent à aboyer contre de pauvres prêtres dont le paysan connaît la vie de privations et de dévouement... Ces députés qu'ils méprisent, les électeurs les nomment tout de même...

Ce qui est certain, mon cher Séverin, c'est que le volume que vous me demandez de présenter au public sera pour beaucoup la lecture instructive, solide, profitable par excellence.

Par sa forme précise et concise, exempte de déclamations et de phraséologie, par la variété des sujets qu'il traite, ce livre permettra de se bien rendre compte de la façon dont le virus protestant et juif a empoisonné toutes les sources de l'activité française : le monde du travail agricole, le monde universitaire, le monde de la science, les industries nationales, les grands intérêts vitaux, l'enseignement, la médecine, la littérature, les arts et les mœurs.

Cette invasion, que chacun est bien obligé de constater sans en connaître très exactement l'évolution le processus et les développements, sera désormais intelligible et compréhensible pour chacun.

Quand se produiront les événements qui ne seront que la conséquence logique des erreurs et des sophismes qui se sont substitués à toutes les vérités morales, sociales et économiques sur lesquelles était basée la Société française d'autrefois, les Français ne seront plus surpris.

Nous ne verrons plus se produire l'affreux malentendu qui suivit la catastrophe de 1870... Nous ne verrons plus de très-honnêtes gens choisis par la France pour la sauver, organiser eux-mêmes ce régime parlementaire qui nous conduira aux abîmes, si quelque réveil inattendu ne se produit pas dans ce pays.

Édouard DRUMONT.

Lettre de M. Ernest Renauld

Mon Cher Séverin,

Vous me demandez une lettre-préface pour votre livre ; je vous la donne bien cordialement, heureux si elle peut aider à la diffusion des idées que vous exposez avec tant de conviction, de chaleur et d'érudition, car ces idées sont aussi les miennes et je crois, comme vous que, le jour où elles triompheront, la France sera délivrée des ennemis de sa foi et de ses traditions séculaires et que de nouveau elle reprendra, dans le monde, le cours de ses anciennes et glorieuses destinées.

Je reconnais avec vous que c'est une conception laborieuse, que celle qui consiste à rendre à notre pays sa vraie mentalité, sa mentalité ancestrale, nationale qu'il a perdue par suite d'une intoxication du poison juif, huguenot et franc-maçon ; il faut, en effet, redresser toutes les erreurs historiques qui ont cours et donnent une telle puissance aux préjugés, que les volontés les mieux trempées se sont jusqu'à ce jour brisées à les combattre.

Et pourtant, c'est bien par là qu'il faut commencer, c'est bien à ces préjugés si obstinément ancrés dans les cerveaux contemporains qu'il faut s'attaquer, afin de les broyer, de les détruire d'une manière définitive.

Tant que nous n'en aurons pas établi l'inanité, la France restera plongée dans cet état de consomption et de langueur propre aux nations à leur déclin.

Mais de même que les préjugés qui ont créé en quelque sorte l'ambiance politique et sociale, dans laquelle nous vivons, ne sont que des préjugés, et comme tels déracinables, ainsi que tout ce qui est faux, par le bon sens, la raison, la science, — de même je crois que notre déclin, que notre décadence n'est que passagère, si j'en juge par les admirables bonnes volontés qui vibrent dans toutes les classes de la société.

Non, mon cher Séverin, je ne veux pas croire que la France de l'illustre Pasteur et de l'héroïque Marchand soit une nation finie.

Ceux qui finiront, ce sont ses exploiteurs actuellement au pouvoir, d'ailleurs serrés de près par la moitié des électeurs qui depuis trente ans ont gardé au cœur les mêmes aspirations, les mêmes espérances, avec une ténacité, une fidélité que rien n'a pu abattre.

Elle a passé par tous les chemins, cette fidélité, mon cher Séverin, elle a connu toutes les douleurs ; mais elle est encore aujourd'hui ce qu'elle était hier et c'est ce qui me fait espérer malgré ceux qui désespèrent, car je crois à la vertu, et la fidélité est une des plus belles qui soit au monde.

Dans votre livre qui touche à tant de sujets, où les idées fourmillent il en est qui m'a particulièrement frappé : Vous estimez que les chefs de l'opposition se cantonnent trop dans la politique pure et ne se préoccupent pas assez des grands intérêts du pays : l'agriculture, l'industrie qui périclitent et sombrent sous mille fléaux.

Il n'est pas douteux que la persécution religieuse, l'expulsion des congrégations, si elle froisse les consciences de nos agriculteurs et de nos commerçants, n'alarme pas leurs intérêts, et que porter la lutte sur ce seul terrain, c'est atteindre une minorité de la collectivité électorale, alors que c'est la majorité qu'il importe d'entamer.

Que nos chefs disent aux paysans :

« Si le blé vous coûte plus cher à produire que vous ne le vendez c'est parce que nos gouvernants, au nom de la liberté, laissent entrer, en France, des blés étrangers qui causent la baisse de cette denrée. »

Que nos chefs disent aux viticulteurs :

« Vos vins si renommés ont perdu la moitié de leur valeur, parce qu'il a plu, à nos libre-échangistes francs-maçons, d'ouvrir toutes grandes les portes de la frontière aux vins d'Espagne et d'Italie, qui dédoublés sont vendus sur le marché de Bordeaux ou de Bercy, comme vins français à vil prix. »

Que nos chefs disent aux commerçants et aux industriels :

« Les traités de commerce conclus par nos ministres le sont au détriment de notre commerce et de notre industrie ; c'est là le secret de la crise qui affecte nos marchés ; aussi bien vaudrait-il mieux pour nous moins de politique et plus d'affaires, moins de politique et plus d'administration intérieure des intérêts agricoles, commerciaux et industriels ! »

Que nos chefs disent cela partout, et le jour où ils se décideront à tenir ce langage, à porter par conséquent la lutte sur un terrain beaucoup plus large que la liberté d'enseignement, l'armée, les Congrégations, sans exclure, toutefois, ces revendications très légitimes, — ce jour-là l'oligarchie judéo-maçonnique protestante succombera, car elle ne vit que de passions politiques et religieuses et non pas des mêmes intérêts vitaux que la majorité du pays.

Vous étiez qualifié, mon cher Séverin, pour émettre ces idées, étant donné la place que vous occupez à la Société des Agriculteurs de France, vos relations avec l'Association de l'industrie française, et la part active que vous avez prise aux Assemblées catholiques et au mouvement social qui s'est fait il y a vingt ans et depuis vingt ans.

Mais comment l'enseignement, qui forme la jeunesse d'élite, celle sur laquelle nous comptions pour les victoires de demain, est-il resté ou devenu contraire aux intérêts du pays et à la vérité scientifique elle-même ?

C'est ce que démontrent amplement vos articles, parus dans La Délivrance et mis aujourd'hui en brochure pour le public, et où vous reprenez l'histoire sur près de dix siècles, en montrant que les institutions les plus utiles du passé ont été décriées odieusement par les ennemis séculaires de la France, et par les sociétés secrètes, leurs complices, dont la Maçonnerie est la plus active et aussi la plus néfaste.

Croyez, mon cher Séverin, à mes bien sincères et bien cordiaux sentiments.

Ernest RENAULD.

INTRODUCTION

Au moment où un gouvernement juif, protestant et maçonnique s'apprête à rétablir le Monopole universitaire, dans des conditions plus léonines même qu'il n'exista sous les régimes les plus dictatoriaux, j'ai examiné, par des articles parus pendant plus d'un an dans *La Délivrance*, ce que l'État fait enseigner à la jeunesse française, la France de demain. A-t-il armé les jeunes gens pour la vie ? Les a-t-il rendus aptes à enrichir leur pays ? À gagner facilement leur existence ? D'autres, en assez grand nombre, parleront du point de vue sectaire de cet enseignement, des libertés violées ; de nos traditions, de nos grandeurs foulées aux pieds ; des chutes lamentables de la morale indépendante, et de la guerre faite à tout idéal, au patriotisme comme aux principes d'une saine éducation. Ils montreront l'armée, la magistrature, la religion, les finances livrées aux appétits destructeurs, aux passions irraisonnées.

Je me suis imposé, quant à moi, la tâche de tout examiner au point de vue technique.

Pour relever le pays de ses ruines matérielles et morales, le peuple ignore, est habitué à suivre, comme aux plus beaux jours du despotisme, et, quelquefois, entraîné par les agents de la finance cosmopolite, s'unit pour détruire, jamais pour édifier.

La classe instruite eût pu nous aider. Mais les programmes d'enseignement sont conçus à l'inverse des intérêts du pays, pour justifier l'exploitation juive, la haine calviniste et l'hypocrisie maçonnique. La science même a péri.

Ceux que l'école de la vie nous ramène, après une existence de labeurs et d'obstacles de tout genre amoncelés sous leurs pas, ont vu leurs rangs s'éclaircir par le ravage mortel des années ; les jeunes ont toute l'illusion des diplômes nouvellement conquis, et sont prêts à recommencer la dure expérience.

La plupart, voyant les difficultés de l'agriculture, de l'industrie et du commerce, vivent au compte de la collectivité, dans des fonctions libérales ou dans des fonctions publiques, nourris par les producteurs, qu'on décourage par tant d'obstacles, et qui sont chargés en définitive d'alimenter l'État, les fonctions libérales et publiques, malgré la concurrence étrangère favorisée de mille façons, la hausse des impôts, des salaires, la diminution des heures de travail, et les entraves d'un mandarinat perfectionné.

De plus en plus se fait la poussée des classes vers l'administration, vaste collier de la servitude, disparition du dernier vestige d'indépendance qui s'éteint, pour vivre tous dans une vaste hôtellerie, où tout le monde consommera et où personne ne produira plus. Pour ce but, où se rencontrent tous les abîmes, on accepte lâchement la destruction de tout sentiment d'honneur, de toute vérité, de tout principe, de tout bien social qui nous retenait encore et nous préservait de la ruine.

Sur cette pente fatale et voulue, où nous entraînent les ennemis de notre pays, qui dictent l'enseignement à nous donner, conforme à leurs desseins, tout est fourberie, mensonge, hypocrisie, pour parler comme le Manuel de l'initiation Maçonnique, ainsi qu'on le verra plus loin.

Je ne puis mieux faire pour montrer ce qu'est devenu l'enseignement de nos jours que de reproduire l'article donné comme conclusion de cette vaste étude sur chaque point de l'enseignement, que nous reprendrons ensuite un par un, avec les documents nécessaires pour en découvrir tout le venin. Ce sera comme la préface de ce travail d'analyse dédié aux pères de famille, aux éducateurs dignes de ce nom, et tous ceux qu'intéressent l'avenir et l'existence de la nation française dans le monde.

Un professeur du plus grand mérite nous disait un jour :

> « *Il y a trois millions de jeunes gens qui fréquentent les cours de l'instruction primaire : le programme est de pouvoir suivre les cours de l'instruction secondaire.*
> « *Il y a 300 000 jeunes gens qui suivent les cours de l'instruction secondaire : le programme est de pouvoir suivre les cours de l'instruction supérieure.*
> « *Il y a 20 000 jeunes gens qui suivent les cours de l'instruction supérieure : le programme est de pouvoir arriver à l'institut.*
> « *Il y en a 400 qui arrivent à l'Institut, et là ce sont de parfaits crétins, incapables de rendre service à leur pays* ».

Sous une autre forme il ajoutait :

> « *Un petit curé, chassé par Bismarck, vint me trouver et me demander une place dans l'enseignement français. Après diverses démarches, je la lui procurai. Plus tard, Bismarck alla à Canossa et le petit curé fut rappelé. Avant de repartir dans son pays, il vint me remercier.*

« *Eh bien ! lui dis-je, vous avez instruit nos petits français, comment les trouvez-vous ?*

— « *Oh ! merveilleux d'intelligence, de puissance d'assimilation, autant que nos petits allemands sont des petits crétins. Mais autant nous dépensons d'intelligence et d'efforts pour faire de nos petits allemands des hommes, autant vous en dépensez pour faire de vos petits français* des crétins. »

Pères de famille, est-ce là ce que vous visez, en confiant vos jeunes gens à l'Université ? Vous qui n'avez jamais réclamé sérieusement la liberté des programmes, c'est même ce qu'on vous impose dans vos écoles prétendues libres.

Nous sommes sous un gouvernement soi-disant d'opinion, nous avons fait des révolutions pour conquérir la liberté. Héritiers de 1789, 1830 et 1848, auxquels il faudrait ajouter 1870, qu'avons-nous reçu de l'héritage ?

Les agronomes ont mis leurs fils dans les écoles pour y apprendre, en fait d'agriculture, les doctrines économiques qui ruineront leurs *papas*. Les industriels y ont mis les leurs, et on leur a appris à faire prospérer l'Orient et l'Amérique à leur détriment.

En philosophie, plus de Dieu, de morale, d'Évangile ! C'est l'initiation au Dieu maçonnique, l'absence de devoirs et l'on recule plus loin que la barbarie antique.

L'histoire sert à maudire les traditions et le passé de la France, époque prétendue d'obscurantisme et d'intolérance, soi-disant, qui eut le mauvais goût de résister à l'exploitation juive et à la haine huguenote, de rester forts, unis et prospères, alors qu'il n'y a pas besoin de France en Europe.

Les Beaux-Arts et la littérature se sont confinés dans l'admiration des décadences grecque et latine. Rien, que les vices divinisés de l'Olympe ! et, si des vertus ont mérité d'être coulées en bronze pour l'édification des générations futures, ce sont celles des traîtres, des révolutionnaires et des apostats !

En littérature, les phrases creuses et ronflantes, au lieu de la sincérité du peuple franc et gaulois, les ciselures de la rhétorique, sans âme, sans principes et qui tiennent un auditoire dans l'admiration pendant des heures, sans rien, lui dire de pratique, de vrai, de sérieusement et de sincèrement pensé.

Avec le droit moderne revient l'armée des fonctionnaires, aux deux tiers inutiles, des privilégiés, des prétoriens et des proconsuls, de qui tout dépend et à qui tout est dû, vaste plaie, qui gangrène le pays, y entretient la servitude et forme les légions intangibles des élections invariables, quoi qu'on fasse pour se relever.

Puis le monde a progressé dans la science, les découvertes, tandis que nous nous enlisions dans la politique sectaire. Pendant que les nations voisines s'enrichissaient, étudiaient les langues modernes, utilisaient les chutes d'eau, la *houille blanche*, et se développaient, s'organisaient au point de vue commercial, nous dormions depuis 1870 dans la réclame éhontée, l'exploitation au lieu de science, les formules surannées, jusqu'au jour où la Révolution, brandissant ses tisons de discorde, attaquait franchement la religion, l'armée, l'industrie, les finances françaises, comme Reinach nous en avait prévenus à Digne, pour les chambarder !

Pères de famille, est-ce cela que vous voulez faire de vos enfants ? Debout pour la liberté, liberté des programmes, éducation pratique, pour vivre et faire vivre notre pays ! Assez des déclamations de la haine triomphante, du crétinisme officiel, du recul dans la civilisation, où nous laissons notre place, si longtemps la première, aux nations voisines.

Guerre aux sectaires, aux incapables, aux dangereux et mortels ignorants qui tuent tout ce qu'ils réforment. Donnez-nous des lauréats pratiques, savants, utilement instruits. Guerre aux pédants et aux sectaires qui, sous prétexte de diplômes, nous imposent leur ignorance crasse !

Ou plutôt je vous connais, beaux masques ! Ce que vous voulez pour les autres, vous n'en voulez pas même pour vous et vos enfants. Guerre à la lâcheté qui fait que tant d'hommes qui nous approuvent dans toutes les classes de la Société, s'inclinent devant le mot d'ordre de l'étranger, dont ce dernier ne veut pas pour lui, mais pour désagréger seulement une nation en décomposition, dont il s'attribue d'avance les dépouilles.

Patriotes debout ! La France est en danger ; défendons le sol, les autels, les traditions, c'est bien ! mais aussi l'âme des générations appelées à nous remplacer, forteresse de la grandeur, de la prospérité et de la félicité de l'avenir, contre une petite bande de stipendiés qui commandent à tout et font marcher le gouvernement, la police, l'armée, la bourgeoisie, le peuple contre l'idée de tout le monde en France.

Créons la *Ligue de l'avenir national* !

Jules Séverin.

L'Enseignement Protestant

dans nos Écoles d'Agriculture

« *Je puis prouver*, disait Pouyer-Quertier, *que la position géographique de l'Angleterre l'obligeait au libre-échange. Pourvue de mines de fer et de houille admirables, sous un climat qui ne permet de faire mûrir ni la betterave, ni la vigne, et tardivement les céréales, entourée de mers de tous côtés, la première elle organisa la navigation à vapeur, un service maritime plus considérable que celui du monde entier, un empire colonial immense, et ce qu'elle avait fait pour elle, elle le fit pour les autres nations d'Europe : elle alla chercher les objets de son alimentation et ses matières premières pour son industrie dans ses colonies, elle en inonda l'Europe, et, par les bénéfices qu'elle retira de produits achetés à vil prix et revendus aux cours européens, elle récupéra et au-delà les 2 milliards qu'elle perdait sur son sol. La France, quant à elle, avec ses terres fertiles du Nord, ses vignobles du Midi dont la réputation est universelle, et ses industries si variées, n'a pas besoin de colonies, et ce qui en vient sur notre marché détruit ce que nous avions chez nous, elle n'a comme revenus que ceux de son agriculture et de son industrie nationales.* »

Un jour vint, où les lords durent se prononcer, et choisir entre le revenu de leurs domaines et celui du grand commerce maritime et colonial. Ils sacrifièrent de préférence l'agriculture, en la couvrant de fleurs. Les blés généalogiques, les grains de sélection, les machines perfectionnées, les races d'engraissement rapide, les engrais chimiques, tous les progrès qu'imaginèrent les spéculateurs en instruments ou en engrais de spéculation, en races pures vendues dix fois leur prix, en grains à valeur triple ou quadruple furent livrés en consolation aux malheureux fermiers ruinés, pour assurer le triomphe des industries du Lancashire.

Mais les Anglais firent plus. Ils s'emparèrent du change des monnaies, exigèrent, pour 50 milliards de dettes du monde entier, de l'or, dont ils avaient privé 31 nations. On fournit 2 piastres pour 1,3 billets argentins pour 1,4 billets brésiliens pour 1. La livre sterling, pour les achats dans les pays nouveaux, qui redevaient leurs ports et leurs chemins de fer, joua pour le doubler le triple et le quadruple, pour se procurer leurs produits à la Bourse de Londres, et on nous en inonda.

La France consentit partout des traités de commerce sans réciprocité, abaissa ses tarifs de chemins de fer pour les produits étrangers, livra ses ports et ses docks gratis, conquit des colonies, où elle installa autant de fonctionnaires que de colons, mais en laissant leur commerce passer la plupart du temps aux Anglais. Elle, le changeur du monde jusqu'en 1870, elle leur abandonna cette prérogative, fut cause ainsi de l'exploitation financière du monde par eux. Elle fit plus : elle se suicida financièrement, en réformant sa monnaie, pour passer à l'étalon juif, à celui des grands financiers : *à l'étalon d'or*.

Parcourez nos concours, parcourez nos écoles. La doctrine économique qu'on y enseigne, c'est le libre-échange, sans réciprocité, sans bénéfices financiers par ailleurs, c'est l'étalon d'or, c'est le régime colonial qui mine la métropole. Je vais plus loin : les races sont les races anglaises, les machines perfectionnées sont souvent celles d'Angleterre ou d'Amérique, les blés sont ses blés généalogiques, les engrais, ceux qu'exploitent ses spéculateurs. L'agriculture ruinée doit encore acheter à prix surfaits ce que veulent bien lui vendre à très haut prix les financiers d'Angleterre, et quiconque ne professe pas leurs doctrines et n'expose pas leurs produits, n'a pas droit aux diplômes de nos Écoles et aux médailles de nos concours.

L'Enseignement Protestant

dans les Écoles de Commerce

L'École de Manchester avait dit :

> *« Prenez vos matières premières dans les pays nouveaux, vous les aurez à plus bas prix ; les fabriques européennes verront s'ouvrir devant elles le vaste marché du monde. Outillées comme elles le sont, elles ne seront jamais supplantées ; les produits alimentaires eux-mêmes baisseront pour le consommateur, nous entrons dans une ère de richesse indéfinie, et de bien-être social qui éteindra les haines entre les peuples et fera cesser les guerres sur la surface de la terre. »*

Ces prédictions intéressées devaient être cruellement démenties. L'agriculture sombra ; c'était prévu, et avec elle tous les achats de luxe faits dans les campagnes ; le marché du monde se ferma pour nous, devant les droits prohibitifs du tarif Mac-Kinley et Dingley aux États-Unis, les droits élevés de l'Amérique du Sud, de la Russie, de l'Autriche-Hongrie, de l'Italie et de l'Espagne ; en Allemagne, on se heurta de plus aux interprétations judaïques des traités, aux tarifs surélevés des chemins de fer ; en Angleterre, aux taxes diverses établies dans les ports de mer ; de plus nos animaux y étaient réputés malades, nos vins contraires à l'hygiène, la bière et les cotonnades protégées, ses colonies fermées. Les mondes nouveaux comptaient en argent pour tous les besoins de la vie ; nous y offrions nos marchandises doublées de prix, c'est-à-dire payables en or. Il suffisait qu'ils s'outillassent pour les offrir à moitié prix des nôtres ; les capitaux, les ingénieurs, les cosmopolites n'y ont pas manqué. Le Japon, la Chine, l'Argentine, tous vendent en France à meilleur compte, et nous refoulent sur notre propre marché.

Les Bourses de commerce, les *trusts*, les gros syndicats d'intermédiaires ont doublé les prix des objets d'alimentation pour la consommation. Jamais la lutte n'a été plus vive, 30 millions d'hommes sont sous les armes en Europe, et on s'arrache les colonies. Il serait cruel de parler de pacification quand, au lendemain de la conférence de la Haye, les Anglais employaient les balles *dum-dum* contre les Boers, inventaient les *camps de concentration* et fusillaient les prisonniers. Il n'y a qu'une chose qui dépassera la rapacité des protestants anglais, qui du moins risquaient leur vie et leurs *livres sterling*, ce sera celle des fils de Jacob pour se faire adjuger la concession des Mines d'or par le gouvernement anglais, sans avoir risqué ni leur vie ni leur or. Car le protestant n'est que le paravent du juif, c'est la fourmi qui transporte l'oïdium, et qui n'a pas droit à la vigne, car la vigne n'est pas faite pour elle.

Tous ces produits du travail humain sont centralisés à Londres, et réglés sur le plus bas prix. Le Monopole qui les achète saura les hausser pour les nations consommatrices ; tout est établi sur le pied du jeu, acheté en argent et en papier et revendu en or. La Bourse de Londres fera baisser indéfiniment l'argent et le papier qui servent à acheter, et monter l'or dans lequel on vend. Les matières premières elles-mêmes varient tous les jours de prix par l'agiotage. On se souvient des *krachs* retentissants de Roubaix, la ville qui a le mieux imité les Anglais par ses élevages de la Plata.

Comme nation, les Anglais souffrent. La lente évolution que le professeur Nicholson nous faisait pressentir s'accentue ; les Chambres de commerce, ne pouvant plus lutter contre les cotonnades indiennes et japonaises, commençaient à dire que les doctrines sont selon les intérêts. Aujourd'hui ils frappent de droits de douane les céréales, les sucres, les vins, tous les produits peu à peu : Manchester est retourné.

Seuls, nos Économistes protestants français, fidèles disciples d'Adam Smith, ne désarment pas. Leur enseignement *infaillible* est toujours fidèle au libre-échange sans réciprocité. Ils étaient les seuls à Budapest, qui ne voulaient aucune modification à l'étalon d'or. Ce en quoi ils ne se trompaient pas, à un certain point de vue, car, quand les délégués français et américains allèrent à Londres pour y conclure une réforme, déjà votée par tous les parlements d'Europe, avec un ministère et la Chambre des communes favorables, une protestation des banquiers de la cité de Londres arrêta tout et fit tout échouer.

Et, dans nos Écoles de commerce, deux jeunes industriels avaient développé comme thèse de leur examen, que l'avenir commercial appartenait à la Chine et au Japon, et que les français ne pouvaient mieux faire que d'y transporter leurs industries. Ils furent reçus avec des éloges incomparables.

L'élève qui a reçu son diplôme, est reconnu apte à faire gagner de l'argent aux Anglais, ou plutôt, je me trompe, aux juifs de la Cité de Londres, sur les ruines de tous ses compatriotes français et du monde.

L'Économie politique juive

L'avenir est au papier, disait Rocambole ; le présent doit déjà lui appartenir. Il y a en ce moment six cents milliards de valeurs négociables dans les Bourses Européennes, et sur les 20 milliards d'or frappés, 12 sont prisonniers des grandes Banques comme trésor de guerre ou encaisses métalliques ; il ne reste que 8 milliards d'or disponible pour tous les produits du monde et le commerce de ces valeurs.

Les financiers, maîtres du marché, déprécient les produits du travail humain sur toute la terre, et augmentent indéfiniment la puissance de l'or qu'ils détiennent. Tous les produits sont livrés au Monopole tout-puissant ; la grande presse des capitales du monde, les Agences d'information et de colportage sont dans leurs mains. Et l'enseignement public les sert.

La *Libre Parole* a ouvert un concours sur les moyens de diminuer l'influence juive. Le travail du lauréat n'étant pas assez étendu, le Président du Comité, en publiant l'ouvrage, le fit précéder d'un préambule qui forme les trois quarts du livre, il y désigne par leurs noms les juifs qui négocièrent le protestantisme et la franc-maçonnerie. C'était au lendemain de l'Inquisition, et c'était leur revanche.

L'Angleterre apostasia, mais ce fut pour inaugurer, les Bourses du Commerce et du Change, la grande spéculation des produits de l'univers, le vaste commerce international. C'est à un juif : lord Liverpool, que l'on doit l'étalon d'or Anglais, que Léon Say nous imposa sans le dire à la France. C'est à un autre juif Bamberger, qui donnait des Conseils à Bismarck, que l'on doit son introduction en Allemagne, malgré le vœu des agrariens.

Jonathan est neveu de John Bull ; il ne pouvait mieux faire que d'imiter son oncle. Les *trusts*, les gros syndicats, le jeu sur les produits fleurissent en Amérique et nous en viennent.

L'Allemagne a conquis la moitié de l'Europe, pour lui imposer ses juifs. Les scandales financiers, les escroqueries des Bourses, la subtilisation de l'épargne, voilà ce que nous voyons partout, en même temps que la persécution du catholicisme sévissait de la Sprée jusqu'à la Garonne, et de l'Oder jusqu'au Danube.

Demandez aux protestants, qui servent le même Dieu et suivent le même Évangile, l'esprit de charité qui en est le fonds : ils ne vous comprendront jamais. Demandez-leur au moins la justice enseignée par Moïse vis-à-vis des étrangers (*Deutéronome* I, 16 ; X, 19 etc.), et même la charité pour ses ennemis (*Exode*, XXIII, 4 et 5). Il n'y a ni justice ni charité pour nous ; mais déjà les haines inscrites dans le *Talmud* que les juifs, reniant leur foi, ont composé et rempli d'exécrations contre le monde de chrétien, après la prise de Jérusalem par Titus.

Et les Économistes, pour la plupart protestants, qui détruisent notre richesse au profit des nations protestantes, déjà ne travaillent plus pour elles, mais pour les tribus égarées qui ont établi chez elles leur camp, et, plus terribles qu'Attila, *déjà l'herbe ne pousse plus sous leurs pieds*. L'Angleterre, l'Amérique et l'Allemagne sont obligées de se défendre. Leurs nations souffrent, les financiers juifs y sont les maîtres de tout, la revanche est faite même contre elles.

Les peuples s'agitent dans les élections et luttent contre la misère qui les étreint, les parlements votent des lois réparatrices, mais l'enseignement dans toutes les écoles où s'enseigne l'Économie politique est resté au-dessus du pays, des parlements et des ministères.

On se demande pourquoi si peu de jeunes gens instruits veulent lutter.

L'Université, qui distribue à l'enfance le lait protestant, ne l'a pas formée sur le même moule que l'école de la vie. Elle vous reviendra sur le soir de l'existence quand ses rangs se seront éclaircis, et que la jeune génération instruite pourra comme nombre la dominer encore.

On s'est adressé à la presse, qui n'est qu'une conséquence, à la banque qui n'est qu'un moyen, mais la déviation du cœur de la jeunesse instruite est une puissance. L'étranger nous l'a prise, et c'est à peine si on s'en doute. Plus tard elle en concevra des regrets amers, mais le père se réjouit et ne s'en doute pas encore : son fils a son diplôme.

L'Influence du Protestantisme

en Philosophie

La Révélation chrétienne, inaugurée avec un cortège de miracles dont nous trouvons encore les traces dans l'histoire profane, avec des prophéties universelles sur le Désiré des nations, reproduites par les Annales de tous les peuples, attestée par 18 millions de martyrs qui avaient donné leur vie pour certifier ce qu'ils avaient vu et entendu, avaient de plus tiré le monde païen de l'état d'esclavage où il était courbé sous l'Empire romain. L'Église avait réalisé la véritable *fraternité*, en émancipant les esclaves et en leur rendant leur dignité, la véritable égalité par la mise en commun de tous les biens des premiers chrétiens, en accomplissant cet idéal indiqué par Moïse : *Et il ne se trouvera parmi vous aucun pauvre, ni aucun mendiant, afin que le Seigneur vous bénisse…* (*Deutéronome* v, 4), et la véritable liberté, qu'elle avait ainsi apportée au monde païen, qui ne la connaissait plus.

En outre des Livres Saints, les Pères de l'Église, plus près de la Révélation que nous, comme dit Léon XIII (dans son *Enc. sur les Saintes Lettres*), avaient conservé beaucoup de traditions qui, sans eux, se seraient perdues, et avaient adapté aux besoins sociaux de leur époque ses doctrines de justice et de charité.

C'est de ces enseignements que sont sortis les *Capitulaires* de Charlemagne, les ordonnances d'Etienne Boyleaux sous Louis IX. La philosophie des scolastiques chercha à introduire dans l'ordre social toutes les doctrines du christianisme ; saint Thomas, le *Docteur Angélique*, fut souvent le commensal de saint Louis. Les lois, les institutions, tout se ressentit peu à peu de leur influence, selon le mot de saint Paul :

« *instaurare omnia in Christo.* »

Dans l'ordre du travail, la Corporation chrétienne garantit à l'ouvrier un juste salaire, au patron un bénéfice raisonnable et sûr ; tout fut réglé sur la valeur réelle et non sur les aléas de la concurrence ; un contrat de louage honnêtement débattu en fixait les justes prix ; ne laissant de place, ni à la surproduction, ni aux grèves ; les jurandes défendaient le consommateur et vérifiaient à domicile si le travail était de bon aloi et si les prix n'étaient pas surfaits.

Les Trappistes avaient appris à défricher le sol ; les Bénédictins avaient conservé les monuments de la littérature grecque et latine. Plus tard, Ignace de Loyola fonda des écoles d'où sortirent les grands littérateurs du XVIIe siècle, et Jean-Baptiste de la Salle apprit à lire aux enfants du peuple.

Dans le sillon résonnait l'*Alléluia* et la Corporation chantait l'hymne à son patron, dans sa fête annuelle. Des caisses de retraite, fondées sur le pied de la mutualité, paraient à la vieillesse et aux accidents.

Du temps de Luther, de Calvin et de Henri VIII, le Christianisme répandait encore trop de bienfaits, le souvenir des preuves de la Révélation était encore présent à trop d'esprits et trop souvent cité, pour songer à y porter atteinte. Le moine augustin lui-même, en révolte contre l'Église, n'osa pas du premier coup tout nier. Il s'enhardit bientôt, et, à part le baptême et l'eucharistie conservée comme symbole, ne garda guère que les Livres Saints. Calvin alla plus loin, et dans la cathédrale de Genève, où l'autel a disparu, on ne voit plus que les bancs des auditeurs, et la chaise (*cathedra*) religieusement conservée où il prêchait. En Angleterre, c'est surtout Elisabeth, dans ce règne long et absolu de 45 ans, qui contribua à introduire la *Réforme*.

La tradition, l'enseignement des Pères de l'Église, la philosophie scolastique, les cérémonies et la plupart des sacrements, que l'on retrouve encore dans les sculptures des catacombes, tout périclitait pour ne laisser qu'un Livre, qu'un *clergyman* anglais interprétait à sa guise, que le protestant de ,la confession d'Augsbourg interprétait autrement ; ce n'était pas non plus le sens que lui donnaient les disciples de Calvin, et les simples fidèles pouvaient eux-mêmes le comprendre d'une autre façon. C'était l'homme improvisant lui-même, sans guide et sans Docteur, les règles posées par la Révélation divine pour sa conduite en ce monde, et s'attribuant également dans l'autre la récompense qu'il avait imaginée.

Mais ce Livre inspiré où il puisait, que valait-il lui-même ? Le doute entré sur un point ne s'arrêta plus. La philosophie du XVIIIe siècle le supprima à son tour. Nous aboutîmes au *Contrat social* de Rousseau et aux sarcasmes de Voltaire. Il n'y eut plus qu'une philosophie rationaliste et positive : la philosophie chrétienne avait disparu. Avec elle disparut l'unité de vues pour la législation et les mœurs, et la force sociale qui en est la résultante.

Le juif jugea le moment venu d'établir le règne de la ploutocratie sur le monde. Il ne trouva aucune doctrine pour lui résister, aucune force sociale pour lui barrer la route.

La Philosophie juive

Ah ! vous tous, qui avez encore des sentiments de justice, qui regrettez de ne pas voir la charité régner entre les hommes, lisez les Pères de l'Église, ces admirables pionniers qui pétrissaient le monde chrétien, comme Dieu avait fait l'homme de ses propres mains dans l'Eden. Socialistes sincères, qui voulez améliorer la condition des travailleurs et réprimer les excès de l'agiotage tout-puissant, lisez les Pères de l'Église. Et vous, Maîtres chrétiens, enseignez à la jeune génération les devoirs sociaux qu'imposent la richesse et la haute position, d'après les doctrines qu'ils n'ont cessé de proclamer ; vous ides capables, si vous faites cela, de ramener un règne de justice sociale et de bonheur pour l'humanité.

De nos jours, c'est du pays de Luther que nous viennent la philosophie et la science, là où le juif est tout-puissant dans les universités ; 1870 a été le moment de son triomphe en France, et je doute que le Panthéisme aujourd'hui enseigné en Sorbonne, ce Dieu, âme de l'Univers, cause première des lois de la nature, reflet des croyances de l'Orient, oppose aux méfaits de l'heure présente la moindre résistance de principe. Une fois de plus, le protestant a été le dissolvant qui a permis au juif de pontifier après lui.

Étudions-la donc cette croyance du juif, qui se substitue à nos maîtres les plus marquants. À peine Moïse a-t-il reçu la loi sur le Sinaï, au pied du mont Horeb, le peuple jure de l'observer, et Moïse retourne sur la montagne. Alors les Israélistes dressent le Veau d'Or :

« *Laisse-moi, dit le Seigneur, exterminer ce peuple à la cervelle dure,* »

et Moïse prie pour lui ; mais il descend, il contemple lui-même les abominations qu'ils commettaient devant l'idole, et il en fait exterminer 23 000 par les enfants de Lévi. Plus tard, il envoie vers la Terre promise, le peuple la tourne en dérision, et le Seigneur jure que pas un d'eux n'y entrera et qu'ils resteront quarante ans dans le désert. Leurs enfants seuls y entrèrent.

Après la mort de Josué, ils donnèrent dans le mal.

Après la mort de Salomon, le schisme des dix tribus.

Vaincus par les rois d'Assyrie, ils adorèrent Baal, le Veau d'Or et tous les dieux d'Assyrie et des autres nations. Les tribus de Juda et de Benjamin restées à Jérusalem ne firent pas mieux. Dieu envoya contre elles le roi de Babylone.

Leurs prophètes : Isaïe est scié en deux à l'âge de cent ans, par l'ordre de Manassès, Jérémie jeté dans une fosse par l'ordre de Sédécias et Michée jeté dans les fers par l'ordre de Josaphat.

La plupart s'enrichirent en Perse et ne voulurent pas revenir à Jérusalem avec Esdras après la captivité.

On fit le dénombrement : beaucoup avaient épousé des femmes idolâtres et commis avec elles l'idolâtrie. Mathatias et Judas Macchabée n'en trouvent qu'un faible nombre pour résister aux ordres sacrilèges d'Antiochus Epiphane ; ils ne s'en tirent qu'avec le secours du Ciel, puis s'allient avec les Romains. Bientôt la principauté sort de Juda, les temps sont accomplis, ils renseignent les Mages et refusent de reconnaître le Messie.

Peuvent-ils encore les lire, ces livres qui les accusent à chaque page, eux dont le reniement est mille fois annoncé, et dont saint Paul a dit qu'ils ont tué le Seigneur Jésus et les prophètes, persécutent ses apôtres et empêchent de parler aux nations pour qu'elles soient sauvées, car la colère de Dieu est sur eux jusqu'à la fin (Ire *aux Thessaloniciens*, II, 14, 15 et 16).

Ce n'est pas moi, dit Jésus-Christ, qui vous accuserai devant mon Père, c'est Moïse, car vous dites que vous croyez en Moïse, et vous ne faites pas ce qu'il a dit.

Écoutez Hegel s'écrier :

« *Viens, Satan, que je t'embrasse, viens, le bienfaiteur de l'humanité...* »

Ne vous récriez pas, messieurs, pour ce blasphème déjà répété de nos jours. C'est une sincérité.

Jéhovah leur avait dit :

« *Vous ne déroberez pas.* »

Lucifer leur a permis de s'emparer des richesses des nations.

Il leur avait dit :

« *Vous ne rendrez pas de faux témoignage.* »

Et ils ont écarté les hommes honorables et de principes qui auraient contribué à relever leur pays, des fonctions publiques par la calomnie à jet continu, dans la presse qui est à eux, pour les remplacer par leurs doublures.

Il leur avait dit :

« *Vous ne commettrez pas d'adultère,* »

et ceux qui approvisionnent les harems et les lupanars en Orient, dans le théâtre juif, ont fait de l'adultère le clou de l'art dramatique, et de la pornographie l'apothéose.

Et, tandis qu'on persécute à outrance tous les Français qui croient encore à la religion de leurs pères, en vain je cherche une résistance pour empêcher de nous dépouiller, de nous diffamer et de nous corrompre.

Le pouvoir est muet, la magistrature laisse faire, et ceux qui prétendent avoir un idéal religieux différent du nôtre, deviennent complices du blasphème et de l'apostasie, en ne protestant pas.

L'Enseignement Protestant en histoire

On aurait dû tenir compte à l'Église des services rendus à l'humanité. Elle avait affranchi les esclaves ; saint Jacques (*ép.* v, 4) réclame pour l'ouvrier le salaire ; la corporation chrétienne assure le bonheur et la sécurité du travailleur, dont on admire et dont on copie encore les ouvrages artistiques, après un si long temps écoulé. Elle a rendu à la femme la dignité de son foyer, et assuré la protection de l'enfant que les Romains jetaient dans le Tibre, quand ils ne voulaient pas l'élever. Ses ordres religieux ont nourri les orphelins, soigné les vieillards, les malades et les pestiférés, défriché le sol, développé les arts et les sciences, instruit la jeunesse ; il n'est pas une misère qu'ils n'aient secourue, pas une gloire à laquelle ils ne se soient consacrés. Leur devise était d'accomplir la perfection de la charité.

Elle a mis la pitié dans les lois, selon ce mot de saint Louis :

> « *Mon fils, rends bonne justice, mais de préférence incline pour le pauvre et l'opprimé* ».

Elle a enseigné leurs devoirs aux grands, résisté à la tyrannie des Empereurs et déposé les rois infidèles. Elle est intervenue souvent pour calmer les conflits.

Elle a enseigné l'harmonie des devoirs dans la famille et la société, qui nous a donné les bienfaits de l'affection familiale et l'attachement des maîtres et des serviteurs ; par ses œuvres charitables, elle a ramené la joie dans le cœur des pauvres, a répandu partout les bienfaits de la civilisation chrétienne qu'elle a portée sur les plages les plus inhospitalières, au prix de son sang ; elle a fait fleurir dans les cœurs barbares adoucis la mansuétude et la paix. Ses croisades ont préservé l'Europe de la domination des Turcs et de la situation où est aujourd'hui l'Arménie. Les compagnons de saint Louis ont laissé en Égypte une réputation de loyauté et d'honneur ineffaçable, que l'enseignement méthodiste anglais pourra seul faire tomber en oubli un jour. Elle a honoré le travail et semé la prospérité chez des peuples jadis primitifs. Il n'est pas une noble aspiration du cœur de l'homme, une conception élevée de la civilisation qui ne puise sa source dans ses doctrines. Elle n'a été que l'ennemie du mal sur la terre.

Est-ce cela qu'on nous enseigne sur les siècles de foi ?

Dans nos histoires scolaires, dans les musées exposés aux touristes, dans les vues de nos foires, ne sont-ce pas les guerres de religion, la torture, la Saint-Barthélemy, Galilée, l'Inquisition, que sais-je encore ? On cite la cruauté de Marie Tudor qui régna cinq ans, mais que dire de celle d'Elisabeth qui régna quarante-cinq ? de celle de Calvin qui fit griller avec du bois vert Michel Servet pour une hérésie sur la Trinité, de son système d'espionnage et de la terreur qu'il avait organisée à Genève ? de la cruauté de Henri VIII vis-à-vis de ses femmes ? L'histoire impartiale, consultée dans ses sources, n'avait point de notre part enregistré tant d'abominations à cette époque ; un reste de barbarie, dont l'Église n'avait pas encore triomphé, était resté dans les lois, vous passez du reste sous silence les méfaits qui vous ont attiré ces représailles : pour un protestant qui souffre, vous criez jusqu'à abolir l'histoire ; vous passez indifférents, si c'est un catholique.

Meyerbeer dans son opéra n'a-t-il pas représenté, lui aussi, tous les catholiques comme des débauchés, les huguenots comme des saints ?

Avant de réfuter ces erreurs trop accréditées, faisons donc un petit cours d'histoire :

Dans les cathédrales et églises suisses, vous avez cassé les saints des stalles, mais vous avez laissé la Vierge dans les vitraux par économie, même dans l'église Saint-Jacques à Bâle, aujourd'hui transformée par vous en musée, témoignant ainsi que ces populations étaient catholiques avant d'être protestantes, et que la Réforme brisa avec la tradition au XVIe siècle, en s'emparant d'églises catholiques, de style gothique, qui étaient antérieures.

Vous avez attaqué les jésuites dont la simple apparition faisait sauver les disciples de Luther, et que Bismark chassa en 1871 comme trop Français ; vous avez forgé contre eux les *Monita secreta*, qui ne reposent sur rien, et vous les avez accusés d'obéir *perinde ac cadaver*, ce qui n'est pas la vérité. Mais Luther a dit :

« *Quand un souverain vous égorgerait et vous pillerait, vous lui devez quand même une obéissance aveugle.* »

L'Église a toujours prêché, quant à elle, la liberté des enfants de Dieu.

Dans l'ancienne *île des saints*, en Angleterre, des protestants ont recherché récemment qui, des protestants ou des catholiques, étaient d'accord avec les enseignements anciens, et ils ont conclu, après étude de la question, que c'étaient les catholiques.

Nous étions à une époque où il y avait quelques abus, que le Concile de Trente s'apprêtait à réformer. Un moine s'insurge contre l'Église et commet tous les excès, un roi donne l'exemple de scandales sur le trône et tue ses femmes pour en changer, Coligny lève des troupes et prêche la révolte, la noblesse allemande s'empare des biens du clergé ; les nouveaux venus fomentent partout des troubles et des guerres, se livrent à des violences et aux pires atrocités. Leur arrive-t-il quelque accident ? On n'entend plus que des plaintes, on grossit les faits, on se venge sur des gens pacifiques et calmes jusqu'à la consommation des siècles, au nom d'un Dieu de charité. Le juif pourrit la jeune génération, mais comme la fausse mère du jugement de Salomon, on préfère la voir périr qu'évangélisée par nous.

Les juifs ont dit, dans les *Archives Israélites*, que leur idéal était de nous ramener à l'Empire romain. En corrompant toutes les histoires, vous avez laissé penser que la civilisation n'existait pas avant 1789 ; ils l'ont datée du grand siècle de l'argent. Le monde retourne à l'esclavage, et toute la terre paye le tribut en or qu'elle n'a plus, avec des primes croissantes pour se le procurer, aux juifs de Londres, qui se taillent 12 milliards dans la ruine des peuples. La vénalité revient comme du temps de Jugurtha, le droit romain pour assurer le triomphe de la force, et, si le patricien nouveau ne dîne plus au milieu des concubines qui servaient à ses orgies, ne les retrouve-t-il pas, après son festin, au théâtre le soir ? On a copié jusqu'aux élections romaines, moins sanglantes jusqu'à ce jour que celles de Marius et de Sylla. Mais déjà, courbées sous la servitude, les populations que l'Évangile avait affranchies, adonnées aux jeux et aux cirques, ont pris le chemin des peuples en décadence, écœurées souvent du rôle qu'on leur fait jouer pour gagner leur vie, et n'osant plus revenir aux institutions du passé, qu'on leur a appris à maudire sans les connaître.

Erreurs et mensonges Historiques

La Révocation de l'Édit de Nantes et la Saint-Barthélemy.
— Figurez-vous un pays livré à la guerre civile, aux trahisons, où les pères et les fils sont mis en défiance les uns contre les autres, où le culte catholique est rendu impossible par des cruautés, des pillages et des exactions de tout genre, dont les caisses publiques sont dévalisées, et le parti politique qui agit ainsi, qui avait reçu déjà l'Édit de Poitiers, qui harcèle Henri IV pendant les difficultés qu'il rencontre pour conquérir le trône, obtient de la bonté du Prince l'Édit de Nantes, qui assure la liberté des deux cultes, et en plus 140 000 livres pour les ministres de son culte, 121 places fortes à garder, et 180 000 livres pour le faire.

Figurez-vous que ce parti ne cesse de conspirer, qu'il se réunit sous serment de ne rien divulguer et d'accomplir toutes ses délibérations tenues secrètes, n'observe aucune convention, continue ses déprédations et ses impiétés sacrilèges, massacrant les prêtres, brisant les objets du culte, profanant les choses sacrées, qu'il se révolte contre la Monarchie et appelle le secours des Belges, des Hollandais, des Allemands, des Suisses, des Espagnols et des Anglais.

Louis XIII est obligé de reconquérir ces places fortes, érigées en citadelles de résistance, les armes à la main. Trois fois, il leur accorde une paix honorable, trois fois ils reprennent les armes et violent le traité. Cédant aux réclamations du pays, des corps constitués et des Parlements, Louis XIV, son fils, leur enlève les prérogatives de l'Édit de Nantes.

Le chiffre des exilés monte, d'historien en historien, jusqu'à 2 millions du temps de Voltaire, mais les protestants n'ont jamais avoué un chiffre semblable pour le nombre total de leurs adeptes. Benoît, leur panégyriste contemporain, indique les lieux de leur arrivée. L'addition des mémoires de ces pays, pour ceux qui ont voulu les recevoir, ne forme pas 50 000. Les chiffres donnés par Ancillon, protestant également, retombent avec ces chiffres.

On les surveillait pour éviter leur départ, la vente de leurs immeubles. La Hollande, l'Allemagne et l'Angleterre firent des collectes pour eux, parce qu'ils étaient pauvres.

Combien enlevèrent-ils d'argent sur les 500 millions de l'époque Leur quote-part eut été de 1 250 000 livres. Ils ne les eurent même pas, et M. de Cavayrac, qui suit avec les documents officiels leur nombre, les sommes qu'ils pouvaient avoir, et les industries qu'ils purent transporter à l'étranger, démontre que leur nombre et leurs ressources étaient restreints, et que Colbert introduisit, ville par ville, des industries rapidement prospères, venues de l'étranger, après leur départ.

Il conclut :

> « Jamais le pays n'a été aussi riche, l'industrie aussi florissante, la tranquillité aussi grande qu'ils le sont de nos jours ; pour 3 000 guerriers de moins, largement retrouvés par les ouvriers naturalisés et amenés par Colbert, nous eûmes toutes les gloires du siècle de Louis XIV. »

On fit une économie de sang, de guerres civiles et de trahisons.

Quand éclata la Saint-Barthélemy, le 24 août 1572, il y avait déjà eu des conspirations contre deux rois, des massacres dans un grand nombre de familles catholiques, des troupes étrangères introduites dans le pays, sans compter la violation des tombeaux, les impiétés et la guerre civile fomentée partout par les novateurs, sous prétexte de liberté de conscience. Comme dit le duc de Guise à son assassin :

> « Ce qui différencie ma religion de la tienne, c'est que tu te fais un devoir de me tuer, moi qui ne t'ai fait aucun mal, et que la mienne m'ordonne de te pardonner, sachant que tu veux me tuer. »

Coligny avait déclaré, dans une lettre à Catherine de Médicis, que la mort du duc de Guise serait un bien, il comblait Poltrot de Molé de libéralités et, soupçonné de complicité, il n'allégua rien pour se défendre. Le 3 août, il avait donné le mot d'ordre à ses troupes de se trouver à Melun, pour s'emparer du roi à Fontainebleau, il avait diffamé Catherine, cherchant à tourner contre elle l'esprit du roi, menacé ce dernier de le combattre avec ses troupes, en plein Conseil, et son journal, produit devant le Conseil et le Parlement, montre qu'il avait établi partout des gouverneurs, et levé des impôts écrasants sur les sujets du roi.

Le duc d'Anjou a rapporté que, dans une entrevue avec Charles IX, celui-ci lui lança des œillades terribles, mettant avec émotion la main sur la dague de son épée. Menacé, ainsi que Catherine, il ne douta pas que l'Amiral ne se fut emparé de l'esprit de son frère ; il se concerte avec elle et, tous deux, demandent une audience au roi, pour lui exposer le danger qu'ils courent tous les trois, et que l'insurrection, partout préparée avec l'étranger fait courir au royaume. Le roi se fâche, hésite, puis rassemble son Conseil, qui fut de l'avis qu'il était urgent de se défaire de l'Amiral. C'est alors que Charles IX s'écria :

> « Soit ! mais de ses complices aussi, capables de le venger. »

Catherine chargea alors les amis du duc de Guise de l'exécution qui, du reste, ne concernait que Paris.

Le Martyrographe des protestants parle de 15 000 victimes, mais recueillant tous les noms, même les plus humbles, il n'en trouve plus que 152 pour Paris, 636 pour la province. Les Mémoires de l'Hôtel de Ville portent que pour l'enterrement des victimes on solda 8 fossoyeurs, qui en 8 jours enterrèrent 1 100 cadavres en tout. Encore durent-ils les retirer de la Seine, où on les avait jetés, et les enterrer en terrain calcaire, ce qui paraît à peine croyable. Mais, à mesure que les faits s'éloignent, Papyre Masson monte à 10 000, puis la Popelinière à 20 000, de Thou, leur apologiste à 30 000, Sully à 70 000, Péréfixe à 100 000.

Quel avait donc été le chiffre en province ?

Dès le soir même, Charles IX écrivit à tous les gouverneurs, par courriers, déclarant qu'il avait dû prendre cette mesure, pour défendre sa vie et son royaume contre l'Amiral et d'éviter que la province n'imitât Paris. Nous avons encore l'une de ses lettres adressée à M. de Joyeuse. Il s'excuse pour les mêmes raisons devant les cours étrangères. Des délégués étant venus se plaindre des excès commis par les protestants, et voulant imiter ce qui se faisait à Paris, Catherine les fit poser deux jours pour laisser aux lettres de son fils le temps d'arriver auparavant. Outre les soins de la plupart des gouverneurs, des prêtres, des évêques et des catholiques ayant des membres de leur famille massacrés par les protestants, recueillirent ces derniers pour les mettre à l'abri des fureurs populaires, car la charité pour les ennemis est d'essence éminemment catholique. Le Martyrographe protestant cite ce fait et dit :

« *Nous avons été aidés d'un coté où n'attendions pas tel secours.* »

Et l'auteur sur lequel je m'appuie, après avoir tout consulté, ne croit pas qu'il y ait eu plus de 1 000 victimes à Paris et 1 000 en province.

Quant à la fenêtre, par laquelle Charles IX aurait tiré, et que la Commune, quatre mois après l'assassinat de Louis XVI, marqua par un poteau, le Louvre n'était pas encore construit à cet endroit. On adopta alors la thèse qu'il avait tiré de sa chambre à coucher, mais elle était représentée sur un tableau du Louvre : c'était une fenêtre murée du côté de la Seine. Un écrit protestant de l'époque, le Tocsin, dit que Charles IX n'y prit aucune part.

Dieu inspire directement ses élus, avait dit Calvin ; quant aux damnés que nous combattons, tous les châtiments sont bons pour eux. Voltaire a dit de son côté : Mentez, mentez, il en restera toujours quelque chose ; tout est bon pour écraser l'infâme ! Contre nous toutes les accusations sont permises, on peut dénaturer et grossir tous les faits de l'histoire. On les a dénaturés plaisir.

Or qu'avait dit Jésus ?

L'antéchrist est déjà dans le monde... il y aura parmi vous de faux apôtres et de faux prophètes ; vous les reconnaîtrez à leurs œuvres... C'est en ceci qu'on saura si vous êtes vraiment mes disciples, si vous vous aimez les uns les autres, comme je vous ai aimés. C'est en cela qu'un chrétien doit se réformer.

Quant aux assassins, traîtres et mécréants qui tombent sous le coup des lois, qui obligent le pouvoir civil à se défendre, ainsi que son pays, c'est à vous à choisir un peu mieux vos fidèles, et il ne leur arrivera rien, je vous le garantis.

L'Inquisition. — J'entreprends aujourd'hui une œuvre plutôt difficile en apparence, celle de réhabiliter en grande partie la plus décriée des Institutions, pour ceux qui se sont nourris de Llorente, de Brantôme et de Voltaire, N'avons-nous pas vu d'Aubigné, dont l'histoire a été brûlée par l'ordre du Parlement, comme fausse depuis le début jusqu'à la fin, faire tirer Charles IX sur le peuple par une fenêtre qui n'existait pas ou était murée et cela contrairement aux documents de l'époque, et Voltaire, qui avait connu le Marquis de Tessé avant connu le page qui chargeait l'arquebuse du roi ? Il en est de même de l'*Inquisition*.

La première purement ecclésiastique, fut instituée deux ans après la mort de saint Dominique, qui disait :

> « *On nous reproche notre luxe et de rouler carrosse ; eh bien ! portons la bure et prêchons l'Évangile.* »

Contre les Albigeois il préconisa le Rosaire. Cette première Inquisition consista surtout à prêcher : de là le nom de *Frères-Prêcheurs*, que l'Histoire a conservé. Consacrée en 1223 par la Bulle de Grégoire IX, elle n'opposa d'autres armes que la prière, la patience et l'instruction.

L'Inquisition politique date de 1478 sous Ferdinand le Catholique en Espagne. Depuis 7 siècles on combattait les Maures, qui causaient des insurrections continuelles ; les juifs avaient toute la fortune en mains ; le pays entier réclamait, s'insurgeait contre eux et les massacrait. Le roi institua le *Tribunal de l'Inquisition*.

Nous ne jugerons qu'au moyen des sources de l'histoire. Llorente, le plus fougueux ennemi de l'Inquisition, nous fournira lui-même des arguments, pour la défendre.

Le danger était grave ; il fallait se défendre. Mais fit-on périr une masse de victimes ? Llorente parle de 2 000 en une seule année et s'appuie sur Mariana. Or Mariana avait parlé de toutes les provinces pendant la principale durée de l'Inquisition. L'historien Pulgar est d'accord sur ce point.

Le décret d'expulsion des Juifs n'eut lieu qu'à la prise de Grenade, et concerne le roi seul. Il consulta d'abord les hommes les plus éminents du royaume. Ils s'étaient emparés de toute la richesse ; loin de revenir à de meilleurs sentiments, ils avaient été imités par une masse de judaïsants, avaient cherché à se faire adjuger pour de l'argent Gibraltar, la clé de l'Espagne. Des croix mutilées, des hosties profanées, des enfants chrétiens crucifiés et le projet de s'emparer de Tolède, le jour de la Fête-Dieu, pour y massacrer tous les chrétiens, levèrent les dernières hésitations. Ferreras indique 30 000 familles expulsées.

Le roi avait laissé aux Maures le libre exercice de leur culte, mais, les évêques Ximénès et Talavera en ayant converti un grand nombre, les autres se révoltèrent. Le roi les traita en rebelles, et les obligea à se convertir ou à quitter en emportant leurs biens. Presque tous se convertirent. Le pape Clément VII s'occupa de les instruire, Charles-Quint et Philippe II défendirent de les priver de leurs biens. Mais l'insurrection durant toujours, par suite de leurs accointances avec les Maures d'Afrique, on les expulsa.

Maintenant jugeons l'Inquisition, qui peu à peu s'occupa des uns et des autres. Tous les codes européens étaient d'une sévérité outrée. Tous les rois, tous les protestants, même le doux Mélancthon qui félicita Calvin d'avoir fait brûler Michel Servet, imposaient leurs religions, leurs changements religieux mêmes, par les moyens les plus violents. Grimm, l'élève de Rousseau et de Voltaire dit qu'il faut réclamer la tolérance pour endormir ses adversaires et les exterminer ensuite. Au XVe siècle, la torture, le bûcher étaient des moyens courants, même pour ceux traités d'hérétiques par les novateurs.

Or je le dis, à la louange de l'Église, si tel avait été-son but, les ecclésiastiques n'eussent pas eu le droit d'y entrer. Ils n'ont le droit, disait Pascal, que de verser leur sang et non celui des autres, le droit canon leur défend d'être chirurgiens ou même d'assister à une sentence de mort. Les Templiers le savaient bien, eux qui demandaient à Philippe le Bel d'être jugés par l'Inquisition, parce qu'alors il ne pouvaient plus être condamnés à mort.

Que furent donc ces fameux *auto-da-fé*, dont on parle tant ?

Des actes de foi, rendus par les hérétiques, la plupart du temps sans condamnation, impliquant absolution et quelques pénitences légères. Llorente lui-même en signale quatre qui se terminèrent ainsi. Et le *san benito* ? Simplement l'habit monastique imposé aux plus coupables pendant la cérémonie de réconciliation. Ces peines étaient si peu infamantes qu'elles n'empêchaient pas les plus riches mariages, même dans la famille royale.

La torture était générale en Europe. Le tribunal ne l'adopta que pour l'adoucir, la rendre de plus en plus rare, la réduire souvent à l'état de menace. Llorente le constate avec éloge.

On ne condamnait pas sur un premier délit. Il y avait toujours un délai *de grâce*, renouvelé généralement une ou deux fois. Torquemada lui-même, dans un de ses arrêts, recommande d'instruire au lieu de condamner et Deza, son successeur, ne veut même pas qu'on condamne pour blasphèmes s'ils ont pour excuse la colère. On menaçait les calomniateurs de peines en ce monde et en l'autre ; loin d'écouter toute dénonciation, on faisait examiner l'état mental du délinquant, on imposait un avocat, et le fisc payait si l'accusé était pauvre. Il fallait un juriste et l'unanimité pour condamner, dit Fidèle. Sous Charles IV, on ne permit d'arrêter personne sans en référer au roi.

Voltaire lui-même a rendu hommage à l'Inquisition :

« *Il n'y eut en Espagne, dit-il, au XVIe et XVIIe siècles ni révolutions sanglantes, ni assassinats de rois, ni vengeances sanguinaires comme dans les autres cours d'Europe* »
(Essai sur l'histoire générale, tome IV. ch. CLXXVII, page 135).

Joseph de Maistre a écrit de belles pages sur l'Inquisition. Faisant parler un espagnol catholique, il met dans sa bouche ces belles paroles :

« *Vous êtes myope ; vous ne voyez qu'un point. Au commencement du XVIe siècle, nos législateurs virent fumer l'Europe ; pour se soustraire à l'incendie général, ils employèrent l'Inquisition… Voyez la guerre de Trente ans allumée par les arguments de Luther, les excès des Anabaptistes et des paysans ; les guerres civiles de France, d'Angleterre et de Flandre ; le massacre de la Saint-Barthélemy, de Mérindol, des Cévennes ; l'assassinat de Marie Stuart, de Henri III, de Henri IV, de Charles Ier, du prince d'Orange, etc., etc. Un vaisseau flotterait sur le sang que vos novateurs ont fait répandre ; l'Inquisition n'aurait versé que le leur…* »

L'Inquisition ne le versait même pas. Du moment que la culpabilité était démontrée, sans repentir, avec rechutes, c'était l'autorité politique qui l'avait instituée, c'était elle qui agissait.

Le Saint-Office n'intervenait plus que pour recommander le coupable à toute la clémence du pouvoir. Quant aux papes, deux fois ils intervinrent, pour obtenir de plus en plus de douceur.

Ce fut le temps où les mathématiques, l'astronomie, la chimie, la philologie, l'histoire, l'étude de l'antiquité se développaient en Espagne, et où le Nouveau Monde fut découvert. En même temps que la science et la richesse se répandaient de plus en plus, elle jouit à la suite de plusieurs siècles de tranquillité.

Galilée victime de l'Inquisition. — Quand on suit Charles Barthélemy, en voyant tous ces faits historiques, couvrant d'infamies l'église ou la monarchie, inventés après coup par tel historien protestant, grossie par un autre, enfin prenant dans la main des philosophes du XVIIIe siècle la couleur d'infamies sans nom, qui sont le lot des plus vertueux des citoyens de chaque État, et de qualités sublimes chez les pires scélérats de la terre, puisque, revenant aux sources, on trouve les premiers vengés par les protestants de l'époque et les prétendues victimes, et, par des documents de premier ordre et accablants, on constate les plus grandes gloires, là où on croyait trouver les plus grands crimes, et on est stupéfait de la crédulité des catholiques de nos jours sur tant de points d'histoire, où ils courbent la tête, quand ils ont le droit de la porter haute et fière.

Mais ce n'est pas demain que ces calvinistes, qui réclament la suppression de l'enseignement libre, qui imposent les formules obligatoires, voudront désarmer. Tour à tour, couverts du masque religieux ou républicain, sans tenir ni à la religion ni à la démocratie, ayant aussi bien au cœur la haine du Nouveau et de l'Ancien Testament que des libertés de 1789, ils réclament le monopole de l'enseignement pour eux, les places de l'enseignement pour eux, et l'âme de la France façonnée par eux. Que les libre-penseurs eux-mêmes réfléchissent s'il n'y va pas de l'existence nationale pour une telle abdication, nous menaçant du sort de la Pologne, de l'Irlande ou du Portugal, de l'Autriche peut-être demain : *Caveant Consules* !

En attendant, nous les suivrons dans plusieurs de leurs allégations, afin d'en faire partout justice.

Prenons l'*histoire de Galilée*, par exemple. C'est de Mallet du Pan que nous viennent les premières réfutations, et où les prenait-il ? Dans les lettres de Galilée lui-même.

Professeur de philosophie à Florence, il avait abordé les plus grands problèmes de physique et d'astronomie. Son système était celui de, l'abbé Copernic : *la rotation de la terre*. Sous Paul V, il eut une réception magnifique à Rome, intéressa vivement les cardinaux et obtint une audience spéciale du Pape. Urbain VIII, son ami, monta ensuite sur le trône pontifical ; Galilée vint le féliciter, eut la faveur de longues audiences de lui, et, comme il était déjà vieux et infirme, le Pape le gratifia d'une pension.

Ennemi de la philosophie d'Aristote, il fut combattu par les uns, soutenu par les autres ; mais jamais une condamnation ne fût venue de ce chef. Jamais non plus l'abbé Copernic, qui avait dédié son travail à Paul III, et dont le livre était à la Bibliothèque du Vatican, n'en avait éprouvé, pas plus que son panégyriste, l'abbé Campanella, faisant l'éloge de son système à la cour romaine, n'en reçut.

Il fut condamné, dit le protestant Mallet du Pan en 1784, non comme mauvais astronome, mais comme mauvais théologien.

Dans son *Système du monde*, il attaqua l'Église, jeta sur elle le sarcasme, et de la rotation de le terre voulut faire un dogme appuyé sur les Livres Saints. Il lança des libelles contre les cardinaux et s'emporta dans son idée.

Le Pape nomma une commission pour l'examiner sur ce terrain, que ses hauts protecteurs lui avaient déconseillé d'aborder. Il fut reçu avec tous les égards dus à ce grand génie, mais, appelé à se défendre sur le terrain théologique, il ne put y répondre.

Qui dit cela ?

Galilée lui-même. Sur le terrain scientifique, on l'avait laissé libre.

Retenu quelques jours dans le palais du duc de Toscane, puis de l'archevêque de Sienne, où il reçut les plus grands honneurs, il repart, constatant qu'il ne s'est jamais mieux porté que depuis cette réception.

Greffez maintenant là-dessus le roman des cachots du Vatican, de son exclamation : *e pur se muove* ! (et pourtant elle tourne !), vous aurez une idée de la bonne foi de nos adversaires. Et pourtant le dessin en a été distribué partout, le fait est dans tous les dictionnaires d'histoire, et les Réformés, déguisés en républicains modern style, l'ont mis dans l'enseignement obligatoire.

Le Père Loriquet et les crimes des Borgia. — *Le Père Loriquet* ! Voilà, encore une accusation qui court les rues. Dans un journal fait par des apostats et des intrigants de tout genre, dit Martial Marcet de la Roche-Arnaud, parut une fable attribuée au Père Loriquet, sur le général Buonaparte, lieutenant général des armées de Louis XVIII. Ce que 100 000 écoliers n'y avaient pas vu, s'y trouvait. Et le *Constitutionnel* le répéta si souvent, qu'on finit par le croire. Ceci se passait en 1825.

En 1844, M. Passy le cita à la Chambre des Pairs, en réponse à M. Villemain et au projet sur l'instruction secondaire. L'auteur de cette histoire de France, dans une lettre très digne, très calme et très documentée, chercha à le faire revenir de son erreur. M. de la Roche-Arnaud lui adressa de plus une lettre dans la *Quotidienne*. M. Passy dut reconnaître qu'elle n'existait que dans l'édition de 1810. Or, Montalembert la produisit à la Chambre des Pairs ; elle s'arrêtait à la mort de Louis XVI, où personne ne connaissait les *Buonaparte*.

Eh ! le père Loriquet ! répètent les ignorants. Mais trois rédacteurs du *Constitutionnel* avaient à la suite été élevés à la pairie de France. Il paraît que cela rapporte !

Et les crimes des Borgia ! Eh bien ! voulez-vous l'opinion de Voltaire ? Il accuse Guichardin d'avoir trop cru sa haine, d'avoir accumulé des crimes invraisemblables sur cette illustre famille. Comment un homme qui avait plus d'un million de ducats d'or aurait-il fait périr des cardinaux qui n'avaient rien pour s'emparer de leurs biens ; on l'accuse d'avoir voulu empoisonner une douzaine de cardinaux, ce qui aurait soulevé Rome, et l'histoire ne dit rien de semblable ; enfin on le fait mourir du poison, quand il mourut d'une fièvre double-tierce.

La vérité est que ses accusateurs se démentent les uns les autres pour des faits publiés 200 ans après sa mort, tous infirmés par les documents de l'époque, qu'Alexandre VI fut la terreur des brigands, des sectaires, qu'il approvisionna l'Italie, fit fleurir le commerce et les arts, organisa la résistance contre les Turc, eut à défendre le patrimoine pontifical, dut s'adresser aux personnes de sa propre famille dans un temps où les novateurs avaient tout troublé, qu'il fut salué des acclamations du peuple et fut la terreur des méchants, que César Borgia fut proclamé le libérateur de l'Italie. Sobre à table, ne s'accordant que deux heures de sommeil, distribuant sa fortune aux pauvres, telle fût Alexandre VI.

Sur des feuillets trouvés 200 ans plus tard et portés à Leibnitz, on publie un journal accusateur, de Burchard, soi-disant, qui sera justificatif, quand la diffamation se sera étendue ; feuillets réunis, les uns en italien, les autres en français, les autres en latin. Ce Pape, honoré dans l'Église la veille, ayant rempli admirablement des missions délicates, ayant distingué les hommes qui ont le plus honoré l'Église depuis, comme Jean de Médicis, qui fut plus tard Léon X, nommé dans des temps difficiles, et avec de rares qualités, il ne devient criminel que 200 ans après sa mort.

César, son fils légitime, ou plus vraisemblablement son neveu, mais il n'était entré que très tard, dans les ordres et son union avec l'illustre famille des Farnèse était admissible, laisse un souvenir de bienfaiteur de l'Italie.

Lucrèce Borgia aurait divorcé dans deux mariages qui n'existèrent qu'à l'état de projet, aurait été complice dans la mort d'un mari qu'elle soigna et pleura amèrement ; de son temps elle jouit d'une réputation de sagesse, de vertus domestiques, et de tact incomparable. Plus tard, elle n'est plus qu'une prostituée.

Et cette illustre famille, qui donna à l'Église deux Papes, Calixte III et Alexandre VI, un saint : François de Borgia, est traînée dans la boue au point d'écœurer Voltaire, qui pourtant n'était pas difficile.

N'est-ce pas le cas de dire avec Joseph de Maistre :

> « Un temps viendra où les Papes, contre lesquels on s'est le plus récrié, seront regardés dans tous les pays comme les amis, les tuteurs, les sauveurs du genre humain, les véritables génies constituants de l'Europe.»

Vous vous obstinerez peut-être contre cette conclusion. Or au commencement du XIXe siècle, la Sorbonne mit au concours l'influence de l'œuvre de Luther sur la civilisation. Elle donna le prix à un mémoire bâclé en six mois, qui en faisait la plus grande apologie. Comme les catholiques les plus méritants s'en scandalisaient, elle appela l'auteur à siéger parmi ses membres. Ce qu'elle fit est ce que l'on fait également de nos jours : voilà ceux qui distribuent le lait de l'*Alma Mater* à la jeunesse française. Quant à J. de Maistre, il ne cite rien qu'il ne puisse justifier d'une manière péremptoire ; Ch. Barthélemy, que j'ai résumé non plus !

Marie la Sanglante. — Paris vaut bien une Messe. — Que de fois n'a-t-on pas protesté contre Marie Tudor, surnommée *la Sanglante* ! Et pourtant, rien n'est moins vrai que cette accusation.

Le duc de Noailles, ambassadeur de France, en fait une princesse accomplie, aux vues les plus élevées ; il ne doute nullement de sa parole donnée, et toute sa correspondance éveille l'idée d'une reine aux sentiments les plus délicats. Où a-t-on vu cette ardeur de répandre le sang ?

Charles-Quint, en qui elle a mis sa confiance, lui conseille de se défaire de Jane Grey, qui sera une cause de révolte continuelle. Malgré sa confiance en ce prince, ce moyen lui répugne, elle se contente de l'empêcher de nuire en l'enfermant.

Mais la mission du duc de Noailles en Angleterre n'était pas désintéressée. Il s'agissait de faire épouser Courtenay par la reine. Elle refusa, ce qui, après tout, était son droit. Alors s'organise une conspiration dirigée par Wiat, dont elle ne triomphe qu'en allant supplier son peuple de Londres de la soutenir. Quand elle en eut triomphé, il fut établi que Courtenay, le duc de Noailles et Elisabeth étaient du complot. Sur le conseil de Charles-Quint, elle punit les plus coupables et fit grâce au plus grand nombre. Ce fut le seul moment où elle fut sanglante. Ce jours-là seulement elle céda à Charles-Quint en immolant Jane Grey qui était essayé de la supplanter sur le trône. On peut discuter sa confiance pour Charles-Quint, qui en profita pour lui faire épouser son fils Philippe II, mais ce qu'elle a fait pour se défendre à la dernière extrémité, est ce que tous les chefs d'État font en pareil cas, souvent avec moins de clémence.

Elisabeth serait moins excusable, et le roi Jacques, qui fit périr des milliers de catholiques, aussi.

N'a-t-on pas prêté à Henri IV ce mot que *Paris valait bien une messe* ?

Là, encore, appuyé sur des documents indiscutables, qui sont la plupart du temps les lettres de Henri IV lui-même publiées par Berger de Xivrey, nous allons détruire la légende. Baptisé par le cardinal d'Armagnac, ayant un père et une mère catholiques et pour parrains Henri II, roi de France, et Henri d'Albret, roi de Navarre, pour marraine Claude de France, tous catholiques, il fut élevé à la cour par un précepteur du plus grand mérite. Il avait douze ans quand ce dernier mourut, et fut rappelé par sa mère, Jeanne d'Albret, qui venait d'adhérer au calvinisme, et lui donna un précepteur huguenot, Florent Chrétien. Bientôt il fut mis à la tête du parti huguenot.

Pourtant il n'était pas fanatique. Bon, pieux, plein d'esprit, clément et serviable à tous, il était orné de toutes les vertus du *bon roi*, quand la mort de Henri III l'appela à la couronne de France. Et que répond-il aux seigneurs qui lui demandent de se faire instruire ? qu'il ne demande pas mieux de changer, si on lui prouve que la religion catholique est la meilleure. Il manifeste sa foi pour l'Eucharistie, ses doutes vis-à-vis d'une religion qui n'a plus que le prêche et demande aux plus grandes illustrations de l'Église, la plupart ses amis, de lever ses doutes sur deux ou trois points.

Quand les protestants lui disent qu'on peut se sauver dans les deux religions, et les catholiques seulement dans la leur, il prend le parti le plus sûr. Mais il est roi : comme tel il aime tous les français, ne veut pas froisser ses sujets protestants, pour lesquels il manifeste beaucoup de tendresse même converti, comme encore huguenot il faisait respecter les prêtres et les cérémonies catholiques. Sa lettre au pape, sa prière à la bataille d'Ivry sont remarquables. C'est une foi humble et sincère, sans forfanterie et sans respect humain. Il a ramené à la foi plus de 60 000 personnes, mais ne veut de retour ni par intérêt ni par hypocrisie, il a rétabli le culte catholique dans 300 villes et bourgs.

Il a protégé les catholiques à l'étranger, dans les lieux saints et en Angleterre, où le roi Jacques en faisait périr des milliers, dans les tourments. La Boderie qu'il y envoie parle au roi dans un sens de modération et d'humanité qui touche le roi ; il obtient un peu d'adoucissement et finalement s'en fait un ami. A son départ, le roi le comble de présents et verse des larmes à la mort de Henri IV, devant lui.

Il a formé en Europe le projet d'une grande confédération chrétienne, reconnaissant la suprématie du Pape et s'organisant pour résister contre les Turcs. Déjà les pourparlers aboutissaient, quand le poignard de Ravaillac vint tout arrêter.

Saint François de Sales le compare à Charlemagne et à saint Louis, et voilà le Prince, qu'on nous présente comme ayant tenu un propos de corps de garde et un sauteur. Pour toutes ces rectifications, consultez les *Erreurs et mensonges historiques*, par Charles Barthélemy, à la librairie H. Gautier. On y trouvera quarante-cinq réfutations de ce genre avec des citations de documents tellement probants, des aveux si complets, une étude si fournie des sources mêmes de l'histoire, qu'il ne restera plus de ces accusations qui entassaient Pélion sur Ossa, rien absolument, mais à la place la lumière pure qui éclaire les horizons cachés au lever du soleil et repousse au loin les cauchemars de la nuit.

Première conséquence

des Mensonges historiques

Calvin fut un homme violent, emporté, avide de vengeance, toujours prêt à assouvir sa haine contre ses adversaires. Le monde religieux qu'il attire à lui sont les prêtres défroqués ; les repris de justice, les délateurs, les révolutionnaires. Il fait brûler Michel Servet sous sa fenêtre avec du bois vert pour jouir toute la journée de son supplice. Il fait brûler François-Daniel Berthelier qui avait lu sur les registres de la ville de Noyon que Calvin avait été condamné pour avoir commis le crime qui attira le feu du ciel sur Sodome et marqué de stigmates dans le dos. Bolsec dit avoir vu la pièce signée d'un notaire juré.

Il s'était approprié les offrandes de la reine de Navarre, de la duchesse de Ferrari pour les pauvres, s'était caché pendant la peste, et ses ministres disaient qu'ils préféraient aller au diable que de soigner les pestiférés. Bientôt il n'y a plus que des potences, des bûchers et des tortures. Tout ce qui diffère de la doctrine de Calvin est livré au supplice : il coupe les têtes des pendus et les expose pour terrifier la ville.

Il jette l'anathème sur la France, sur la monarchie et sur les prêtres et dicte à ses chansonniers des refrains repris contre eux en 1793. Les protestants eux-mêmes ont flétri son œuvre : il n'y a plus d'idéal, plus de dogme, plus de libre examen ; il n'y a plus que la volonté de Calvin, d'un monstre à face humaine. Calvin est mort effrayé de son œuvre.

Ses sectateurs en France se livrent à tous les massacres, dans les familles des catholiques, sur les prêtres, sur les objets sacrés des Églises. Ils conspirent avec l'étranger contre le royaume et la monarchie ; on les voit sortir de leurs prêches les yeux injectés de sang, respirant la haine et la férocité. Ils violent tous les traités et obligent Louis XIII à reconquérir son royaume contre eux.

Bossuet, dans son *Histoire des Variations*, nous montre la même chose de Luther, ses violences, l'approbation qu'il donne aux massacres commis par les anabaptistes et les autres sectes, et aux vices de toute espèce, les mêmes prédications violentes, quand, sortant de celles de Saint-Paul, aucun chrétien ne massacra même les idoles, sa férocité, ses changements constants de doctrine, les mots orduriers qu'il emploie, les vices qu'il patronne.

Laissons pour un instant la conduite de Henri VIII, tuant ses femmes, en changeant à chaque instant (il n'est pas même défendable) et la férocité de ses successeurs.

De tels monstres succédant aux bienfaits que l'Église avait apportés au monde et s'imposant par le bûcher, la torture et les persécutions de tout genre n'eussent jamais prévalu, malgré le masque religieux dont s'en couvraient les auteurs.

Les novateurs, voyant leur impuissance en Espagne, vaincus en France, devant des idées de tolérance nécessaire qui s'implantent en Allemagne et en Angleterre, invoquent après coup mille atrocités commises par l'Église, dans les pays catholiques surtout, avec la complicité des monarques très chrétiens. L'un renchérit sur l'autre, les philosophes, du XVIIIe siècle ajoutent sans compter. L'œuvre est accomplie !

Désormais, qu'un catholique parle de justice, de charité, de bienfaisance et de vertu, on lui fermera la bouche par de faux textes, on lui fera honte du passé de l'Église qu'on a noirci à dessein. La foule s'émouvra, les passions seront soulevées contre celle qui l'a dotée de tout le bien qui lui a été fait sur la terre. Le couteau révolutionnaire abattra les têtes de la monarchie, coupable de trop avoir aimé son peuple, du clergé qui l'a défendu, protégé et aimé, de la noblesse qui fondait une Ligue libératrice autrefois.

Depuis cent cinquante ans, a dit Joseph de Maistre, l'Histoire est une conspiration contre la vérité. La gloire catholique et française a été changée en infamie.

La révolution était prête !

Seconde conséquence

des Mensonges historiques

Certes, nous n'en aurions jamais fini de ces mensonges accumulés, si nous voulions les passer tous au crible d'un examen approfondi. Louis XVI laissa plus de 500 000 hommes de guerre qui, divisés en quatorze armées, formèrent les armées de Carnot. Ajoutez quelques volontaires, dont la plupart ne se présentèrent jamais et dont les chefs de la Révolution s'approprièrent la solde ; Robespierre provoqua l'Europe au Club des Jacobins ; des paroles on en vint aux actes, il fallait transporter partout les nouvelles idées, et l'Europe intervint quand elle fut provoquée par des actes. Voilà le résumé de la glorieuse campagne républicaine pour le salut de la nation partout menacée !

Nous avons vu précédemment quelles étaient les idées de la Sorbonne ; elles n'ont pas varié de nos jours.

Si vous confiez un fils à l'instruction universitaire moderne, on lui apprendra en Économie Politique tout ce qui doit ruiner son pays et faire gagner toujours les grands juifs de la Bourse du Commerce ou du Change ; en philosophie, plus de morale, plus de révélation chrétienne, plus de doctrines de justice ; en histoire, même tout ce qui paraissait trop fort au temps de Voltaire, au moment où l'on fabriquait le plus de calomnies avec son assentiment, est cru aujourd'hui dur et ferme par tous les catholiques.

Désireux d'avoir des diplômes, n'ayant pas le désintéressement des Belges qui renonçaient plutôt aux fonctions publiques pour faire triompher le catholicisme, ou des évêques catholiques allemands qui bravèrent la prison et l'exil, on a moulé l'enseignement sur celui de l'État dans toutes nos écoles religieuses et universités catholiques. Pie IX les avait réclamées cependant pour le triomphe de la vérité !

Tout le monde se demande qui nous sortira de la pourriture où nous sommes plongés.

Saint Paul nous l'a dit :

« *C'est la vérité qui nous délivrera.* »

Mais la vérité, où-est-elle ?

Si nous nous adressons au peuple, il répond qu'il n'est pas assez instruit. Peut-être en a-t-il quelque notion dans l'intuition native de l'homme pour tout ce qui est bien. Il échoue pour la développer.

Si nous nous adressons à la classe instruite pour lui demander des députés, des orateurs, des publicistes, elle a été pétrie par le mensonge calviniste ou juif des professeurs, elle voit tout à l'inverse de l'école de la vie, du sentiment inné de, justice de l'homme. Elle est comme le broyeur de pierres que l'ingénieur a conçu pour broyer : elle n'est pas faite pour édifier.

Si nous changeons de maîtres, parce que nos jeunes gens ne sont pas armés pour la vie, n'ont plus de doctrines sociales et vivent aux dépens de la collectivité au lieu de l'enrichir, les formules obligatoires sont là, en dehors desquelles il n'y a plus de diplôme. Et c'est cette peste qu'on veut nous imposer en supprimant la loi Falloux !

Ah ! elle ne leur faisait pas grand mal. Elle n'a pas soulevé d'instincts de révolte. Elle a donné graduellement tous les gages exigés !

Mais, songez donc, si un jour elle servait à déchirer les langes dans lesquels on a essayé de nous envelopper, à soulever les voiles des ténèbres officielles, si elle pénétrait dans l'arcane de l'Arche Sainte pour en fouiller les vices et les produire au grand jour, quel scandale pour cet enseignement juif et protestant, qui n'admet pas de rival et veut se rendre obligatoire pour tous !

L'Église avait affranchi l'humanité de l'esclavage qui revient, assuré aux travailleurs un juste salaire et il passe aux grands juifs de nos Bourses, en en frustant celui qui a fait l'ouvrage. Elle avait introduit dans le monde les vertus domestiques : on y substitue partout la pornographie. Elle avait distingué le mérite : on le ravale par la calomnie à jet continu. Elle avait défendu la justice, dont on a fait fi ! prôné la charité : on la méprise. Ses ordres religieux ont concouru à de nombreuses découvertes et au développement des sciences ; on exile ceux-là et on corrompt celles-ci.

Et l'homme moderne demande qui le délivrera. Mais, malheureux, dans quel train êtes-vous ? dans celui qui conduit aux abîmes : pourquoi y êtes-vous monté ?

L'INSTRUCTION CALVINISTE ET JUIVE EST OBLIGATOIRE !!!

Le Mouvement tournant

Les Beaux-Arts païens. — Il y a, au frontispice intérieur du Musée d'Anvers, une charmante allégorie : d'une part, l'art gothique, recueilli, l'œil empreint d'idéal et tourné vers le ciel ; d'autre part, la Renaissance, en habits de fête, rieuse et gouailleuse à la fois.

Certes, je ne viens pas attaquer cette Renaissance dans les arts, marquée par les travaux de Michel-Ange et de Raphaël, et cette architecture riante, dont il y a de fort beaux modèles. J'irais plus loin que les papes, si je le faisais. Il faut reconnaître de bonne foi que l'Église est heureuse de tous les progrès et n'attaque que le mal sur la terre.

Les guerres d'Italie donnèrent une idée de ces chefs-d'œuvre que les rois de France encouragèrent. Mais il faut bien reconnaître que le protestantisme avait pris en France peu de développement, Nature cordiale et gaie, tout à tour sérieuse et enjouée, nos pères goûtèrent peu ces prêches sanguinaires, préludes de guerres civiles et de massacres. Le jansénisme, qui parut plus tard, et qui est une exagération lourde et acariâtre, à l'usage de gens trop bien intentionnés, pour les faire tomber dans la licence et le découragement, réussit mieux pour le but à atteindre. On se souvient des *Lettres Provinciales* que Pascal écrivit pour faire plaisir aux jansénistes de Port-Royal ; elles contiennent un post-scriptum indigne de lui : après avoir attaqué les Pères, il les lut pour savoir ce qu'ils disaient. Si au moins il les avait lus avant !

Le Juif a un plan ; le protestant n'en a pas. Il est chargé de préparer l'œuvre du maître, qui n'aime pas se montrer, par un souvenir du *ghetto*, sans doute.

Il fallait profiter de l'esprit fin, délicat des Français pour entrer dans la place. Cette communauté d'origine a des points de rapprochement sensibles. Ainsi, les novateurs, au moment où il n'y avait encore que des hardiesses d'opinion, inquiétés, se retirent auprès de l'évêque de Meaux, Briçonnet, qui protégeait les arts. Là, où le protestant ne réussit pas à faire l'œuvre du bélier démolisseur, on profitera de cet engouement pour les chefs-d'œuvre antiques, afin de nous ramener à la décadence de l'empire romain, qui est le but avoué, où d'autres ont vu une question d'art, le Juif voit une question de vices à étendre.

On peuplera nos jardins publics, nos places publiques, de Vénus, d'Apollon, de nymphes et de satyres. On en décorera nos monuments. A l'heure qu'il est, les concours de l'École des Beaux-Arts se limitent dans ces sujets : rien de l'histoire de France, où pas un Bayard, le chevalier sans peur et sans reproche, un Rolland, n'a mérité d'être coulé en bronze. On n'a pu encore réussir une Jeanne d'Arc. S'agit-il d'un Danton, d'un Etienne Marcel, les galvanoplastes sont sur les dents.

Mais, pour mouler et peindre des dieux et des déesses, il faut des modèles. Pourquoi le public rougirait-il de ce qui se fait journellement dans les ateliers des Beaux-Arts ? Le théâtre, lui aussi, est une école, mise récemment à la portée du peuple par des représentations gratuites.

Au Moyen-Âge, le théâtre roulait sur une idée patriotique, religieuse ou morale comme intrigue. Le triomphe de la vertu en formait le dénouement. Aussi les prêtres y assistaient-ils toujours.

Au XVIe et au XVIIe siècle, c'est la passion et souvent la volupté. L'adultère bientôt formera le clou d'une pièce, comme plus dramatique que les vertus domestiques. Les costumes grecs et romains, le ballet introduit par Catherine de Médicis, exécutant les chœurs de danse, formeront une attraction nouvelle.

Mais, alors que sous l'Empire, on se scandalisait encore de jupons trop courts, que les danseuses de corde adoptaient des couleurs sombres, aujourd'hui le jupon disparaît ou flotte comme une dentelle légère, on adopte la couleur chair, et de là à Chirac ou au bal des Quatre-z-arts, il n'y a qu'un pas. Voyez le personnel qui attend à la porte des théâtres l'effet des représentations. L'Eden-Théâtre lui-même a cru pouvoir reproduire *Lysistrata*, mise à la censure par les Grecs il y a 2 500 ans. Il faut que le plaisir entre par les cinq sens, disait Piccolo Tigre, l'un des agents les plus actifs de la franc-maçonnerie, ces plaisirs coupables que saint Paul déclarait ne faire qu'un avec l'idolâtrie. Les journaux illustrés et les affiches des murs rivalisent avec les trois quarts de nos théâtres, ainsi que les vitrines de photographies tenues par des juifs.

Voyez ce jeune homme à qui vous demandez de travailler au relèvement de son pays. Il vient de lire *Le Cochon* ou quelque chose d'approchant. Si une jeune fille lit un roman, qui la fait rougir jusqu'aux oreilles, il est déclaré bon pour la vente. Ceux de Paul Féval converti étaient frappés d'ostracisme par les metteurs en scène de la littérature contemporaine, et le reste n'a plus été vendu que par Palmé.

Mais la Censure frappe impitoyablement toute allusion historique, toute comparaison issue d'un voyage, tout idéal plus beau que ce que nous avons. Seule l'immoralité ne l'inquiète pas. L'Art, le bon goût et l'esprit disparaissent, et des familles de Hollande se rendirent dernièrement chez le Consul, pour savoir si elles pouvaient honnêtement assister à une pièce, parce qu'elle était française.

La littérature païenne. — Dans cette seconde partie, j'attaquerai la littérature païenne, mais avec les mêmes distinctions nécessaires.

Ne croyez pas que les langues mortes furent négligées dans l'Église. Saint Jérôme, chargé par le pape Damase de mettre en latin tout le volume des Bibles, raconte dans la Préface qu'il a étudié Cicéron et Virgile. Le style de sa traduction est à tournure grecque, le latin de son temps. Comme on étudiait les belles-lettres en grec, il a conservé dans le mot-à-mot la tournure hellénique, que nos bacheliers appellent du latin de cuisine, comme *jesus dixil quia* et qui est foncièrement grecque, ou l'accusatif (sous-entendu χατυ), au lieu d'ablatif.

Au Moyen-Âge, on prêchait en latin. Les poètes de la *Pléïade* allèrent trop loin dans la voie d'imitation des Antiques, et Malherbes ramena un langage français, déjà très perfectionné du temps de Henri IV.

Aussi, sans rien ôter aux gloires littéraires du XVIIe siècle, pouvons-nous dire : le progrès de la langue était déjà en formation réelle, et nul besoin n'était de rompre avec l'Église. La plupart de nos grands littérateurs sortaient de chez les Jésuites, qui n'ont jamais combattu les disciples de Luther et de Jansénius qu'avec des arguments ; un devin nous dira peut-être un jour pourquoi on leur en voulut plus qu'aux Dominicains, qui firent l'Inquisition.

Mais, là encore le ver était dans le fruit. On peut, dit la *Commission de l'Index*, se servir des auteurs latins et grecs, pour se former à la beauté du style, mais, sous aucun prétexte, on ne doit les commenter devant des jeunes gens. Effectivement même la seconde églogue de Virgile commence par un vice très répandu à Rome. Lisez, pour parler à mots couverts, l'Épître de saint Paul aux Romains. Mais quel espoir de faire apprendre Eschyle et Sophocle, sans qu'on lise ensuite Aristophane ? ou de prendre des livres expurgés *ad usures juventutis*, sans que d'autres recherchent les suppressions ?

Dans les collèges religieux, il y avait un correctif ; c'était l'enseignement de la philosophie scolastique, du Nouveau Testament de l'Écriture sainte, du catéchisme. Il y avait l'enseignement religieux, la pratique et les cérémonies du culte.

Là, où ces choses ont disparu, nous nageons en plein paganisme. Qui retiendra ces jeunes gens, au moment de l'essor des passions ? Les livres où elles sont à l'état d'idolâtrie. Qui enseignera aux riches leurs devoirs dans une situation privilégiée ? Mais cela n'existe plus. Et, quand ils seront appelés à remplir une fonction sociale, leur puissance sera augmentée par leur instruction même, . et aucun scandale ne les effarouchera plus.

Il y a de plus une autre conséquence qu'a fait ressortir Mgr Gaume.

— Vous avez instruit une jeunesse chrétienne dans l'admiration des païens : ils les imiteront. Dans un pays monarchique, vous avez donné comme modèles les vertus de la République romaine : ils renverseront la monarchie pour imiter les Romains. Et, par un grand nombre d'exemples choisis, il montrait que c'était en imitant l'exemple de Brutus qu'on guillotinait Louis XVI, et suivait pas à pas la révolution inspirée par les Romains.

Sa thèse fut controversée, mais je vous le demande, là où il n'y a pas de contre-poids, peut-on nier que l'éducation donnée à l'élite d'un pays ait une action sur le mouvement social d'une époque ?

Eh bien ! la plupart des jeunes gens vous répondent aujourd'hui qu'ils ne voient pas ce qu'il y a à faire. Évidemment, ils ne l'ont vu ni dans le Tite Live, ni dans Quinte-Curce, ni dans Démosthène, ni dans Plutarque, ni dans Xénophon.

Et alors ils se laissent vivre, et si vous leur parlez de faire quelque chose pour le pays, ils ne vous comprennent plus et laissent tourner la terre en 365 jours 24 centièmes, etc.

Ils sont comme ceux, dont parlait Tacite, qui sont mûrs pour la servitude.

Un Aide nouveau

La Franc-maçonnerie. — Des institutions, qui ont duré de longs siècles auraient pu résister encore longtemps à quelques mensonges historiques, quelques fauteurs de guerres civiles, une éducation littéraire ou artistique amollissante et déprimante, qui sapait toutes les doctrines sociales du catholicisme, et portait les cœurs et les esprits vers l'idéal des époques de décadence grec, que et romaine ; un appoint inattendu se présenta : ce fut la franc-maçonnerie.

Soucieux de ne dire que des choses absolument dé montrées, je puiserai dans *Les Sociétés secrètes et la Société ou philosophie de l'histoire contemporaine* par N. Deschamps, dont l'auteur a réuni pendant 30 ans les déclarations tirées des Bulletins ayant un caractère maçonnique officiel, ou les allocutions importantes des Grands Maîtres, souvent juifs ou protestants : c'est tout indiqué !

Le premier tome est précédé d'une introduction très remarquable de Claudio Jannet. Cet écrivain nous y montre le premier acte de la franc-maçonnerie, qui est la révolution anglaise de 1648, introduisant en Angleterre le régime parlementaire, tuant l'esprit de la race et la préparant aux absences de morale où elle a abouti trop souvent à l'heure actuelle. De là, elle nous vient directement par les philosophes et les encyclopédistes, comme le déclare Ragon ; elle pénètre avec les hommes de lettres et les hommes d'État.

Partisan de *tout laïciser*, de la *morale indépendante*, elle relie autour d'elle mille associations de tout genre, qu'elle pénètre de son esprit. Elle est universelle et s'étend des États-Unis jusqu'à la Chine : elle comprend plus de 1 200 loges dans le monde.

L'esprit de 1789 fut surtout celui de l'*Illuminisme allemand* ; il sort tout armé du congrès de Willemsbad ; et, si l'Angleterre a fondé les premières Loges en France au début du dix-huitième siècle, c'est Frédéric le-Grand qui a le plus contribué à la diffusion des Loges en Allemagne. Ainsi l'action de l'Angleterre et de l'Allemagne apparaissent au premier rang. Celle du juif n'est pas moins éclatante. On le voit par la déclaration de Disraëli (*lord Beaconsfield*), du chevalier Gougenot des Mousseaux, et celle que Henri Misley a faite lui-même au P. Deschamps que 5 ou 6 personnalités juives, grâce à la Maçonnerie, dirigeaient de haut tous les grands événements européens.

Cette étude sera le complément nécessaire aux mensonges historiques depuis la Révolution jusqu'à nos jours, en même temps que l'initiation du public pour savoir comment la ruine de tant d'institutions fut préparée, et la voie indiquée, dans la lutte actuelle, pour le relèvement de notre pays et du monde.

On y verra les plus grands noms des philosophes et des hommes politiques qui y furent mêlés, le travestissement de tous les faits, l'envoûtement préparé de tout l'univers par quelques affiliations sans importance, réduites à fuir la lumière, et le plus grand danger pour toutes nos sociétés, si elles ont désappris la lutte, qui est à la base de toutes les victoires.

Quant au secret de la franc-maçonnerie, il est insignifiant et il est terrible : cela dépend de l'intelligence de chacun de ses membres. On peut être vénérable et n'y rien comprendre ; on peut être simple affilié et tout connaître.

Son culte, en effet, est celui de la raison et de la liberté. Pour le culte de la raison, elle entend la destruction de toute religion, traitée par elle de superstition, et pour le prouver elle en travestit les croyances et en corrompt le passé. Par celui de la liberté, elle entend la suppression de toute autorité légitime, qu'elle traite de tyrannie, en la présentant ainsi en doctrine et en histoire.

Elle admet toutes les catégories de la société dans son sein, comme les bourgeois et les princes. Ne parlant jamais franchement, elle laisse ignorer aux premiers qu'elle est contre la famille et la propriété, aux seconds contre leur autorité. Mais, si quelques frères ∴ s'égarent dans la révolution ou le crime, comme frères, les autres, qui ne sont pas encore initiés, doivent les soutenir. Il n'y a rien de plus immoral, car au fond c'est son but, et en réalité elle couvre ainsi tous les forfaits.

L'affilié qui n'y a rien compris doit être décidé à soutenir sans hésiter un traître, s'il est frère-maçon, et de même un assassin ou un escroc. En réalité, c'est l'armée du crime, dissimulée avec astuce, et les princes et les nobles du dix-huitième siècle ont payé de leur tête, quand même, l'adhésion qu'ils lui avaient donnée.

Origine de la Franc-Maçonnerie

L'impiété, l'apostasie et le crime sont de tous les temps. C'est en cela que la Franc-Maçonnerie peut se revendiquer de la plus haute antiquité. Ajoutez-y la fourberie, et vous aurez une idée de ce qu'est cette institution.

Les Juifs fidèles furent en très petit nombre. Ceux qui avaient profité de leur séjour en Egypte, pour s'initier aux mystères de Memphis, et plus tard en Chaldée à tous ceux de l'idolâtrie, qui connaissaient également les mystères des prêtres d'Eleusis, et s'adonnaient secrètement aux vices dépeints par Ezéchiel, formèrent les juifs « *Kabalistiques* » ; puis, à l'arrivée du Messie, ne pratiquant déjà plus les préceptes de Moïse comme Jésus-Christ le leur reprochait, tout en s'en revendiquant sans cesse, devant les miracles éclatants qu'ils ne pouvaient nier, les textes qu'il leur citait, l'enthousiasme du peuple pour lui, quand ils virent leur ville détruite, comme il leur avait prédit, ils formèrent le « *Talmud* » fond de blasphème, de haine et d'impiété, permettant tous les crimes contre les chrétiens, comme un mérite et un devoir.

Ce sont ceux qui, à travers les âges, ont fomenté les hérésies, leur ont donné le caractère particulier de crimes, d'apostasies, des vices les plus caractérisés, d'insurrections et de déprédations sans nombre, et ont obligé le pouvoir civil à intervenir. Vouloir s'occuper d'une hérésie, sans s'occuper d'eux, serait une œuvre vaine. La marque d'origine est là dans ce travestissement de l'Ancien Testament, comme fit « *la Kabale* », dans celui du Nouveau, chez les peuples catholiques, dans ce rite de Misraïm, qui en occupe la tête, et dans le profit qui leur vient de cette institution qui en place cinq ou six aujourd'hui à la tête de tous les gouvernements du monde.

On a recherché si cette secte venait des Gnostiques, des Manichéens, des Albigeois, des Templiers. On ne peut nier qu'il y ait des similitudes, et que les francs-maçons les invoquent dans leurs rites. Et, puisque j'ai parlé des Templiers, il n'est pas mauvais de rappeler, d'après les historiens les plus autorisés, que les mesures violentes prises par Philippe le Bel furent blâmées par le Pape Clément V, ainsi que les évêques qui y avaient donné la main, qu'un tribunal érigé par ce dernier, obtint de 72 des plus notables sur 231 qui furent interrogés, cet aveu, sans aucun démenti, des autres chevaliers, qu'on leur faisait prêter serment de ne rien dévoiler de ce qui se passait au Temple, sous menace de mort, de se prêter à tous les crimes contre nature exigés d'eux, que ces attentats avaient lieu dans le plus grand mystère, en fermant toutes les portes et montant sur les toits pour surveiller les abords ; le Pape, qui avait blâmé les tortures et les peines corporelles, appliqua quelques pénitences canoniques, prononça la dissolution de l'Ordre, conserva un manuscrit du procès, et un autre fut déposé au Trésor de Notre-Dame de Paris. Il est aujourd'hui à la Bibliothèque, fonds Harlay, n° 49.

Philippe le Bel, qui avait agi sur les plaintes nombreuses que ces scandales avaient provoquées, s'empara de leurs biens, et il écrivit au Pape le 24 décembre 1307 qu'il avait tout fait remettre aux chevaliers de Rhodes, pour servir entièrement a au secours de la Terre-Sainte », à qui ils étaient destinés. Pour se revendiquer de pareilles atrocités, franchement il ne faut pas être dégoûté. Mais leurs appellations, leurs mystères ressemblaient beaucoup aux rites maçonniques modernes.

Pour initier le public d'un seul coup à tous ces rites divers, en nous appuyant d'après le livre cité sur les écrits du fr∴ Bazot, secrétaire du Grand-Orient, dont les livres d'initiation ont été approuvés par ce dernier, de fr∴ Ragon, fondateur de la Loge des Trinosophes, de fr∴ Goblet d'Avieilla, chef des francs-maçons belges, et de plus de cent initiés, approuvés et corroborés par les autres, voici en deux mots, toute la franc-maçonnerie.

> « *Celui qui entre dans la franc-maçonnerie, disent ces maîtres éclairés, doit, dans un premier interrogatoire, dire ses sentiments sur Dieu, sur la société, pour savoir ce qu'on peut attendre de lui. Il faut beaucoup de prudence et de dissimulation pour qu'il ne se doute de rien, parler de Dieu de morale pour ne pas l'offusquer.*
>
> « *A mesure qu'on peut le gagner, l'instruire en entier.* »

Nous indiquerons, dans un prochain article, l'explication de tous ces mystères et de tous ces rites.

Initiation du public aux Mystères

de la Franc-Maçonnerie

Le postulant franc-maçon doit d'abord déclarer par écrit quelles sont ses idées sur Dieu, sur la société, sur la morale. C'est un premier interrogatoire qui peut fixer sur ce qu'on est en droit d'attendre de lui. Il voit d'abord un cadavre, celui d'Hiram, et doit promettre de punir ses meurtriers.

On lui trace alors un exposé de toutes les religions de l'Egypte, de la Perse, de la Grèce pour lui faire comprendre que l'humanité a honoré la Divinité sous des formes diverses, qu'il doit se mettre au-dessus de ces superstitions et rendre à Dieu un culte plus élevé. Mais le dieu de la Maçonnerie, c'est le dieu Pan, c'est la nature, c'est lui-même. C'est lui qui fut assassiné par les religions juive et chrétienne, par les religions révélées, l'autorité et les lois. Ce sont là les assassins qu'il doit poursuivre.

On doit, disent les Maîtres éclairés cités dans le précédent article, l'amener peu à peu avec prudence à ces constatations, user de ruse et de dissimulation, invoquer Dieu et la morale, ne lui dévoiler ces conceptions élevées de sa mission qu'après des épreuves, une initiation suffisante et des serments qui ne lui permettent plus de s'échapper. Si on a des doutes, il ne faut pas l'admettre aux grades élevés. De là ces exposés de doctrines philosophiques les plus hautes en apparence, les citations de textes religieux astucieusement détournés vers un but infâme, odieusement travestis.

S'il est jugé digne d'être élevé au grade de *Rose Croix* ou du chevalier *Kadosch*, là, on lui donne la lumière entière. Il est dégagé des préjugés religieux de son enfance, amené à considérer la monarchie, l'autorité et les lois comme les assassins de sa tranquillité ; ses vices, son ambition, ses idées, ses plaisirs, comme le seul dieu de la nature, il est mûr pour aller plus loin.

Mais la pleine lumière entraîne des obligations. Après les interrogations qui permettent de lui enlever le bandeau, il est armé du poignard symbolique, il promet par serment d'obéir à l'ordre de ses chefs qui sont seuls capables de le guider dans le chemin de la vertu et du bonheur de l'humanité. On lui fait exécuter trois assassinats simulés aussi bien que possible ; on lui explique qu'à la moindre injonction il doit être prêt à réaliser ce qu'il a promis contre les ennemis de la maçonnerie : la papauté, la monarchie ou l'autorité et les lois. Ces chefs, il ne les a jamais vus et ne les verra jamais ; au premier appel, il doit être assassin, révolutionnaire, et, s'il trahit, il disparaîtra d'une manière plus ou moins éclatante ou mystérieuse, selon les pays et selon les lieux. Ces assassinats se sont vus en France et en Italie il y a quarante ou cinquante ans, et des disparitions mystérieuses se voient encore tous les jours.

On comprend avec cela qu'il n'est pas nécessaire d'être nombreux pour exercer une action. L'un est professeur à la Sorbonne et enseigne la philosophie panthéiste qui lui a été indiquée, l'autre est philosophe et écrira des livres de propagande. Celui qui est général se prêtera à un triomphe utile à la secte ; on armera le bras de l'assassin, on répandra à profusion les doctrines de la révolution. Le pouvoir sera donné aux amis de la secte ; les lois, la constitution sortiront toutes armées de ses doctrines. Elles seront attentatrices à la morale, à la famille, à la propriété, à l'idée de patrie, à l'association, à l'épargne, à la liberté. Chacun sera aidé mystérieusement par l'ensemble des affiliés.

Des maçons consultés après 1789 ont déclaré n'avoir compris qu'au lendemain de la révolution les conséquences de la maçonnerie ; des carbonari ont fait la même déclaration pour les événements passés en Italie, et ont avoué avoir été trompés. Mais il y a les chefs que l'on ne voit pas et qui reforment tout à leur façon par un habile tour de passe-passe, et le monde catholique se réveille et constate ce résultat : l'esclavage des hommes et des femmes rétabli, les fortunes mondiales des Juifs et leur pouvoir occulte, le règne des cinq ou six Juifs qui président aux destinées de l'Europe !

En 1535 parut la *Charte de Cologne*. On y voit les mêmes désignations, les mêmes symboles, la même doctrine que dans les écrits de tous les grands Maîtres répandus depuis. Elle est signée de Mélanchthon, le compagnon de Luther, Hermann de Wiec, archevêque de Cologne et Nicolas von foot, prévôt des augustins de cette ville, mis au ban de l'Empire tous deux pour leur connivence avec les protestants, Coligny et quelques autres. D'où l'on peut conclure que les protestants, qui avaient levé l'étendard de la révolte de plus en plus contre l'Église, avaient l'intention d'aller plus loin, que déjà ils n'étaient que les instruments des Juifs renégats qui les avaient instruits, mais, qu'obligés à quelques précautions sous Charles Quint, ils avaient pris la forme des compagnonnages si nombreux à cette époque, la *truelle*, l'*équerre* pour construire dans leur *atelier* le *temple* de la Nature. Beaucoup de pasteurs protestants en Angleterre et en Allemagne se firent les propagateurs de la franc-maçonnerie, mais quelques-uns furent effrayés du chemin qu'on leur avait fait faire. Je saisis avec empressement cette occasion qui m'est offerte de constater l'entente des protestants et des francs-maçons pour amener le règne des Juifs qui s'épanouit à notre époque.

L'Action Maçonnique au XVIIIe Siècle

Mes articles avaient été commencés pour armer les catholiques. J'ai été devancé par Combes. Nous allons voir comment s'organise une Révolution. Je préférerais tirer déjà des conclusions. Drumont dans la *Libre Parole* demandait récemment :

« *Que dire ? Que faire ?* »

Les catholiques faisaient partout la même question. Que faire, quand il ne reste plus à la France chrétienne que la poignée d'une épée jadis victorieuse ? Que dire quand la science maçonnique occupe toutes les tribunes de l'enseignement et du pouvoir ? Initier les catholiques à leur devoir, les grouper et agir. Je ne vois rien d'efficace en dehors. Accordez-moi donc un peu de crédit, vous jugerez l'œuvre, comme suffisamment grande, à ses résultats bientôt.

A ce tournant de l'histoire, où nous sommes parvenus, la Renaissance païenne en littérature a formé la jeunesse dans ces idées du panthéisme antique, qui est le fond de l'initiation maçonnique ; les Arts ont propagé tous les vices divinisés de l'Olympe ; les seigneurs, qui avaient fondé La Ligue, et pouvaient discuter le trône à un prince comme Henri III, condamné par le Parlement, la Sorbonne et l'autorité ecclésiastique pour ses excès, comme Henri IV, prince huguenot jusqu'à sa conversion et sa réconciliation avec la religion de ses ancêtres à Saint-Denis, ont un peu pâli depuis Richelieu, et se sont affaiblis sous la Régence. Tout est au plaisir, à la licence effrénée, comme de nos jours.

Charles-Édouard, héritier des Stuarts, espérait remonter sur le trône de ses pères et développait la franc-maçonnerie dans ce but. Il réussit à créer des Loges en. France, et confia la Loge de l'Artois à Lagneau et Robespierre, mais bientôt elles sortirent de ses mains et s'affranchirent ; d'autres Loges, venues d'Angleterre, se fondent en Allemagne, en Espagne et en France, et par

la France s'étendent en Italie et en Suisse. La noblesse s'y fait inscrire avec enthousiasme, vient en sabots et en robes de bure, fêter la nouvelle ère d'égalité au milieu des joies populaires, sous le souffle de la frivolité de cette époque. Robespierre se chargera plus tard d'épurer sur l'échafaud cette intrusion d'éléments discordants, qui ont été profitables au début.

Voltaire exilé se réfugie en Angleterre, et là, initié tous les mystères maçonniques, pendant trois ans, il mène la vie d'un Rose Croix toujours ambulant et toujours caché, dit fr∴ Dunan, professeur d'histoire au lycée de Marseille. Il se fait agréger à la Loge des Neuf-Sœurs, et baise avec respect le tablier d'Helvétius, ce philosophe qui disait que, pour monter au ciel plus vite, on devait commettre tous les crimes pour y parvenir par l'échafaud, et que les pères et les mères devraient tuer leurs enfants dans le même but.

Rentré en France, il fonde le club d'Holbach, où se réunissent Diderot, Naigeon, Grimm, Helvétius, Morelet, Fréret, Lagrange, tous initiés. C'est de là que partent, sous des noms d'emprunt pour la plupart, tous les écrits incendiaires, qui vont révolutionner l'Europe.

J'en mourrai de douleur, dit à M. d'Angevilliers le lieutenant des chasses Leroy, au moment des troubles de 1789, c'est là, que furent composés tous les écrits des *Économistes*, répandus à profusion sur papier velin comme édition de luxe, et sur papier ordinaire pour les campagnes. Tout y fut attaqué avec frénésie, mais je ne croyais pas qu'on en vint à de telles extrémités. »

La noblesse s'en amusait, le roi de Prusse Frédéric y avait fondé de grandes espérances pour l'établissement de son royaume, l'Angleterre protégeait l'un et l'autre, et il y a ce fait saillant, qu'après la condamnation des Loges par Clément XII et leur interdiction par le cardinal de Fleury, tous les États prirent des mesures contre les Loges naissantes, sauf l'Angleterre, qui y vit un moyen puissant d'établir son influence sur le Continent. L'appui de l'Angleterre, plus tard l'amitié de Frédéric, chevalier Kadosch, reçu à l'insu de son père, l'attraction exercée sur les beaux esprits du temps, la, complicité des magistrats de Paris et de plusieurs ministres affiliés, de Madame de Pompadour, après les avoir obligés à se cacher, les rendit les maîtres de l'Europe. Les rois venaient donner l'accolade à Voltaire dans son château de Ferney, ce qui lui permit d'écrire un jour : *« J'ai fait aujourd'hui de rois brelan quatrième. »*

Or, qu'était le club qui avait révolutionné les esprits, avant de révolutionner les États d'Europe ? Il était composé de 7 ou 8 francs-maçons, tous initiés, beaux esprits, penseurs remarquables ; et la propagande endiablée de ces frères en Belzébuth, comme disait Voltaire, avec la complicité de hauts initiés, que d'habiles intrigues avaient placés dans les postes importants, magistrats, ministres ou maîtresses, devaient bientôt leur donner la supériorité, sinon de fait, du moins d'astuce dans l'Assemblée nationale, dans la dernière période décennale qui termina le siècle.

Je dirai après ce que la franc-maçonnerie compte de forces à notre époque, et combien l'audace y supplée au nombre devant les millions de catholiques qui se croisent les bras, et disent : *Que peut-on faire ? Que peut-on dire ?* combien peu sont initiés, combien moins le sont entièrement, et combien même la légalité en mains nous pourrions à faire » contre les vrais chefs, les juifs de Londres, qui tiennent le monde dans leurs serres. Alors tous les voiles disparaîtront.

Quels sont les Chefs occultes

de la Franc-Maçonnerie

Ah ! ça, milords, c'est vous qui armez le bras des assassins dans l'ombre, qui donnez le mot d'ordre venant de chefs mystérieux et inconnus, qui conseillez d'user de ruse vis-à-vis des nouveaux adeptes, comme vous avez violé tous les traités, qui foulez aux pieds la morale comme vous l'avez fait dans toutes vos guerres, qui combattez le missionnaire catholique afin de le remplacer au dehors par le missionnaire méthodiste anglais pour former la jeunesse, qui donnez l'ordre de détruire l'enseignement catholique français et y substituez partout celui de vos sociétés bibliques, qui introduisez dans nos colonies des Bibles et de la poudre, qui êtes dans toutes les révolutions avec Pitt et Palmerston, ainsi que votre diplomatie le proclame.

Comme le léopard, votre emblème, vous surprenez votre proie dans les ténèbres, vous avez fondé en France, en Allemagne et en Espagne les sociétés secrètes, vous avez étendu le mouvement par les philosophes dans toute l'Europe.

Vous donniez avec Frédéric, votre complice, des fonds à Voltaire, qui professait pour vous le culte de latrie ; vous avez pris avec Cagliostro l'emblème : *Lilia pedibus dextrue*, « foulez aux pieds les lys », quand vous étiez en guerre avec la Monarchie française ; vous corrompiez notre vaillante noblesse, vous trompiez le peuple, vous faisiez détourner par vos séides les cahiers des États trop dévoués à la Monarchie et au catholicisme. Vous aviez affilié à vos sectes infâmes des ministres, des magistrats, des professeurs en Sorbonne, dont j'ai là tous les noms. Vos affiliés, comme Mirabeau, Danton et Robespierre ont épouvanté des natures simples et timides, qui ont laissé passer le mal, ne sachant d'où il venait. L'horreur du crime ne les arrêtait jamais.

Quand Napoléon, qui eut des accointances prouvées par les documents avec les sectes, devint Empereur et chercha à relever la France, vous avez formé contre lui une coalition européenne. C'est vous, à Waterloo, qui l'avez vaincu, alors que les Prussiens étaient à peine arrivés, et vous l'avez cloué sur le rocher de Sainte-Hélène, comme vous aviez brûlé Jeanne d'Arc.

Vous avez soutenu Frédéric pour fonder la Prusse naissante et Palmerston a donné le mot d'ordre à Bismarck, pour préparer la disparition de l'Autriche et de la France ; vous avez fait miroiter avec lui à l'Italie les avantages d'une république heureuse, et les Loges, que Voltaire et les philosophes, qui gagnaient hardiment les guinées que vous leur prodiguiez, y propageaient, l'ont fait dégénérer en Monarchie maçonnique, pour tromper l'Italie et assouvir vos haines contre l'autorité pontificale seule ? La Pologne a disparu avec votre complicité ; les autres puissances catholiques sont condamnées par vous.

Vous payez des Économistes qui, tout en protégeant vos cotonnades et vos bières, en déclarant annuellement nos animaux malades, nos vins contraires à l'hygiène, en grevant à vos douanes les céréales et les sucres et fermant hermétiquement le commerce de vos colonies, vous assurent l'ouverture des frontières chez les autres peuples d'Europe. Vous avez les premiers introduit l'étalon d'or, vous l'avez imposé aux grandes puissances d'Europe, et le change, transporté à Londres depuis 1870, vous a permis pour tous les payements internationaux de vous faire payer pour cinquante milliards de comptes annuels, en or, c'est-à-dire en double d'argent, en triple ou en quadruple de papier, tandis que vous ne payez les autres qu'en roubles, en drachmes, en milreis, en pesos, en thaëls, qui s'effondrent dans vos Bourses, et ces piastres reçues au double, ces pesos au triple, ces milreis au quadruple, vous donnent à la livre-sterling, le double, le triple ou le quadruple de marchandises, pour inonder nos marchés. J'ai calculé, avec Morès et les données de la Banque de France, nous ne pouvons pas estimer à moins de 12 milliards le bénéfice annuel qui vous en vient sur la ruine de tous les peuples.

Vous prenez sur ces fonds de quoi payer nos professeurs, nos magistrats, nos ministres, nos députés ; je parle de ceux qui sont affiliés aux Loges.

Vous payez les grands journaux des capitales, au point que, pour défendre l'agriculture et l'industrie contre les juifs anglais (car contre les juifs des autres pays j'ai trouvé), je n'ai pu le faire que dans *La Libre Parole* et dans *La Délivrance*, et pour organiser une représentation des intérêts que vos sectes condamnent essentiellement, j'y ai eu autant de mal, et, à peine avions-nous fondé nos syndicats, vos financiers y pénétraient pour en faire dévier l'esprit et qu'ils ne fussent jamais un organe d'influence sociale, pouvant remplacer la Monarchie et la noblesse détruites par vous, par des organes essentiellement modernes.

Je ne dis pas une chose dont je n'ai la preuve absolue, indépendamment de l'adage : *Is fecit cui prodest* ! Le temps seul de vos exécutions commandées aux Kadosch et aux Rose-Croix me manque pour donner des détails complets et probants.

Ou plutôt non, ce n'est pas vous essentiellement et uniquement.

Vous avez eu un passé d'honneur, vous vous êtes appelés File des Saints ! Mais la Réforme, la Renaissance païenne et la franc-maçonnerie, qui eurent les mêmes origines et les mêmes fondateurs, et renversèrent le pouvoir légitime chez vous en 1648, par les Économistes et les philosophes à votre dévotion, mirent aux mains des boursicotiers de Londres la puissance qui affaiblit tous les trônes, effaça toutes les croyances, toutes les associations même populaires qui eussent pu leur résister, et fonda ce grand siècle de l'argent, qui est aussi celui de l'action des sociétés secrètes, pour ne laisser subsister que la suprématie des juifs anglais sur les ruines politiques et financières du monde.

Que dire ? Que faire ?

J'ai lu plus de 300 pages des extraits des plus hauts initiés dans les Loges et des citations de Voltaire, surtout dans ses lettres à d'Alembert, à Frédéric de Prusse, et d'autres de Diderot, d'Alembert et du roi Kadosch. Je n'ai rien trouvé dans ces derniers qui ne fût la reproduction logique, pratique et frénétique des doctrines de la secte.

Tous les attentats contre l'Église, la Papauté, la famille, la grande ennemie à combattre, la femme qu'il faut corrompre, tous les principes de morale à fouler aux pieds, contre la propriété, y sont accentués avec fougue ; la ruse, l'assassinat, la tyrannie conseillée même du moment qu'elle est exercée par les sectaires, le peuple traité de canaille, la bourgeoisie d'imbécile, la religion de superstition, la royauté de tyrannie ; le crime, le mensonge, l'astuce conseillés à chaque instant. Et, quand on parcourt les noms des affiliés, ce sont ceux dont tous les catholiques ornent leur bibliothèque, comme Voltaire, Rousseau, Montesquieu, Thiers, et presque pas un n'a à côté les Encycliques des Papes, les livres où la vérité est vengée par des documents indiscutables. Leurs enfants, dans les écoles religieuses même, apprennent l'erreur pour pouvoir devenir fonctionnaires ou institutrices. Quel tableau !

En voici un second ! De 1875 à 1877, j'ai parcouru tous les congrès catholiques et j'ai dit : D'après le relevé de la Préfecture de police, il y a à Paris un tirage de 1 850 000 numéros politiques et quotidiens. Sur ce nombre, les catholiques en ont 50 000, envoyés à des hommes convaincus, coûtant cher, rédigés en phrases interminables et style érudit. Il n'y a pas un journal populaire. 300 000, nuance *Figaro* et *France*, tantôt nous défendent, tantôt nous attaquent. Un million et demi répand la haine de l'Église et de la Société, et on les annonce son de trompe dans toutes les rues, les hôtels et les cafés. Demain, vous qui avez le pouvoir, l'instruction et la fortune, vous serez supplantés, et on aura répandu dans l'esprit des ouvriers tant de haines et de préjugés, que je me demande si vous pourrez les arracher un jour.

D'après le relevé de la Direction de la Presse, il n'y a en province qu'un tirage d'un million de journaux non quotidiens la plupart, et faits presque tous de coupures des journaux de Paris, avec addition de nouvelles locales.

On bâtit partout des églises ; telle communauté n'hésite pas à s'endetter de 800 000 francs, et ne donnera pas un louis à un journaliste pour la défendre contre le pétrole et l'expulsion.

Aujourd'hui, le nombre des journaux populaires qui nous défendent à Paris, à leurs risques et périls, est un peu augmenté, mais dites-moi si les catholiques, qui dépensent 100 millions par an pour leurs œuvres, en donnaient le quart pour soutenir et propager la bonne presse, c'est-à-dire de quoi fonder par an plus de 16 grands journaux qui vivraient largement, s'ils n'auraient pas la situation prépondérante, qui leur est due. 25 millions, mais c'est le chiffre distribué à Naples, pour l'entrée de Garibaldi : une bagatelle, et le lendemain ils ne seraient plus traités en parias, et n'auraient plus à soutenir leurs écoles à part, et le reste.

Le Concile du Vatican qui n'a pas été connu, mais parodié en France par la presse maçonnique et juive, a reconnu les devoirs sociaux, de défendre par la parole, la presse et tous nos moyens d'action : l'Église et la Société, et une sommité du Concile nous disait que nous vivions en état de péché mortel social en ne le faisant pas.

Pie IX les a proclamés dans la moitié de ses discours ou encycliques. On a fait le silence autour de ce qu'il disait.

Léon XIII a renouvelé cette proclamation constamment. La presse maçonnique et juive a reproduit ses avertissements à l'inverse de ce qu'il avait dit, et, quand il nous criait que nos devoirs envers notre Foi et notre pays restaient des devoirs primordiaux, quand bien même nous ne serions pas satisfaits du gouvernement que nous avions, la même presse a traduit de se rallier à la juiverie et à la franc-maçonnerie.

Un dernier conseil : allez au peuple, allez-y carrément, allez-y sincèrement, et d'ici six mois il y aura du chemin de fait, je vous le garantis ; allez-y avec tout votre cœur, apprenez ses besoins autrement que par la presse salariée et les tribuns stipendiés, faites-lui du bien. Il vous estimera et vous écoutera.

Je l'ai essayé, je l'ai réussi et je vous en réponds.

J'ai dit qu'en face des 38 millions de catholiques français, j'indiquerais le chiffre de francs-maçons qui nous combattent. La Ligue d'enseignement, qui a mené toute la campagne scolaire en 1880, n'en indiquait que 34 000 et 34 000 francs de cotisations. Décomptez même les simples affiliés, dans la période d'illusion encore : décomptez les Kadosch, Rose-Croix, qui ignorent les noms de ceux à qui ils obéissent, et sont fanatisés, sans savoir pour qui. Le reste est de l'or anglais qu'on distribue, et rien de plus ! Avez-vous compris ?

Nécessité d'une Franc-Maçonnerie blanche

Fas est et ab hoste doceri ! Je vois bien des députés qui protestent, des populations qui résistent. Pour moi, tout cela est insuffisant. La Ligue de l'enseignement libre, faisant appel aux catholiques, aux athées, aux protestants et contenant déjà quelques-uns de ces derniers, pour qui connaît le plan maçonnique, c'est-à-dire apologistes des spéculateurs anglais, pour combattre les spéculateurs anglais, qui sont au-dessus des Patriarches de l'Ordre Maçonnique lui-même, ne peut nous donner qu'un *modus vivendi*, compromettant, nous réduisant au reliquat qu'on n'est pas en mesure de nous prendre, et à condition de régler notre enseignement sur l'enseignement maçonnique des adeptes, qu'on emballe et qu'on trompe.

Je suis pour l'offensive, et, puisqu'on nous y a contraint, allons-y dans cet article encore ! Nous reprendrons ensuite cette étude instructive de tout un siècle maçonnique. Une institution qui, par la propagande calviniste et la fondation des Loges en Angleterre, a produit Cromwell ;

qui a fondé la Prusse avec Frédéric, prélude du grand empire allemand, que Bismarck fut chargé d'établir ; qui a, par Voltaire et de puissants affiliés, armé de toutes pièces les terroristes français, décrété la ruine de la Pologne, et organisé la révolution italienne, n'est pas une institution qu'il faille traiter comme un jouet d'enfant.

A d'autres de considérer comme puérils des symboles, éclatants de lumière quand on les analyse ! Ce n'est pas mon fait ! Et, puisqu'on a réussi, c'est que la machine de guerre était bonne, si l'œuvre était mauvaise !

Le temps de la Ligue est fini avec la puissance des Seigneurs, maîtres de leurs provinces. Le temps de la Chevalerie est fini : Que pourrait-elle contre des Empires armés de canons d'acier, avec des forts bétonnés et des montagnes fortifiées ? A l'intérieur, la police l'a remplacée avec moins de noblesse dans les causes qu'elle défend, malgré l'œuvre délétère de Cervantès, qui l'a ridiculisée à tort !

Dans un temps où les Juifs kabbalistiques, les athées dissimulés sous le masque de la Réforme et les révolutionnaires, dont l'ambition s'éleva sur des montagnes de cadavres depuis, risquaient leur vie dans des complots contre Dieu, le pouvoir et l'humanité, il y eut quelque intérêt à s'envelopper de mystère. Mais Jésus lui-même ne parlait-il pas en paraboles sous le puissant Empire de Tibère ? N'en rions donc pas !

Elle s'organisa : organisons-nous, nous aussi ! Elle travailla dans l'ombre : travaillons-y, nous aussi ! Elle compta ses fidèles : comptons-les, nous aussi ! Ce que nous voulons n'est pas le crime, nous n'avons donc pas à en rougir. Nos moyens ne sont pas le poignard et le poison adopté, lui aussi, dans les mystères de Memphis ; mais la lutte, au grand jour, pour la patrie qu'elle nie, pour la liberté qu'elle outrage, pour la foi qu'elle méconnaît et défigure, pour l'humanité qu'elle trahit dans les hauts grades !

Laissons l'Amérique et ses Loges innombrables, moins dangereuses actuellement que les nôtres, et même les Loges étrangères, *plus nationales que celles de France*. Ne nous étonnons même pas des fonds secrets étrangers. Louis XIV en donna à Charles II, roi d'Angleterre, et le cardinal Dubois en recevait d'Angleterre au XVIIIe siècle. Soyons donc administrateurs, nous aussi, catholiques français ! La fr∴ m∴ a en France un préposé dans chaque commune. En temps d'élection, maçonnique naturellement, c'est lui qui est chargé de dire aux populations :

« *Tel candidat (que personne ne connaît) est un bon garçon.* »

Et, dans tous les villages environnants, un autre préposé répète la même chose. Les populations, qui ne connaissent ni l'un ni l'autre, le nomment sans songer à malice. Si on reprend l'affaire Dreyfus, le préposé dit : *Nous sommes intéressés à le soutenir au point de vue politique, et tout* le monde, croyant les institutions menacées répond : *Alors très bien* ! Il nous faut donc dans chaque village un homme éprouvé, sûr, pénétrant partout et disant : *tel candidat est très dévoué au pays… l'affaire Dreyfus est une machine de guerre montée par l'étranger contre la France. Mais, puisque leur affiliation reste secrète, la nôtre aussi* ! Chaque membre de la Ligue d'Enseignement *maçonnique* verse un franc, il nous faut également une caisse et des cotisations. Je ne suis pas contre le serment de ne rien divulguer et de nous soutenir : il a du bon !

Faut-il des mots de passe et des signes ?

Pourquoi pas ?

S'il en vient 4 ou 10 par commune, soit ! mais un seul chargé officiellement de la besogne.

Il nous faut une propagande comme celle des philosophes du XVIIIe siècle, comme les brochures de la Société Démocratique, bien faites, pas de hors-d'œuvre et pas d'âneries ! Et comme les journaux maçonniques qu'envoient les agences juives, faire pénétrer nos journaux dans les cafés, par les marchands ambulants, dans les familles, à l'étranger. Et, comme nous sommes la France, il y a des chances d'aboutir !

Seulement, messieurs les parisiens, les paysans sont ruinés par les Économistes et le savent, les industriels par la concurrence, les grèves que chauffent les étrangers et la division qu'ils prêchent dans les classes sociales. Décentralisez, consultez sur place, ne commandez pas pour ces questions et vous aurez un succès fou ! Guerre à la tyrannie étrangère et liberté du pays franc et gaulois. Comme la fr∴ maç∴, des chefs plus savants pour y arriver, des réunions corporatives et des conférences techniques, une organisation, des cadres, une hiérarchie de mérite et d'influence sociale ! Vous y êtes ! Avez-vous compris ? Si les Loges ont persécuté la Sorbonne catholique et réclamé le monopole universitaire, nous ferons la guerre aux professeurs dont l'enseignement n'est pas national, comme eux ont exigé le fr∴ Cousin pour enseigner le positivisme, le fr∴ Renan pour attaquer la divinité de Jésus-Christ et les Économistes à la dévotion anglaise pour notre ruine. Les Juifs persécutés sont devenus malins ; vous l'avez été assez pour le devenir, et non des naïfs, toujours roulés et que nos vaillantes populations ont désappris à suivre par manque de confiance absolue dans leurs chefs.

Doctrines de la Maçonnerie

La Morale. — Il ne peut être question de morale. D'après Weishaupt, fondateur de l'*Illuminisme allemand*, Dieu, c'est la nature, c'est le maçon lui-même. Saint-Martin, fondateur de l'*Illuminisme français*, pose à l'état de problème les vérités principales du christianisme, il est obligé a plus de retenue et signe un auteur inconnu. Mais il conclut : zéro, il n'y a rien. Il n'y a donc aucun devoir. Pour la conduite à assigner aux initiés, il retombe avec Weishaupt.

Le positivisme avec fr∴ Cousin, la *Ligue d'Enseignement* avec fr∴ Macé, le *carbonarisme* et fr∴ Maizini, tout a fini par fusionner de nos jours. Mais déjà il n'y avait de différence qu'un peu plus ou moins de franchise.

La morale, dit fr∴ Proudhon, c'est la *morale indépendante*. D'après fr∴ Bazot, secrétaire du Grand-Orient, ce sont les philosophes qui ont apporté la plus vive lumière dans la diffusion des idées maçonniques, Suivons-les :

Helvétius ne voit dans le mal que le fruit de l'enchaînement universel, Rousseau qu'une aveugle fatalité ; Diderot et Voltaire ne trouvent dans la société qu'un automate, où tout est rouage, poulie et corde, l'un est fait pour tuer, l'autre pour voler : le bien et le mal ne sont qu'un effet de l'épaississement du sang ou de l'organisation de l'univers.

Le mal moral, dit Voltaire, n'est autre que le mal physique. Or, comme nous ne pouvons pas faire de mal à l'Être suprême, il n'y en a pas vis-à-vis de lui. Pour Helvétius, la vertu est ce qui est utile, pour Voltaire ce qui fait du bien ; d'Alembert la confond avec l'intérêt. Weishaupt ne connaît qu'un mal moral : c'est d'être gouverné. Si le vice rend heureux, disent d'Holbach et Diderot, on doit l'aimer. Diderot, Raynal, Helvétius réduisent la vertu au plaisir des sens.

Que sur la volupté tout notre espoir se fonde !

dit Voltaire, en dédiant son poème *sur le plaisir* à Frédéric, au moment où il était aux pieds de la marquise du Châtelet, avec laquelle il vivait en concubinage. Qui attrape le plaisir fait son salut, dit-il, et il trouve que le meilleur moyen de retourner aux dieux du paganisme est le plaisir. Fourrier et Saint-Simon ne pensent pas autrement. Il n'y a pas de morale, dit Mlle Royer, sœur maçonne, à qui les vieux maçons ont déjà dû en faire voir de toutes les couleurs pour en arriver là. Que doit-on à ses semblables ? Ce qui nous est dû à nous-mêmes, dit fr∴ Ragon. Mais rien ne nous est dit, est-il dit d'autre part. Ces mains, ces pieds, ce corps sont à moi, dit fr∴ Thiers, dans son livre sur la *Propriété* ; j'en fais ce que je veux. Rousseau admet le suicide : il l'a accompli, dit-on. Mirabeau a demandé un verre d'opium pour s'achever ; Condorcet et plusieurs Girondins se sont suicidés ; Robespierre l'a tenté, et Lebas, son lieutenant, l'a exécuté.

Le mensonge est un bien, s'il est utile, disent Voltaire et Diderot. Il faut parler tantôt d'une façon tantôt d'une autre, dit Weishaupt, pour rester impénétrable ; on ne doit la vérité qu'à ses supérieurs maçonniques : il conseille l'hypocrisie, l'espionnage et un *Diarium* pour renseigner ceux-ci. Il faut dissimuler vis-à-vis des aspirants ; s'ils croient à la vertu, parler de Dieu et de morale, dit un haut maçon de Modène, et ne rien révéler de nos mystères à sa femme ou à confesse, si on y va. Il faut de plus exalter l'enfance, la chauffer, l'amener *au degré de cuisson voulu*. Il faut écraser l'infâme dans l'œuf, dit la Vente suprême en Italie.

Excepté les trois premiers grades dit fr∴ Delaunay dans un livre accepté et propagé par le Grand-Orient, tout est *chimère, extravagance, futilité, mensonge*. Helvétius ne voit aucune différence entre le juste et l'injuste. Renan fait dire à Philalèthe, un de ses personnages, que la base de l'univers est la fraude et que l'homme doit y collaborer. Diderot désire voir *le boyau du dernier prêtre étrangler le dernier des rois*. Pour recouvrer la liberté et l'égalité, dit un haut maçon de Modène, l'assassinat n'est pas un crime ; Weishaupt conseille de voler les manuscrits précieux des princes, des seigneurs ou des religieux. *C'est ce qu'on a fait du reste !* Louis XVI, Léopold II, Gustave III, le duc de Berry tombèrent condamnés par les Loges. Si 100 000 têtes sont nécessaires, qu'elles tombent, disent l'*Internationale de Bruxelles et l'Egalité de Genève*, et, si les bourgeois résistent qu'on les fusille !

Ainsi pas de Dieu, pas de supérieurs, pas de lois, l'anarchie dont parle Proudhon, et, pour réaliser le règne de la Liberté, de l'Égalité, de la Fraternité, qui sont à chaque page de leurs déclarations, tous les crimes, toutes les révolutions sont justes. Le franc-maçon, pourvu des premiers grades, est à ce moment, *cuit à point*. Dès lors, tout va se retourner ; par les hautes initiations et les serments des derniers grades, le maçon va donner droit de vie et de mort sur lui, accepter la servitude, être prêt à accomplir l'assassinat et tous les crimes pour un but qu'il ignore, et un Maître qui ne lui est pas révélé, et des maçons après 1793, des Italiens aujourd'hui, déclarent qu'ils ont été trompés.

Serments Maçonniques. — Dans l'article précédent, nous sommes arrivés au parfait gredin, qu'aucune loi divine ou humaine n'arrête plus. Nous allons arriver au parfait assassin. Savourez ces questions posées au novice dans la Maçonnerie de Weishaupt :

> 6° Si vous découvriez quelque chose de mauvais dans notre ordre, quel parti prendriez-vous ?
> 11° Donnez-vous à notre ordre sur vous droit de vie ou de mort ?...
> 20° Vous engagez-vous à une obéissance aveugle (*oh ! les Tartuffes !*) de considérer comme bien tout ce qui vient des supérieurs (!), de ne rien révéler, de tout accomplir.

Le franc-maçon écossais, en cas de parjure, accepte qu'on lui brûle les lèvres, qu'on lui coupe la main, qu'on lui arrache la langue, qu'on le pende, qu'on le brûle, qu'on jette ses cendres au vent.

Serments analogues pour les Rose-Croix et les Carbonari.

Puis vient une épreuve, où tous les frères tournent vers lui leurs glaives nus, et le vénérable lui annonce que, s'il trahit ses engagements, aucun lieu de l'univers ne pourra le préserver de leur vengeance. Le récipiendaire renonce alors à tous les liens qui l'attachent à sa famille, aux chefs, à la patrie et aux lois. Ne vous y trompez pas, ce sont des écoles révolutionnaires, où l'on ne compte ni le nombre des têtes, ni les obstacles à vaincre. Mais, dira-t-on, en vient-on à punir de l'assassinat les délinquants ? En voici un exemple entre beaucoup d'autres :

Quatre francs-maçons italiens, refusant de suivre la secte jusqu'aux dernières limites de ses crimes, se réfugient en France. Mazzini vient présider en personne la Loge de Marseille, MM. Emiliani et Scuriati sont condamnés à mort, et les autres aux galères quand ils rentreront dans leur pays. Le 31 mai 1833, à Rodez, M. Emiliani est attaqué par six de ses compatriotes. Les assassins sont arrêtés et l'affaire se dénoue aux assises. Le *Moniteur* et tous les journaux en ont parlé à l'époque. M. Emiliani n'est pas mort ; il assiste, quoique blessé, aux assises ; en sortant, un nommé Gavioli vient l'achever, renverse son ami Lazzoneschi, l'un des quatre réfugiés, et frappe à deux reprises Mme Emiliani, qui s'interpose, de son poignard. Il est arrêté et expie son crime. Aucun Italien n'a osé assister aux obsèques de M. Emiliani.

Voici maintenant un extrait du *Journal de Florence* (novembre 1874) bien instructif :

> M. Ludovico Frapoli, chargé par tous les Gr∴ O∴ d'Italie de la politique électorale en 1865, et très estimé d'eux tous, cinq ans après (1870) est chargé d'une mission auprès du général Garibaldi en France, avec mandat impératif de se conformer aux instructions qui lui seraient données par le G∴ O∴ de Berlin. Il échoue dans sa mission ; grande colère du Gr∴ O∴ de Berlin, et pour apaiser la fureur de M. de Bismarck, le G∴ O∴ de

> *Rome, à regret, doit destituer M. Frapoli. Peu de jours après, en se rendant à Turin, on l'arrête et on l'enferme dans une maison de fous. Ses amis, qui venaient de le quitter, se chuchotaient à l'oreille qu'il ne présentait aucune trace d'aliénation mentale. Mais le mot d'ordre fut donné immédiatement à toute la presse révolutionnaire par le G∴ O∴ de Rome de faire le silence sur cet incident.*

Étonnez-vous maintenant que toute morale soit abolie aux yeux des pouvoirs européens, que la carte de l'Europe soit remaniée, les droits des peuples foulés aux pieds.

Écoutez lord Normamby, le 1er mars 1861, à la Chambre des lords, stigmatisant ces marchés honteux, qui firent gagner au roi de Sardaigne et au comte de Cavour leurs victoires au moyen de l'or, les 12 millions dépensés en Sicile, 25 millions distribués à Naples, avant l'arrivée de Garibaldi, aux employés civils et aux officiers de terre et de mer que leurs équipages refusèrent de suivre. Un agent de M. de Cavour, dans ses *Révélations*, montre l'argenterie et la garde-robe des princes pillée par des dictateurs populaires et les commissaires piémontais. En France, en 1870, le gouvernement du 4 Septembre, n'a-t-il pas, lui aussi, donné l'exemple de ces marchés scandaleux sur les huiles, les chevaux, les bidons, les souliers à semelles de carton, comme l'a établi le *Progrès de Lyon* (janvier 1871) et comme l'a confirmé la commission d'enquête.

Au moins, ce travail de déblai, pour prendre leur langage, a-t-il préparé le bonheur des peuples ?

Écoutez Prudhon, l'un des initiés pourtant, vous dévoiler la corruption, l'escroquerie, le brigandage et le vol, la concussion dans les affaires de l'État, la fraude dans les commandites, les faillites retentissantes, les centaines de millions enlevés à l'agriculture, au commerce, à l'industrie, et servant de couvertures en Bourse, les fortunes scandaleuses et rapides, le vice doré, la prostitution sous l'or et la soie, la femme du monde rivalisant avec la fille entretenue en folie et en extravagance de luxe, le théâtre suant la crapule et l'obscénité, le mariage conclu comme une affaire, le mari recherché au seul point de vue de l'argent qu'il peut fournir, le désordre partout, le bonheur nulle part.

Enfantin, le Pontife du Saint-Simonisme, n'est pas plus tendre pour son œuvre. Il ne voit partout que *cochonneries* chez les millionnaires et ceux qui veulent le devenir. On vole la femme de son voisin, la place d'un ami, l'héritage de la famille, etc. Il n'y a plus de religion parmi les hommes !

Eckert, au point de vue de l'histoire et des constatations maçonniques elles-mêmes, reconnaît que la probité et les bonnes mœurs, que la sociabilité et la vertu ont disparu chez le peuple, et ont été remplacées par un socialisme grossier, que les pasteurs, presque tous initiés, ne croient plus à leur mission, et ne voient plus dans leurs fonctions qu'un moyen d'existence. C'est le plan maçonnique lui-même, qui a opéré ce changement, et on s'en plaint partout.

Lamennais accuse également cette corruption, qui a supprimé le sens des mots *vice et vertu*. Devenu le collaborateur d'Eugène Sue, et G. Sand, il déclare dans *La Fraternité*, que l'humanité a secoué tous les jougs, qu'elle est mûre pour la Terreur et la Révolution, qu'elle ne sait plus que détruire, sans songer comment elle pourra édifier et par quoi elle remplacera.

C'est bien ce qu'on a vu en 1893. Après la Terreur, il n'y a plus que le néant. Le génie, même égaré, a vu juste !

La Famille. — La famille, avec sa hiérarchie de devoirs, ses habitudes d'ordre et de travail, de vertus pratiques, de traditions pieusement conservées, est un obstacle pour la F∴ maç∴. Il faut pour elle en triompher.

Voltaire veut que chacun puisse prêter sa femme. Le tien et le mien font tout le mal, dit-il. Helvétius trouve insupportable qu'on réclame l'obéissance des enfants pour les parents. Ainsi parlent l'encyclopédiste Toussaint, Diderot, Raynal et d'Alembert.

Weishaupt préconise l'état de nature, et ne pardonne pas non plus aux hommes de s'être choisis des supérieurs, Saint-Martin déclare qu'un tel contrat, même librement consenti, est nul. Un manuel, constamment lu dans les Loges allemandes, déclare que chaque homme a droit au même rang, aux jouissances communes.

Piccolo Tigre veut qu'on éloigne l'homme de la famille, qu'on l'attire au café, dans les causeries inutiles et qu'on lui présente l'appât des plaisirs défendus, puis qu'on lui suggère l'idée de s'affilier à la Loge voisine. Cette vanité du bourgeois de s'affilier à la fr∴ maç∴ m'a toujours laissé, dit-il, en admiration devant la stupidité humaine. Pour la femme, il faut la corrompre.

Un des chefs des Illuminés recommande pour elle les bons livres, les *philosophes*, et de lui procurer le moyen de satisfaire ses passions.

La première réception, d'après le Manuel Guillemin, à part la connaissance des signes et le serment, n'a rien de bien saillant, sauf les symboles encore inexpliqués dans ce grade. Dans les grades suivants, on fait une parodie de la scène du Paradis Terrestre. On lui fait cueillir une pomme, le tonnerre retentit, le vénérable se fâche, mais on lui pardonne aussitôt, en lui donnant des conseils Malthuséens, sous une forme voilée. Tout se termine par des chants lubriques. La fr∴ maç∴ de plus, pour discréditer le sacrement de mariage, a soin d'insinuer que le péché de nos premiers parents fut de se marier. Cette insinuation maçonnique, si perfide dans ses résultats, a été l'objet d'une propagande éhontée au théâtre et dans les cafés-concerts. C'est un mensonge ! Il leur avait été commandé, déjà avant la faute, de croître, de multiplier, de remplir la terre et de la dominer. (*Gen.* I, 28).

La parodie de l'arche de Noë, comme ailleurs de la délivrance du peuple juif par Zorobabel, le sens donné aux mots de passe, comme Héva qui en hébreu signifie *vie*, Tubalcaïn qui signifie *possession de la terre*, montre en tous ces symboles, toujours expliqués dans les grades suivants, la marque juive déjà indiquée. Je passe l'épreuve de la tour de Babel, qui signifie orgueil, et dont les frères la descendent, en la prenant sous le bras, l'épreuve de la jarretière, des pieds nus, etc. Ce n'est que dans le grade de *sublime écossaise* qu'on l'initie à la guerre contre les rois et les prêtres. On a fait des tenues de maç∴ blanche, très correctes, pour attirer, puis amener, disent les frères Barré et Teissier, à la lutte par la calomnie contre l'enseignement catholique et y soustraire la jeunesse. La fr∴ maç∴ a cherché aussi dans tous les pays à supprimer le cimetière chrétien, en y installant des fours de crémation.

Le but de la Maç∴, est l'union libre. Ainsi professent les nihilistes russes ; mais en France il fallait d'abord supprimer le mariage religieux, puis établir le divorce, réclamé par les philosophes et présenté en 1790 par Cambacérès, comme une transition à une législation meilleure. C'est l'union libre que voulaient Naquet et Accolas ; Gratien fait un pas de plus et réclame l'enfant pour l'État.

Le divorce, détruit en 1816, fut proposé depuis en 1832 et n'échoua qu'à la Chambre des pairs. Le juif Naquet l'a remis dans nos lois. Or, dans la cérémonie du Mariage Maçonnique, il est formellement réclamé, d'après Ragon.

L'enfant des Maçons est reçu *louveteau*, par une initiation qui remplace le baptême, et Bluntschli, fr∴ maç∴ allemand très-puissant, inspirateur de Bismarck pour le Kulturkampf, réclame un sacrement civique, remplaçant la confirmation pour ceux qui ont reçu l'instruction de l'État. Le *louveteau* appartient de droit à la maç∴, avant l'âge de raison, et ne peut plus en être séparé, par une nouvelle contradiction avec le mot de *liberté* inscrit à la porte.

L'*Univers* du 17 juin 1844 nous transmet un discours du *Chevalier Kadosch* Thiers sur la liberté d'enseignement :

> « J'appartiens, dit-il, *au parti de la Révolution, et, dussé-je perdre quelques voix comme commissaire, je dirai ma pensée tout entière.* »

Le gouvernement en livrant l'Université, livre la Révolution.

On croit que Napoléon, en fondant le nouveau système d'enseignement, n'a été préoccupé que d'une idée de despotisme. Il a voulu fonder une société homogène. Les instituteurs sont le moule dans lequel on jette la jeunesse. Il faut que le moule ressemble à la société. Nous ne pouvons donc faire un enseignement catholique, protestant et juif, pas plus que nous ne voulons des Bourguignons, des Provençaux, des Bretons, des Flamands. Il faut l'unité en fait d'éducation.

Ainsi les Loges n'ont jamais voulu de l'émulation ; elles n'ont pas plus tenu compte des traditions de la France : un seul moule ! Or ce moule est anglais et allemand, à l'heure qu'il est. Nous le verrons de plus en plus, dans les autres parties de l'enseignement qui nous restent à traiter et inaugurées au dix-neuvième siècle, il est faux, malfaisant et juif comme aboutissement. Est-ce là ce qu'on appelle un moule en tout semblable à, la société pour laquelle la jeunesse est faite ?

Mais tout est mensonge, fausseté, fourberie, a dit fr∴ Delaunay, cité l'autre jour, dans la Maçonnerie. Nous verrons aussi les principes de 1789 sortir des Loges. C'est la pancarte qu'on met à la porte : une fois entré, on n'y a plus droit. Et alors tout s'explique : l'obéissance aveugle à des chefs inconnus, voilà ce qui reste ! Donc énormément de gogos et quelques malins.

Assassinats et Révolutions. — Plus de rang, de croyances, d'opinions ni de patrie, dit Clavel. Weishaupt dans ses initiations pousse au même but. Il attaque toute autorité, et Louis Blanc l'appelle le plus grand conspirateur qui ait existé. Après lui Saint-Martin développe les raisons qui réclament la destruction totale de tout gouvernement. Mais, s'il est régénéré par la Maçonnerie, il a le droit de commander. Pourquoi ? parce que, répond le *Talmud* maçonnique, il a vu la véritable lumière. Aussi Louis Blanc attribue-t-il à Saint-Martin une influence égale à celle de Luther au XVIe siècle.

Barruel raconte qu'il a demandé à divers maçons, en tirant le poignard contre la royauté, la religion et la magistrature, s'ils avaient compris. Ils ont avoué ne l'avoir reconnu qu'après les événements de la Révolution. Jean de Witt, patriarche du carbonarisme et 33e du rite écossais, raconte que, voyageant avec Follenius, haut-maçon berlinois et ami de M. Cousin, il déclara qu'il serait tout prêt à tuer un tyran et à se tuer après, en vertu de la peine du talion. Follenius lui fit des reproches, de ce qu'après avoir tué le meilleur des Princes, il ne couperait pas tranquillement un morceau de pain, avec le couteau qui lui aurait servi à l'opération. Ces écoles d'assassinat existent. Dans un procès tenu à Bologne en 1868, où il y avait 30 accusés. 20 crimes des plus graves et 3 ou

4 assassinats, 200 témoins hésitaient à déposer. Tout à coup un témoin déclare qu'il a vu les assassins s'exercer au poignard.

— *Mais moi aussi*, répond le ministre public, *je l'ai fait cet exercice.*

On applaudit, les jurés acquittent sur 143 questions posées, et les accusés sont immédiatement mis en liberté.

Mais, pour en arriver là, il faut un travail lent et souterrain, des grades et des serments. C'est ainsi qu'au grade de chevalier d'Orient, on voit le récipiendaire Zorobabel venir demander à Cyrus d'être délivré de ses fers, et sortir sur un monceau de cadavres. Ce n'est pas un mythe ; la Révolution les a roulés comme un fleuve immense et le *Lilia Pedibus Destrue*, donné comme emblème, comptez-les : Louis XVI, le duc d'Enghien, de Berry, les Bourbons de France, d'Espagne, de Naples et de Parme, etc.

Montesquieu, ami d'Helvétius, déclare que, quand dans la même personne sont réunies la puissance législative et exécutive, il n'y a point de liberté, condamnant ainsi nos plus grands rois, Charlemagne, Saint Louis et Louis XII. J.-J. Rousseau en tire les conclusions générales : les lois ne peuvent être que l'expression *de la volonté nationale*, (devenues l'article premier des principes de 1789). Bientôt il ne restera plus à un roi honnête homme que l'échafaud ou le poignard. C'est ce qu'avoue l'*Astrée* de 1848, par la bouche de Frédérich Lidow : c'est le grand œuvre accompli alors par la Maç∴ qui a donné à l'Europe des Monarchies constitutionnelles et la République au Continent Américain. Voulez-vous pénétrer maintenant dans la Charbonnerie italienne ?

— *Bons cousins*, demande le grand élu, *quelle heure est-il ?*

— *Minuit, celle où tous les frères sont sous les armes pour renverser la tyrannie.*

— *Bons cousins, il n'y a ici aucun profane ?*

— *Aucun ; nous avons vérifié, et les autres bons cousins sont partis, ayant juré de vaincre ou de mourir.*

Alors, au milieu de citations chrétiennes qui en ont trompé un si grand nombre, dit Jean de Witt, haut initié, on fait la peinture de tout le bonheur qui attend l'Italie.

Mgr Gerbet a publié dans le *Mémorial Catholique* des documents saisis chez un haut maçon italien. Ces documents sont des plus instructifs. Ils distinguent le Monde en esprits pénétrants, remuants, et superstitieux. Il faut surexciter l'enthousiasme des premiers pour la Liberté et l'Égalité ; pour les seconds, nous ne devons les initier que par degrés ; quant aux derniers, auxquels il faut ajouter les imbéciles, il faut faire peur de la violation du serment, attirer les *membres marquants du clergé*, les *autorités civiles et militaires*, les *instituteurs de la jeunesse*, les *princes*, les *conseillers et* leurs *ministres*, ne leur parler que de morale, et les entraîner insensiblement sur la pente qui doit les anéantir.

Brissot de Warville bat en brèche le droit de propriété :

« *Si 40 écus me suffisent*, dit-il, *je ne puis en posséder davantage sans injustice.* »

Voilà pour l'Égalité ! Pour la Liberté, il admet le droit pour le loup de manger le mouton, et pour l'anthropophage son semblable. A plus forte raison, comme disait à la suite un professeur d'anthropologie, celui pour les races supérieures d'assujettir et d'exterminer les races inférieures.

Mais, halte-là !

Le socialisme, c'est pour le peuple ; il y a les droits de la science, de la force pour le dominer, dit le fr∴ Renan. Strauss, son maître et fr∴ maç∴ allemand, va plus loin et veut l'adoration pour Bismarck et de Moltke.

Frédéric ne croit pas qu'on puisse écraser l'infâme, sans le concours du souverain et de ministres éclairés. Aussi voyons-nous les sociétés secrètes s'emparer du pouvoir, détruire les libertés publiques et populaires, les corporations, les lois protectrices de la propriété, et réclamer tantôt le suffrage universel, quand il y a des chances de le guider, le suffrage restreint à d'autres moments, et en 1878, l'*Égalité* mener une campagne contre la souveraineté nationale au nom de la science.

Un prince comme Frédéric, un tyran comme Pombal, un démocrate comme Robespierre sont chers à la Maçonnerie. Un prince, comme Louis XVI, une République comme celle de 1871, les Sœurs de charité qui croient en Dieu ne sauraient lui convenir.

Grands Empires Maçonniques. — « *Qu'est-ce que la Patrie ?* demandait le président de la Société patriotique de Montréal, *au Canada. Ce n'est pas ce fleuve, ces montagnes, ces forêts, cette verdure. Une patrie, c'est une nationalité, une religion, une langue, une histoire et la conservation de toutes ces choses. Comment serons-nous patriotes ? C'est en défendant tout cela.* »

J'ai cité ces belles paroles, parce qu'elles rendent bien ma pensée. Mais comment les ennemis de notre nationalité, de notre religion, de notre histoire, aimeraient-ils la patrie

Au grade d'apprenti, d'après Ragon, le récipiendaire déclare que le but de la Maçonnerie est de réunir tous les hommes dans une seule famille. Le fr∴ Bazot trouve que tout le mal est venu, quand les hommes se réunirent en nations, aimèrent leur patrie et cessèrent d'aimer l'étranger ; il faut donc combattre à outrance le patriotisme. Notre patrie c'est l'univers.

Mais, dit le Dr. Fischer dans les Loges allemandes, comme l'enfant a besoin longtemps de sa mère, ainsi les hommes ont besoin d'être guidés par la fr∴ maç∴ Giezeler, dans la Loge de Gœttingue au *Compas d'or*, salue les idées de Liberté, d'Égalité, de Fraternité, qui partent de Paris et sont essentiellement maçonniques, et demande s'il faut pour cela ouvrir les portes des Loges à toute l'humanité. Il conclut au contraire qu'il faut conserver la direction des idées.

Pénétrons plus avant.

Bluntchli, franc-maçon allemand des plus hauts grades, professeur à l'Université d'Heidelberg, grand-maître du Grand-Orient de Bayreuth, et qui a le plus contribué à lancer les classes cultivées dans la persécution catholique et le Kulturkampf, poussait l'Allemagne par des écrits traduits dans toutes les langues et partout répandus à se jeter dans les bras de la Prusse, et les Loges helvétiques à persécuter le catholicisme, en attendant de les faire servir à la réunion de leur patrie : l'Allemagne.

Ce qu'il veut, c'est un grand État, indépendant de Dieu, sous la coupe des Loges maçonniques. Au-dessus des puissances, comme l'Autriche et la France, sont les puissances du monde, qui adoptent la forme impériale comme plus étendue. Celles-ci sont les puissances viriles ; les autres, les puissances féminines, qui deviennent peu sympathiques, ridicules : c'est le fait des États minuscules.

Dans ces conditions, il n'y a plus qu'un droit, c'est la force, et, tandis qu'on détruit en France par la Maçonnerie l'amour de la patrie, on le surexcite au-delà du Rhin, pour ces grands empires, qui doivent, d'après lui consumer peu à peu les autres. Et voilà des clartés telles que l'esprit le plus obtus doit enfin comprendre où on le mène !

Au lendemain de la révolution de 1868, en Espagne, M. Zorilla, fr∴ maç∴ émérite, et ministre du *fomento*, réclama aussi des colonies privilégiées d'Anglais protestants, pour continuer l'œuvre. J'aurais regretté, pour la thèse que je n'ai cessé de soutenir, de ne pas trouver la main de l'Angleterre, dont les fonds secrets payaient les révolutions françaises et italiennes, comme celle de l'Allemagne, dans les autres révolutions européennes.

Je m'arrête et me résume. Dans mon premier article, j'ai montré : toute morale est abolie par la Maçonnerie, qui peu à peu y substitue la sienne. Mais le maçon est impropre à se diriger : il doit s'en rapporter aux chefs éminents qui dirigent la Maçonnerie (lisez le Suprême Conseil formé de 5 ou 6 juifs, appelés à être les maîtres ainsi de l'univers.)

Dans mon second, j'ai montré que le franc-maçon, lié par le serment, forme une armée disciplinée, dans la main de la grande puissance militaire : l'Allemagne, et de la grande puissance financière : l'Angleterre, et tous les maux causés par la Maçonnerie, au dire des hauts initiés eux-mêmes.

Dans la troisième, que la franc-maçonnerie corrompt la famille, la désorganise, puis réclame le monopole universitaire, pour s'emparer de l'enfant au nom de l'omnipotence de l'État, et que l'enseignement qui lui est donné est anglais et allemand, et à tendances juives, pour le jour où le juif jugera à propos de se passer de ces deux puissances, qu'il exploite et qui le servent aujourd'hui.

Dans le quatrième, nous avons vu l'école du poignard, de la ruse, de la révolution, pour remplacer les autorités catholiques partout par des autorités maçonniques.

Dans celui-ci, la fr∴ maç∴ déchire tous les voiles, et, après avoir mis l'Allemagne dans les mains de la Prusse, elle travaille à la plus grande extension de cette puissance contre les États qui l'environnent, tandis qu'on berne le fr∴ maç∴ français par des idées de république universelle et d'abolition de l'idée de patrie.

La *Liberté* n'est plus que celle d'obéir à quelques chefs occultes ; l'*Égalité*, c'est le socialisme pour la masse, mais ceux qui ont la science trônent au-dessus et gardent les milliards ; la *Fraternité*, c'est de monter sur des monceaux de cadavres pour assurer cet état de choses.

Et les *Droits de l'homme, poussés à leurs dernières limites*, ce sont les Chambres qui décident de tout ; mais la majorité est inepte, et ses jugements doivent être réformés par les hommes plus éclairés qui dirigent la société. Tout cela est absolument maçonnique, cueilli chez tous les hauts initiés, comme de mettre au frontispice du Temple toutes les libertés pour les novices et les profanes, et de les supprimer une fois entré dans la maison.

MAINTENANT, LA RÉVOLUTION EST EXPLIQUÉE !

Le travail des Philosophes

au XVIIIe Siècle

« Il y avait au XVIIIe siècle encore beaucoup de bien en France. La noblesse et le clergé, principalement en dehors de Paris, étaient restés croyants

et bienfaisants », disait Léon Gautier ; les ordres religieux continuaient les traditions de vertu et ces qualités de bienfaisance, pour lesquelles l'Assistance publique les a si mal remplacés. Les maîtres étaient attachés à leurs serviteurs, ceux-ci dévoués à leurs maîtres. Louis XV était bon, confiant, ses sujets lui étaient encore fidèles, et l'avaient surnommé le « Bienaimé. »

Mais la Renaissance païenne, le gouvernement impie du Régent avaient corrompu la Cour, quand l'Angleterre commença à fonder des Loges en France, dont le nombre ne fut pas moindre de 282. Comme la révolution devait avoir un caractère cosmopolite, elle en fonda en Allemagne, en Espagne, où elle entra par Gibraltar, et atteignit bientôt la Suisse et l'Italie. La complicité des hauts magistrats de Paris, de ministres comme Choiseul, Turgot, Malesherbes, laissèrent bientôt carte blanche aux philosophes, aux encyclopédistes, chargés de saper les bases de l'ancienne société. Les économistes anglais, comme Adam Smith, ouvraient de nouveaux horizons au commerce, et allaient lui enlever ses antiques bases de loyauté, que les contrats de louage et les jurandes lui avaient données. La noblesse, sans méfiance, afflua dans les Loges révolutionnaires ; comme Charles Edouard, elle crut y rencontrer un élément d'influence, s'en amusa, était flattée d'y trouver tous les beaux esprits du temps, et fut cruellement trompée. Les plus grands noms de l'époque s'étaient fait affilier. Des abbés de nom et de bénéfice eux-mêmes s'y firent inscrire.

Le jeune Arouet, qui plus tard, prit le nom de Voltaire, fut élevé à Louis-le-Grand, dirigé alors par les Pères Jésuites. Il manifestait déjà des sentiments assez impies pour que son maître en rhétorique, le P. Porée, lui dît un jour :

« *Malheureux ! tu seras donc le coryphée des incrédules !* »

Nous avons vu déjà son affiliation aux Loges en Angleterre. Et que fait-il au club d'Holbach ? Il est devenu l'ami des Toland, des Tindal, des Colins, des Bolingbrocke, des impies et des révolutionnaires anglais. Son premier soin sera de traduire les livres de tous les membres du *Panthéïsticon* anglais : Hobbes, Toland, Collin, Gordon, etc.. De ce milieu partent le *Christianisme dévoilé*, la *Théologie portative*, l'*Essai sur les préjugés*, le *Système de la nature*, le *Bon sens du curé Meslier*, la *Morale universelle*, tous livres impies et révolutionnaires, répandus à profusion sous des noms de personnages morts ou disparus. Puis, c'est l'*Encyclopédie*, qui a tout fait pour changer les esprits, dit d'Alembert, le *Dictionnaire philosophique*, que Voltaire désavoue en public et auquel il collabore en secret. C'est l'économiste Quesnay, logé à l'entresol, au-dessus du salon de Mme de Pompadour, et chez qui se réunissent Diderot, d'Alembert,

Duclos, Helvétius, Turgot, quand elle ne pouvait les engager à descendre dans son salon. C'est l'Économie politique anglaise encore qui triomphe pour dépouiller les peuples. Tous ces livres portent l'empreinte d'attaques farouches contre la Papauté, le Christianisme, les ordres religieux et les prêtres, puis bientôt contre toutes les institutions de l'État. L'Autriche, la Pologne, la France, puissances catholiques, doivent de plus disparaître

Frédéric, reçu chevalier Kadosch à Brunswich, portera à l'Autriche les premiers coups, puis s'emparera d'une partie de la Pologne. A un moment donné, une coalition européenne se forme contre lui ; sa force est de diviser ses ennemis pour les surprendre les uns après les autres. Il a sur lui toujours du poison, pour ne pas tomber vivant entre leurs mains. Seule l'Angleterre le soutient.

Mais bientôt montera sur le trône des csars Pierre III, son admirateur, et ensuite Catherine II, qui a compris le parti qu'on peut tirer du démembrement de la Pologne.

Voltaire, réduit d'abord à se cacher, trouvera en Europe de puissants protecteurs ; le jour où Frédéric bat les français à Rosbach, il ne se tient plus de joie, et félicite hautement son ami d'avoir fait filer les *Welches* (*mot de mépris qu'il donne aux Français*).

La Harpe, Marmontel et Chamfort, tous trois confidents et complices du travail maçonnique, déclarent dans le *Mercure* que c'est Voltaire qui est le premier auteur de cette révolution qui étonne l'Europe. Qu'on reconnaisse du moins, dans ces destructions gigantesques, le but secret qu'on poursuivait : la Pologne détruite, la Prusse constituée à l'état de royaume, l'Autriche abaissée, la France battue. Un siècle plus tard, nous aurons la constitution du puissant Empire d'Allemagne, l'Autriche ne sera plus qu'une vassale après Sadowa, la France sera de nouveau vaincue ; c'est le vœu formulé à nouveau à Londres par Palmerston, toute l'Europe sera sous les armes, et l'Angleterre, tranquille dans son Île, sans armée autre que des volontaires, pourra piller le monde sans efforts et le diriger par ses Économistes, ses philosophes et ses savants. Il n'y a pas en France d'écoles prussiennes : les seules qu'on n'inquiète pas sont anglaises.

L'Action de Voltaire

Voltaire avait besoin de fonds pour ses plaisirs. Il n'aurait pas suffi de voler ses libraires ; Il n'aurait jamais pu éditer en plus, malgré le bel esprit dont il était orné, près de cent volumes, où il traitait à tort et à et à travers, mais spirituellement pourtant toutes les questions. Beaucoup d'écrivains de talent ont végété.

Il rencontre une association, où on dispose de fonds considérables, et tellement que ce sont forcément des fonds d'État ou de la Haute Banque Cosmopolite ; mais le grand siècle de la spéculation à outrance n'est pas encore commencé, et celle-ci n'est pas encore inventée.

Des Juifs renégats, au courant de tous les mystères de l'impiété des temps idolâtres, ayant au cœur toutes les ressources de la fourberie et des convoitises mal assouvies, chassés d'Espagne par Philippe II, gênés par les rois de France et les lois, ayant gardé mauvais souvenir des Papes et des religieux, dont l'Inquisition les a arrêtés dans la voie de spoliation des peuples, par tous les assassins d'Hiram en un mot, fondent des associations secrètes, dans lesquelles les premiers protestants se font inscrire, et où les pasteurs depuis ne font qu'affluer, ne trouvant plus dans leur religion tronquée de résistance de principe à l'impiété la plus caractérisée. À ce moment-là, de grandes puissances, comme l'Angleterre et l'Allemagne sont gagnées aux idées nouvelles, et on peut chauffer leurs convoitises vis-à-vis des nations catholiques.

Un écrivain, qui veut mener ces campagnes aura de l'or à discrétion, pourra inonder de ses écrits la France et le monde. Celui qui disait que pour éviter le remords il suffisait de faire une communion mauvaise, qui avait donné déjà tant de gages à l'impiété, accepte. Son nom deviendra immortel. Dès 1750, Frédéric le nomme chambellan et le gratifie d'une pension de 20 000 francs, sans compter ce que l'Angleterre et Catherine pouvaient lui donner.

Dans sa correspondance à Damilaville, il déclare la religion infâme, une hydre qu'il faut exterminer et courir la terre et la mer pour la détruire ; il ajoute que l'impie vaut mieux que l'homme vertueux, que les prêtres sont tous des imposteurs, et que l'homme n'est pas supérieur aux animaux, A Frédéric, il écrit qu'il faut dépouiller *Ganganelli* (c'est le nom qu'il donne au Pape), les ordres religieux, et détruire les puissances catholiques.

Et que lui répond le roi Kadosch ? qu'il faut dépouiller les religieux, qui sont les plus fougueux défenseurs du *fanatisme* (lisez religion), et l'entretiennent dans les populations. La France et l'Autriche ont besoin de fonds : l'appétit viendra en mangeant. (*C'est ce qu'ont fait du reste les Hohenzollern et c'est une des causes principales du protestantisme en Allemagne*). Après cela, les évêques ne seront plus que des petits garçons, dont les souverains disposeront comme ils voudront.

Quelques années après, il écrit à Voltaire, enthousiasmé de ses idées :

> « *Quel malheureux siècle pour la cour de Rome ! On l'attaque ouvertement en Pologne, on chasse ses gardes du corps de France et de Portugal ; il paraît qu'on en fera autant en Espagne.* »

C'est des Jésuites qu'il s'agit.

D'Alembert est ravi : C'est le triomphe de « Encyclopédie » ; c'est fini des Jésuites, et des jansénistes dans un an. Effectivement, le but de ces derniers atteint, ils passent armes et bagages à la fr∴ maç∴.

Pour le peuple, Voltaire veut qu'il reste ignorant ; quand la populace se mêle de raisonner, tout est perdu. Dans le *Siècle de Louis XIV*, ouvrage imposé pour le baccalauréat, il se déclare ouvertement pour Catherine II, ses ruses et ses violences contre la Pologne.

Pour l'apprécier, il faut lire ces écrits au style endiablé, ces sarcasmes haineux et sans limite, ces calomnies dont il a rempli l'histoire, et sali tout idéal religieux, toute gloire patriotique. Un tel rôle étonne chez un homme d'esprit, et combien ne le remplissent-ils pas encore dans la presse, pour moins de gloire et un plus faible profit !

Pour compléter ce tableau, rappelons que les économistes réclamèrent à Louis XV des écoles gratuites dans les campagnes. Louis XV faillit céder à Quesnay qu'il appelait son penseur, et en fournir l'argent lui-même ; il consulta M. Bertin, qui fit une enquête dans les campagnes. Il fut avéré que tous les colporteurs et marchands ambulants étaient inondés des écrits des philosophes, pour les distribuer à vil prix. Leur confier en outre l'instruction pour faire des paysans des rebelles et des impies, était tomber dans un piège qu'on tendait au roi. Mais que dites-vous de cette instruction gratuite, laïque (oh ! la chose est demandée !) mais pas encore obligatoire le grand siècle de la liberté n'est pas commencé encore. C'était le même but pourtant et la même idée qu'aujourd'hui. Le roi vit clair, et ne céda pas.

En 1771, un philosophe, Mercier, dans un livre intitulé :

> « *L'an 2240 ou un rêve s'il en fut jamais* indiquait déjà tous les événements qui se sont passés à la Révolution ; son livre se terminait ainsi. *Pas si éloigné qu'on ne le pense !* »

Dans un des chapitres suivants, nous verrons le premier triomphe des philosophes : la destruction de l'enseignement chrétien.

Quelques citations des philosophes

Pour faire comprendre avec quelle frénésie on attaquait alors les institutions religieuses et politiques, je ne puis résister au désir de citer quelques-uns de ces écrits incendiaires, qui préparaient lentement l'opinion publique :

« *Tigres, déifiés par d'autres tigres, vous croyez donc passer à la postérité ! Oui, en exécration...* »
(Système raisonnable, pages 7 et 8.)

« *Peuples, lâches, imbéciles troupeaux, vous vous contentez de gémir, quand vous devriez rugir ! peuples lâches, stupides, puisque la continuité de l'oppression ne vous donne aucune énergie, puisque vous êtes par millions et que vous souffrez qu'une douzaine d'enfants appelés rois, armés de petits bâtons appelés sceptres, vous mènent à leur gré, obéissez, mais marchez sans nous importuner de vos plaintes, et sachez du moins être malheureux, si vous ne savez pas être libres...* »
(Histoire Philosophique, passim.)

« *Si l'autorité vient de Dieu, c'est comme les maladies et les fléaux du genre humain.* »
(Émile, tome IV et Contrat social, ch. VI, de J.-J. Rousseau.)

« *Quelque autorisés que soient les chefs des nations, ce ne sont toujours que des commis des peuples ; quelque fou que soit le peuple, il est toujours le maître. C'est sa voix qui élève certaines têtes, et qui les rabaisse ou qui les coupe.* »
(Réflexions sur un ouvrage intitulé : Représentation des citoyens de Genève, par Diderot.)

« *La vraie monarchie n'est qu'une constitution imaginée pour corrompre les peuples et pour les asservir, ainsi que firent les Romains des Spartiates et des Bretons en leur donnant un roi.* »
(De l'Homme, tome II, par Helvétius.)

« *Les rois, dit Raynal, sont des bêtes féroces qui dévorent les nations. On se délivre de l'oppression d'un tyran ou par l'expulsion ou par la mort.* »
(Histoire philosophique et politique.)

« *Les tyrans et les prêtres ont avec succès combiné leurs efforts pour empêcher les nations de s'éclairer... Ils profitèrent de l'erreur de l'homme pour l'asservir, le corrompre, le rendre vicieux et misérable.* »
(Système de la nature, publié de Londres.)

« *Les papistes, augmentèrent par intérêt le nombre des ordres religieux, et celui des sacrements pour augmenter le nombre des prêtres. Il égala bientôt celui des sauterelles de l'Égypte...* »

Helvétius *(De l'homme et de l'éducation)*

Voltaire (dans *Le Siècle de Louis XII*), déclare que l'autorité du pape est abhorrée dans la moitié de la chrétienté. Il regrette que les Évêques lui promettent obéissance, et qu'il y ait à Rome des chefs de religieux qui en font un État dans l'État. A des magistrats adeptes, il écrit que l'histoire de Moïse est prise, mot pour mot, dans celle de Bacchus ; nous n'avons été que des fripiers qui avons retourné les habits des autres... Il met dans la bouche d'un prêtre lithuanien les plus grands éloges pour Catherine, proclame sa religion antérieure à l'Église romaine, reproche au pape de se prétendre supérieur aux rois, et conseille aux Polonais de baiser sa main qui a exterminé ces trois monstres l'orgueil, l'ignorance, et par sa guerre contre les Turcs, la cruauté.

« *Écrasez l'infâme !* » s'adressant à la religion, est le mot de ralliement de son club. Il s'en entendra avec Frédéric pour l'exécution. C'est ainsi qu'il lui écrit sur celui qu'il traite de souverain étranger pour le discréditer :

> Il est bon de savoir rallier
> Ces arlequins faiseurs de bulles ;
> J'aime à les rendre ridicules :
> J'aimerais mieux les dépouiller.

Ainsi les rois ne sont bons qu'à sucer le sang de leurs peuples ; ceux qui se battent pour eux sont des fous, dit-il ailleurs, sauf quand ils sont d'accord avec la Maçonnerie : alors on doit se mettre à genoux devant eux.

La religion n'est plus qu'une imposture, les communautés ne travaillent que pour leurs biens ; le pape est un pauvre saint qui excommunie au hasard. Les lois ne sauraient nous obliger.

Nous sommes sortis de la période d'initiation pour arriver au but : la Révolution. Et voilà, pendant près de 60 ans, ce qu'on répand à profusion dans toutes les classes et jusque dans les campagnes les plus reculées. Les mots les plus énergiques de la langue, les sarcasmes, les calomnies, les conseils de révolte y sont poussés jusqu'au paroxysme. C'est là, et non dans les abus de l'ancien régime, qu'il faut chercher les causes réelles de la Révolution, qui va s'avancer désormais à pas de géant.

Le Premier acte révolutionnaire

Destruction de l'Enseignement chrétien. — Après un demi-siècle de propagande révolutionnaire et impie, le premier acte de la F∴ M∴ contre l'ancienne société fut l'abolition de l'enseignement religieux. J'étonnerai peut-être un certain nombre de mes lecteurs en déclarant que, depuis deux siècles, la plus grande partie de la jeunesse instruite l'était par les Jésuites. On comprendra dès lors cette guerre entre l'irréligion et la religion, ceux qui voulaient le renversement du trône et de l'autel et ceux qui élevaient la jeunesse influente dans le respect du trône et l'amour de l'autel. Les quelques pères de famille qui peuvent encore faire élever leurs enfants par eux, et sont heureux de trouver une éducation morale, des succès scolaires, le bon ton, la respect des principes, s'étonnent de la guerre qui leur est faite. La vérité est qu'elle ne peut l'être qu'en leur opposant les attaques des anciens jansénistes, et les mesures prises contre eux au XVIIIe siècle, et qui ne l'ont été que sous l'inspiration de la fr∴ maç∴.

En 1772, un seigneur anglais, haut initié, s'étant lié avec le P. Rafley, professeur de philosophie à Ancône, lui annonça qu'avant vingt ans son ordre serait dissous.

— *En punition de quel crime ?* demanda celui-ci.

— *Oh ! nous estimons beaucoup d'entre vous*, répondit-il ; *seulement vous contrariez nos vues, vous passerez les premiers ; après les rois auront leur tour.*

D'Alembert, dans ses œuvres, tient le même langage : Il faut se défaire des grenadiers du fanatisme et de l'intolérance (lisez *religion*) ; quand il n'y aura plus que les pandoures et les cosaques, ils ne tiendront plus devant nos troupes régulières, et il explique ce qu'il entend par là : les autres religieux et les prêtres.

Ce n'est pas assez, répond Voltaire, d'abolir les jésuites quand on a tant d'autres moines.

C'était le mot d'ordre donné par Calvin :

« *Jesuitæ vero qui se maxime nobis opponunt aut necandi, aut, si hoc commode fieri non potest, aut certe mendaciis et calumniis opprimendi sunt.* »

En France, en Italie, en Portugal, en Espagne, dans l'Europe entière, sont répandus des pamphlets, des libelles, dont j'ai là une page de titres sous les yeux ; les faits, les documents de l'ordre, les témoignages, tout est y tronqué, falsifié, travesti, inventé ou supprimé pour le but à atteindre.

« *Ne croyez pas*, disait le président d'Eguilles, *qui avait assisté à l'arrêt de la cour d'Aix et s'y était opposé, lui et tous les magistrats catholiques, en parlant à Louis XV à Versailles, que ce mouvement n'est fait que contre l'Église, il menace aussi directement le trône. Il s'agit d'enlever la jeunesse de qualité à une éducation royaliste, d'étonner le monde par la force dont ils disposent dans les parlements, dont la haine est plus à craindre que la protection du roi à rechercher aujourd'hui.* »

(Louis XVI détrôné avant d'être roi : page 184, par Proyart).

M. de Saint-Victor désigne Choiseul comme l'auteur de cette exécution en France. M. Lecoulteux de Canteleu déclare que ce fut lui le vrai protecteur des philosophes ; ce fut sous son ministère que furent répandus les livres les plus abominables contre la religion, la morale, les principes de gouvernement et de civilisation.

Voltaire lui écrit qu'il l'adorera du culte d'*hyperdulie*. De là, l'audace des parlements. Trois hommes : *de l'Averdy*, de l'intimité de Mme de Pompadour, et qui fit tout mal, même le bien, dit Michaud ; *l'abbé Terray*, qui étonna le monde par ses corruptions et ses concussions et fut chargé de recevoir l'abjuration des jésuites, c'est-à-dire l'apostasie ou la mort de faim et le bannissement ; *l'abbé Chauvelin*, mêlé aux intrigues des théâtres et de la Compagnie de Voltaire et de Frédéric, et qui devait parler de la morale relâchée des Jésuites, y furent les principaux acteurs.

Mais celui qui fut le plus en évidence fut La Chalotais, procureur général de Rennes. Dans un dîner chez le prince de Rohan, où assistaient Buffon, Duclos, d'Alembert, Marmontel, la conversation s'échauffa, on voulut confronter les textes avec la diatribe que ce magistrat citait par cœur ; l'altération parut manifeste, ce qui n'empêcha pas Voltaire enthousiasmé de la faire imprimer à Genève et distribuer dans toute l'Europe. Du reste, on l'attribuait à d'Alembert.

La Chalotais fit mieux. Il fallait reconstituer l'enseignement. Il en traça les règles que Voltaire eût voulu pouvoir signer de son nom, tellement le travail lui plut. Il s'agissait d'enseigner un peu de physique, de mathématique, quelques morceaux choisis des anciens et pas de morale. Pour rassurer les familles, la présence d'un aumônier. Ce fut cette jeunesse, formée à l'école du matérialisme, avec une légère apparence d'un reste de religion, qui fut témoin de 1793. Où il n'y avait plus de doctrine, il n'y eut plus de résistance : le but était atteint.

D'Alembert eut beaucoup de mal à recruter des professeurs, les règles étaient de plus insuffisantes, l'enseignement périclita. Quant au peuple, il n'est pas digne d'être instruit, disait Voltaire, ce sont des bêtes à qui il faut un joug et du foin, et il demandait qu'on lui envoyât des frères ignorantins pour les atteler à ses charrues.

L'Assemblée législative ne put remonter l'enseignement. Il faut se transporter jusqu'en 1808, quand Napoléon fonda le Monopole universitaire.

> « Religion napoléonienne, dit Albert Monniot : *Enseignement napoléonien, Code Napoléon, la République vit-elle d'autre chose que des dépouilles de l'Empire ?* »

Destruction de l'Enseignement chrétien en Europe. — L'élément janséniste, qui régnait dans les parlements français, avait triomphé de l'enseignement religieux en France. Les jésuites furent chassés sans avoir été entendus dans des jugements sans témoins rendus à une faible majorité. On avait annoncé qu'ils disposaient de biens immenses, à peine suffirent-ils à payer les frais de justice mais quelques membres du Parlement s'enrichirent instantanément et aujourd'hui, disait l'abbé Maury à la Constituante, le salaire d'un seul professeur comte quelquefois plus que la dotation d'un collège de jésuites tout entier.

En Portugal, c'est Pombal qui a tout mené. De mœurs dissolues, ayant enlevé et épousé une jeune fille de la plus haute noblesse, il ne put jamais se faire recevoir par les *hidalgos*. Les philosophes l'appellent *leur adepte* ; il fit traduire leurs livres et en fit une propagande effrénée. Il plaça dans les universités des professeurs protestants et voulut faire épouser la fille du roi par le duc de Cumberland pour protestantiser le Portugal.

Défendant en apparence le Portugal contre l'Angleterre, il lui accordait le monopole des vins en soulevant la ville de Porto et lui cédait toujours en réalité. Les jésuites qu'il flatta ne donnèrent point dans ses plans ; il les redoutait comme confesseurs de la famille royale. Un complot mal éclairci où semblent mêlées des affaires de mœurs eut lieu contre le roi. On instruisit dans le plus grand mystère, et les assassins supposés, le duc d'Aveiro et toute sa famille, furent livrés à des supplices épouvantables.

On en profita pour cerner les maisons de jésuites. On accusa trois d'entre eux d'être complices ; le frère de Pombal et ses créatures jugèrent le P. Malagrida et le condamnèrent pour sorcellerie. Les novices furent déportés ; 9 000 personnes dont 200 jésuites furent jetées sans jugement dans des cachots infects où la plupart périrent. A la mort de Joseph I, sa fille qui lui succéda, obéissant à ses dernières volontés, ouvrit ces prisons d'où sortirent comme de dessous terre, après dix-huit ans de détention, 800 survivants, presque nus, décharnés, le corps enflé, les uns aveugles, les autres ayant les pieds pourris ou rongés par les rats. Pombal dut restituer des sommes énormes qu'il avait soustraites ; en ce moment, dix-neuf caisses arrivaient à son adresse contenant de l'argenterie et des pierres précieuses, enlevés au tombeau de Saint-François Xavier. La reine indignée les fit renvoyer sur le champ. Pombal tomba en disgrâce, mais le Portugal perdit ses colonies et ne fut plus de fait depuis cette époque qu'une colonie anglaise.

En Espagne, c'est le ministre d'Aranda, avec la complicité de Monino, Roda, Campomanès. D'Aranda, grand maître de la fr∴ maç∴ en Espagne, qui s'honore d'être compté parmi les ennemis de la religion et des trônes, vanté démesurément par d'Alembert, pour qui Voltaire demande que l'Être des êtres répande ses éternelles bénédictions sur son favori d'Aranda, a mené toute la campagne. Tour à tour appelé au ministère, chassé en 1792, renvoyé pour avoir approuvé le meurtre de Louis XVI, il joue sa tête, dit-il, pendant qu'il intrigue. Prendre pour prétexte l'émeute causée par la défense des chapeaux et des manteaux espagnols et que les jésuites apaisèrent serait puéril. Du reste, le duc d'Albe a avoué au grand Inquisiteur qu'il en était l'auteur. On croit plutôt à une lettre fabriquée par Choiseul et attribuée faussement au P. Ricci, mettant en suspicion la naissance légitime du roi Charles III. Toutes les autorités espagnoles reçurent un ordre muni de trois sceaux, et à la seconde enveloppe : *sous peine de mort*, vous n'ouvrirez ce paquet que le 2 avril 1767, au déclin du jour. Ceci eut lieu en Espagne et dans les colonies.

Ordre était donné *sous peine de mort*, de saisir tous les Jésuites et de les embarquer. Une pragmatique sanction fut publiée, déclarant que dans un but de subordination, de paix et de justice, on avait dû prendre cette mesure, dont les motifs resteraient pour toujours renfermés dans le cœur royal. On instruisit dans un secret absolu, sans enquête, sans témoins, et les vaisseaux prêts en Espagne et dans toutes ses possessions, vinrent jeter tous ces religieux dans les États du Pape Clément XIII, dont les protestations ne furent pas écoutées.

Pombal avait sévi au Brésil en même temps qu'en Portugal ; là on agit le même jour en Afrique, en Asie et en Amérique ; pas une île ne fut épargnée. Châteaubriand, dans *Le génie du Christianisme*, raconte les belles missions du Paraguay, qui furent admirées de ceux mêmes qui avaient des préventions contre cet ordre. Tout fut détruit en un clin d'œil. Quelques jésuites avaient obtenu de se réfugier en Corse ; l'île est à peine cédée à la France que Choiseul les fait brutalement expulser.

Tanucci, aussi ennemi des jésuites que de la religion et du Saint-Siège, copia en tout d'Aranda, à Naples, où régnait le fils de

Charles III ; l'arrêt fut imposé à Palme et à l'île de Malte.

Joseph II, que Grimm avait présenté à Voltaire, le jour où il fit *de rois brelan quatrième*, initié à tous les mystères maçonniques, à force de sollicitations, obtint de sa mère Marie-Thérèse en larmes, que l'arrêt fut étendu à l'Allemagne. Nous sommes au XVIIIe siècle ; elle est encore sous la dépendance de l'Autriche.

Relisez maintenant cette phrase de nos modernes francs-maçons, et qui devient monumentale, après cette étude si suggestive :

« *Il faut appliquer aux Jésuites les lois faites contre eux par les Monarchies !* »

Quant aux philosophes, fiers de leur triomphe, ils ne connaîtront plus d'obstacles.

Le Second acte révolutionnaire

Destruction des Corporations. — Une seconde victoire, plus importante selon moi que la première, allait suivre bientôt. Nous avons vu déjà le cas que la Maçonnerie fait des libertés populaires. Lorsque Renan demande à la science de gouverner, il traduit le serment des derniers initiés ; Strauss veut nous voir aux pieds de Bismarck et de Moltke, Frédéric veut l'intervention du souverain, Bluntschli réclame le Kulturkampf et la fondation des grands empires. Les libertés populaires sont un mythe pour eux.

Parmi les économistes, logés à l'entresol de Madame de Pompadour, avec Diderot, d'Alembert, Duclos, Helvétius, Quesnay, se trouvait Turgot. L'économie politique, qui prit naissance alors fut celle d'Adam Smith, de Quesnay, celle qui servit à l'Angleterre pour établir sa richesse sur les ruines du monde.

La corporation chrétienne avait réalisé pour les travailleurs un idéal. L'ouvrier, entré comme apprenti dans un compagnonnage, après avoir réalisé un chef-d'œuvre qui était comme son diplôme, recevait un juste salaire proportionné à son savoir-faire. Au juste salaire, on substitua l'offre et la demande, en français la spéculation. Il s'agit aujourd'hui, au milieu des bourrasques qui soufflent à la Bourse, où on spécule sur tout, *per fas et nefas*, de décrocher de quoi vivre sur le grand marché du monde.

Les jurés venaient voir à domicile si le travail était de bon aloi et si les prix n'étaient pas surfaits. Ils protégeaient le consommateur.

Aujourd'hui le grand monopole et l'accaparement décident les hauts prix auxquels ils vendront toutes choses. La vie devient de plus en plus chère pour le pain, la viande et tous les produits de première nécessité.

Comme il n'y a plus de valeur réelle, qu'il n'y a plus de règle pour Mesurer la production, la consommation ou les prix, à la moindre difficulté le patron fait faillite, l'ouvrier chôme. *Sale coup pour la fanfare !* dit le juif, qui donne le coup de râteau, achète quand il y a baisse, vend quand il y a hausse, en publiant d'ailleurs de faux cours, pousse au jeu, en fait la contre-partie, gagne toujours et met dans la panade les joueurs sincères qui sont venus se brûler les ailes à ce nouveau phare moderne. Quand la religion régnait dans les corporations, les lois de justice y étaient observées : on les a rangées dans les vieilles lunes.

L'ouvrier avait sa caisse de retraites et contre les accidents, basée sur la mutualité. Aujourd'hui l'État veut la refaire à son profit. Tout y est obligatoire (*c'est la nouvelle formule de la liberté !*) et c'est l'État qui touche et qui le dépense. Les ouvriers même ont protesté.

Mais ce qu'il y a de plus grave que tout cela, c'est que les travailleurs de toutes les catégories avaient une représentation professionnelle en mains, et les rois de France dans toute leur gloire (*ces despotes dont parle la fr∴ maç∴ !*) durent s'incliner devant les privilèges corporatifs et les libertés communales.

Ah ! c'était le bon temps, où l'on vivait à la bonne franquette, heureux et libres, dans la bonne confraternité française, et où le charbonnier disait au roi que charbonnier était maître chez soi, ce qui n'empêchait pas le roi de payer de sa personne sur un champ de bataille pour délivrer sa bonne ville ou défendre l'héritage du brave paysan.

En 1776, Turgot détruisit les corporations, que la Constituante acheva en 1791. La Révolution, qui a la propriété de donner des mirages au lieu de réalités, donna en place aux ouvriers la représentation politique : Ce furent les ouvriers qui protestèrent.

— *Vous n'aurez plus bientôt*, dirent-ils, *que des produits falsifiés, que des prix surfaits, des étoffes de mauvais aloi.*

Turgot répondit que la chose n'était pas à craindre. C'est ce qui se produisit pourtant.

A la place des corporations détruites, on eut l'*Internationale*. Des politiciens habiles, hauts initiés des loges maçonniques, vinrent entretenir le peuple de ses intérêts politiques. C'était le temps où l'Angleterre s'apprêtait à établir son grand commerce international, où elle cherchait à battre et à détruire les flottes française et espagnole pour devenir la reine des mers, où, fidèle ses principes de diviser pour régner, elle allait entretenir des guerres et des révolutions sur le continent, pour piller tranquillement le monde. L'autorité détruite ou affaiblie chez les autres puissances lui permettrait par des affiliés, placés aux bons endroits, de diriger l'opinion là, où elle trouvait un profit à réaliser ; les plus faciles à prendre dans ses filets étaient les moins instruits ; quelques politiciens à gages, quelques professeurs et journalistes suffiraient à la tâche. Le monde lâcha la proie pour l'ombre.

Aujourd'hui, les patriotes éclairés se demandent ce qu'il faut faire. Eh bien ! il faut refaire, en place des corporations détruites, des syndicats jaunes contre les syndicats rouges, rétablir la paix sociale en place de nos divisions ; au lieu de demander à l'État maçonnique des caisses de retraites ou pour les accidents, en faire de mutuelles nous-mêmes que nous surveillerons, rétablir la valeur réelle des produits par des lois de représailles contre les méfaits des Bourses, protéger la nation contre les convoitises commerciales des nations voisines.

Il faut faire tout cela, parce que c'est un devoir patriotique et social, pour reformer la grande famille française et la défendre. Et, en faisant cela, nous sauverons la patrie.

L'Internationale

L'ouvrier, qui avait avant 1789 toutes les garanties contre la misère, comme l'avoue même une Chambre de commerce composée de juifs et de protestants, et dont M. Lallemand a été rapporteur — tant par la caisse des corporations et son juste salaire garanti, que par les biens communaux exploités uniquement pour les pauvres, et la dîme dont un tiers lui revenait comme assistance ecclésiastique (*prière de ne pas la juger par l'Assistance publique actuelle !*) — dans l'Internationale moderne ne va plus servir qu'à satisfaire les convoitises anglaises et prussiennes, anglaises d'abord !

Qu'un souverain gêne l'Angleterre dans son expansion et son commerce, il tombera. Qu'une nation ait trop de vitalité, dit la diplomatie anglaise, on y sème une révolution. C'est Nottingham payant 100 000 francs la grève de Calais pour accaparer ses dentelles ; c'est la grève de Marseille pour en donner à Gênes le trafic.

C'est la grève des charbonnages qui vint ensuite. On a calculé que l'étranger, l'Angleterre surtout, était en mesure de nous fournir tout le charbon qui manquerait. Les socialistes allemands, ayant fait savoir qu'ils travaillaient d'abord pour leur pays, il y a là un esprit national qui devait les empêcher de suivre la grève ; aussi n'eut-elle lieu qu'en France. La franc-maçonnerie qui dirige l'Internationale n'a pas intérêt il abaisser l'Empire d'Allemagne prussien, qui est son œuvre, et, comme elle est anglaise, il y a bien des *trade-unions* en Angleterre, mais pas de socialisme proprement dit. L'Angleterre n'a pas intérêt à se révolutionner elle-même.

Mais que vaut donc ce mirage trompeur, offert aux Français presque seuls, d'une richesse immense à partager, qui a été l'appât de toutes nos révolutions ?

Il y a en France 4 milliards et demi d'or et 2 milliards et demi d'argent : total 7 milliards. Le papier est la représentation de l'encaisse métallique de la Banque, et le papier commercial, revêtu de 3 signatures, des pièces de monnaie qui sont dans les mains du public. Divisez 7 milliards par 38 millions d'habitants, vous aurez 184 francs par personne, et encore vous ne trouverez pas tout.

Il y a 32 millions d'hectares de terre, dont beaucoup sont des dunes, des landes ou des terres de montagne. On n'aurait pas 1 hectare de terre médiocre en moyenne chacun.

On aurait dans son lot une belle maison, que d'aussi faibles revenus ne permettraient pas de l'entretenir. Qui pourrait se payer une année même d'étude du droit, des beaux-arts ou de la médecine ? acheter les instruments nécessaires à sa profession ou avoir un enfant ? tandis que, l'argent faisant 40 mains par an, ces 7 milliards payent 280 milliards de services sociaux de tout genre. Aussi la confiance, le crédit, la sécurité sont-elles l'élément principal de la richesse, et c'est ce que le socialisme détruit.

On a renoncé aujourd'hui au partage pur et simple : on n'aurait rien ! Les 280 milliards, dont j'ai parlé, représentent le travail des champs, de l'usine, du boulanger, du boucher, du restaurateur, de l'avocat, du médecin, du savant, du professeur, etc., etc. Il faut donc conserver tout cela. Chacun travaille pour l'État, et l'État répartit : c'est le *Communisme*.

Mais l'État n'a pas *le sou*. Ce qu'il a, il le prend aux agriculteurs, aux industriels, aux commerçants et, en les grevant, il les met en infériorité avec l'étranger. On abandonne la terre et on ferme les usines actuellement ; l'étranger prend la place, et ni patrons ni ouvriers français ne touchent plus. Voilà pour cette augmentation d'impôts, réclamée par les socialistes, et qui a fait le bonheur relatif de 400 000 fonctionnaires en trop, en écrasant la nation.

La main-d'œuvre est plus chère en France que chez nos voisins.

Chaque grève a pour propriété de l'augmenter ; et voilà qu'on réclame la limitation du travail en plus. C'est un second facteur, qui grève le prix de revient de chaque denrée, aujourd'hui du charbon par exemple, et alors le charbon anglais se vend en place du nôtre.

Faire une grève de nos jours, tant que nous ne serons pas suivis par les autres nations et qu'il y aura des chemins de fer et des ports, c'est donc enrichir l'étranger et ruiner la France seulement ; si on était suivi, on aurait la chance de ruiner le monde entier, car ne vous y trompez pas, la seule et unique richesse, c'est le travail de tous ! Voilà ce qu'il faudrait partager.

Seulement, je le dis très haut : les meneurs du socialisme sont anglais ou allemands et travaillent à la ruine des patrons et des ouvriers français uniquement et si la grève menaçait de s'étendre par impossible en Angleterre et en Allemagne, les meneurs ne marcheraient plus, car ces puissances ne paieraient plus, et il n'y aurait plus de grèves conséquemment.

Donc l'Angleterre et l'Allemagne attendent les commandes !!

Ecce Iterum Crispinus

On va faire une révolution : l'arrivée du juif s'impose ! Notez qu'il y a des droits acquis. C'est son histoire à lui qui sert de symbole aux rites maçonniques ; ce sont ses idées qu'on y propage. Indépendamment des vieilles haines qu'il a au cœur, il y trouvera une aubaine pour ses dévastations, pour faire la gratte sur les marchés frauduleux, s'introduire dans les bonnes places, voler ou trahir sans crainte des représailles d'une autorité qui n'existe plus. Il lui faut même davantage : en vertu de l'orgueil incommensurable qui dévore les êtres les plus dégradés et les plus antisociaux, il lui faut la première place et le plus grand profit de cette prétendue rénovation de l'univers.

Il arrive sous forme de Cagliostro et du rite égyptien ou de Misraïm. Franc-maçon des plus hauts grades, expert en haute magie, tour-à-tour d'une richesse éblouissante ou condamné, électrisant un auditoire maçonnique par ses conceptions funambulesques, il a tout ce qu'il faut pour occuper la place prépondérante.

Naïf lecteur, qui croyez peut-être que le plus haut grade maçonnique est le 33e ou celui de chevalier Kadosch, détrompez-vous :

il y en a plus de 100. Au-dessus, il y a le grand Patriarche comme fut Voltaire, comme Palmerston. Au plus haut est le suprême Conseil, composé de 9 membres, et obligatoirement de 5 juifs au moins ; ceux-ci ne manquent jamais les séances. Le Suprême Conseil siège à Londres aujourd'hui.

Sans doute, les Allemands ne se félicitèrent pas toujours de cette introduction ; il y eut des conflits avec les Hautes Ventes italiennes. Mais, comme tout est mensonge et fourberie dans la Maçonnerie, il suffit de quelques négociations avec les Grands-Maîtres et hauts initiés et le *vulgum pecus* de la secte continue à suivre *les hommes éminents plus au courant des conditions du bonheur de l'humanité et de la vertu parmi les hommes.*

N'avaient-ils pas des haines féroces à satisfaire ? Sous Philippe Ier, roi de France, les plaintes furent telles que les juifs furent expulsés. Ils rentrent sous Louis le Gros et Louis le Jeune, et s'enrichissent à nouveau. Le célèbre abbé de Cluny, Pierre le Vénérable, adresse à ce dernier une requête : Les Juifs, dit-il, s'emparent de tous les biens du pays par fraude et comme des voleurs ; les céréales affluent dans leurs magasins sans qu'ils aient travaillé, le vin dans leurs celliers, l'or et l'argent dans leurs coffres. Si des objets précieux sont dérobés aux églises, ils les recèlent et les profanent.

Sous Philippe-Auguste, des plaintes viennent de partout : ils ont accaparé une infinité de terres et se sont emparés de la moitié des maisons de Paris par l'usure ; ils ont volé et profané les vases sacrés ! Le Pape demande aux rois qu'on fasse cesser l'usure, et qu'ils en rendent le produit. Philippe-Auguste les chasse en 1182, confisque leurs immeubles seulement, rétablit dans leurs biens les chrétiens dépouillés par eux, et les décharge de leurs dettes, à l'égard des Juifs.

En 1198 ils obtiennent de rentrer, moyennant une forte somme. On était en guerre avec les Anglais et les Flamands : on accepte.

Quatorze ans plus tard, Innocent III publie une lettre qui a mérité d'être mise dans le droit canon, et un bref demandant qu'on leur fasse rendre le produit de l'usure. Philippe-Auguste leur interdit de demander plus de deux deniers par livre et par semaine, soit 43 fr. 75 pour 100. Ils en demandaient trois jusque-là ou 65 fr. 62 pour 100.

Pour tous ces méfaits, le Concile de Latran demande qu'ils portent une marque distinctive pour que les chrétiens soient avertis, et qu'on ne leur confie aucune fonction publique, dont ils se servent pour opprimer les chrétiens.

En 1299, Philippe le Bel déclare, qu'en raison de leurs exactions, le capital seul leur sera remboursé, mais les scandales sont tels qu'en 1306 il se voit dans la nécessité de les expulser et de confisquer leurs biens.

Louis le Hutin les laisse rentrer et est obligé de les bannir peu après. Charles VI doit les proscrire à nouveau le 17 septembre 1394.

Louis XIII les imite à son tour ; seuls les juifs de Metz ne sont pas atteints ; ils ont une porte de rentrée, et c'est ainsi que nous trouvons un juif Samuel Bernard, le Rothschild du règne de Louis XIV. Mais le duc Léopold rend en Lorraine un édit en 1728, déclarant nuls tous les billets souscrits en faveur des juifs. L'usure avait dévoré l'Alsace.

Mêmes plaintes sous le Régent en 1717 et mesures énergiques pour empêcher leurs prêts à intérêt capitalisé.

Les rois aimaient leurs peuples et les défendaient. L'Église, en vertu de ses doctrines de justice et de charité, prenait en mains la cause des dépouillés, comme une bonne mère qui protège ses enfants ; la législation permettait encore d'arrêter les coupables dans leur déprédations. Les juifs allaient se venger sur le meilleur des rois, qui ne voulait pas qu'une goutte de sang fût répandue pour lui, guillotiner les prêtres et obtenir que l'Église n'eût plus aucune force sociale pour prendre la défense des peuples opprimés ; la législation des siècles de foi allait être abolie. La Révolution fut faite pour les juifs et par les juifs contre le peuple français.

En pleine barbarie antique

Nous avons vu plus haut l'histoire peu édifiante des juifs. Un mot maintenant sur leur religion. Le chevalier Gougenot des Mousseaux a fait paraître, il y a plus de 40 ans un ouvrage remarquable : *Le juif, le juridisme et la judaïsation des peuples chrétiens*, livre enlevé mystérieusement de la librairie aussitôt que paru. Il est aujourd'hui chez Wattelier.

Armé des ouvrages qu'il a scrutés à fond, ne s'appuyant que sur les aveux des juifs, malgré l'hypocrisie des dénégations, il fait sur leur œuvre ; ténébreuse la lumière la plus complète.

En outre de la loi écrite par Moïse, il existait une tradition orale, appelée *Kabale*, dont les Patriarches connurent les principales révélations. Moïse, instruit de Dieu, en éclaira la synagogue, et composa le *Talmud* ou enseignement pour l'explication orale. Après la captivité de Babylone, Esdras la consigna par écrit : les mystères sur la Trinité et l'Incarnation y étaient si transparents qu'elle amena la conversion d'un grand nombre de juifs. C'est ce que Pic et le juif Paul Ricci au XVe siècle révélèrent au monde chrétien. Mais la Synagogue eut le tort de la tenir cachée, et plus tard les rabbins éloignèrent de sa lecture.

Mais, en dehors des juifs fidèles à la loi de Moïse, beaucoup s'étaient livrés à l'étude de la magie en Égypte et d'une médecine qui reposait sur l'étude des Astres, les paroles et les signes, et ce qu'on appelle aujourd'hui le *spiritisme*. À Babylone ils s'initièrent au culte des divinités persanes et chaldéennes. C'est ainsi que Voltaire, grand Patriarche écrivait :

> « *Les mystères de Mithra ne doivent pas être divulgués, quoiqu'ils soient ceux de la lumière* ».

Sous Antiochus Epiphane, que l'Écriture appelle une *racine d'iniquité*, Jeshua ou Jason se rendit auprès de lui et convoitant la grande sacrificature, lui offrit des sommes considérables ; il s'engagea à rendre ses concitoyens en tout semblables aux Grecs (175 ans av. J.-C.).

Il obtint ce qu'il demandait, renversa les ordonnances pour en établir d'injustes et de corrompues, ouvrit des lieux de débauche à la jeunesse, entraîna les prêtres aux jeux des païens ; ils mirent leur émulation à les égaler en tout. C'est de là qu'est sortie la secte des pharisiens, qui montraient au dehors beaucoup d'austérité, portaient sur leurs manches des phylactères ornés de sentences pieuses, en imposaient au peuple et avaient substitué leur tradition à celle de Moïse, en secret, sans se mêler au peuple qu'ils méprisaient profondément.

Tel fut ce pharisien à la venue du Sauveur, tel est resté le juif sans variation, méprisant les humbles que J.-C. aima, mettant Hillel au-dessus de lui, Hillel le fondateur de la Mischna et de la Ghemara ou la sublime perfection. De plus la magie est contenue dans le Zohar.

Dès lors, le *Talmud* ou explication donnée à la loi par les rabbins, ne fut plus qu'un assemblage monstrueux de sentences admirables et d'impiétés les plus caractérisées. Grande fut la surprise des Juifs, quand ils rencontrèrent les Caraïtes, les Juifs d'Extrême-Orient qui suivaient la loi de Moïse et n'avaient pas connu le *Talmud*, auquel les rabbins attribuaient la plus haute antiquité, et qui ne remontait pas à plus de 150 ans av. J.-C. Après celui-ci ils y ajoutèrent même des imprécations qu'ils récitent dans leurs prières contre lui et les chrétiens.

Le *Talmud* a écrasé la loi de Moïse. Si on la viole, on peut être absous, mais si on viole le *Talmud*, on doit être puni de mort. Il est au-dessus de Dieu même, qui, ayant discuté avec les rabbins sur différentes sortes de lèpre, après avoir pris l'avis de Néhémie, se déclare vaincu par eux.

Aujourd'hui Israël n'a plus de prêtres, plus d'autel : seul l'avis de ses rabbins qui, d'après les hommes les plus éminents parmi eux, sont souvent d'une ignorance crasse. Mais le pouvoir civil les paye : ils en acceptent les émoluments.

Le *Talmud* est plein de chimères, de magie, d'obscénités. Il donne le secret pour invoquer les esprits. Il arrive aux connaissances les plus variées par l'observation des astres. Saint Chrysostôme nous représente les rabbins entraînant les femmes impudiques pour les fêtes de leurs synagogues. Ils se livrent aux vices les plus ignobles. Mais pour la magie, il faut du sang chrétien et l'anthropophagie. L'assassinat rituel est accompagné d'imprécations contre tous les chrétiens, ce qui les a fait souvent massacrer au moyen-âge.

Aujourd'hui le juif enrichi et civilisé semble se détacher du *Talmud*, qui reste la loi du plus grand nombre sur la terre. Il se rallie à la philosophie du XVIIIe siècle. Or elle ne diffère pas de leur croyance, nous l'avons vu. Eliphaz Lévy l'avoue :

> « *Au moment où la protestation contre l'Église apparaît, la grande association kabalistique connue sous le nom de Maçonnerie voit le jour (au moment de la Renaissance et du protestantisme). Or ce que veut la Kabale*, dit-il, *c'est une association secrète, pouvant nommer les rois et les pontifes et faire une grande révolution.* »

Nous y voilà !

Les Templiers ont échoué, d'après lui, et l'œuvre a été reprise par les protestants et les francs-maçons. *La nouvelle Kabale a déclaré à l'Église une guerre à mort !*

L'Église et le Talmud

Les papes et les prêtres ont toujours protégé la personne des juifs, selon ce mot de saint Augustin :

« *Aimer les hommes, tuer les erreurs.* »

Les peuples chrétiens les ont reçus avec hospitalité. Je dirai même : si le juif suivait la loi de Moïse, il n'y aurait entre leur doctrine et la nôtre que quelques nuances, la différence entre la promesse et sa réalisation. Ce qui a, dans tous les siècles, été une cause de conflit, c'est le *Talmud*.

Car enfin les juifs nous ont-ils traités avec justice et charité, comme nous les traitions ? Trois fois par jour, ils récitent dans leurs prières des imprécations contre nous ; ils peuvent se faire délier de leurs serments pour le passé et l'avenir par trois juifs à tout moment ; ils doivent nous tromper, ne pas nous rendre les objets perdus, user de restriction mentale ; si nous étions sur le bord d'un précipice, ne pas nous en tirer, mais nous y précipiter, user de tous les moyens pour nous dépouiller.

C'est le *Talmud* qui leur a attiré toutes les difficultés qu'ils ont eues dans l'histoire. Quelquefois, on leur a fait effacer toutes ces imprécations qu'ils avaient introduites contre les peuples qui les recevaient avec bonté. Ils mettaient un signe dans leurs manuscrits pour rapprendre par cœur la partie supprimée ou se procurer une copie antérieure.

Est-ce tout ?

Non, ce n'est pas tout.

La Kabale poussait les hauts initiés à se procurer du sang. Ils nieront parce qu'ils nient tout ce qui les embarrasse ; ils récuseront des procès, dont toutes les pièces ont été conservées, avec aveu des coupables, constat des objets du délit. Il y a eu des dossiers déposés au ministère des affaires étrangères, comme pour le Père Thomas. Il y en a dans les Archives et dans les documents anciens, dans la vie des saints et dans l'histoire de l'Église. Il y eut des masses de témoins et des magistrats qui refusèrent l'or qu'on leur offrait.

Ce n'est pas seulement pour les pains azymes de la pâque ; leurs prières sont des imprécations contre tous les chrétiens qu'ils voudraient voir exterminés et qui les hébergent partout, contre Jésus qui priait pour eux sur la croix, pendant qu'ils le maudissaient.

Où ont-ils pris ces mœurs et d'où viennent-elles ? Écoutez Moïse dans le *Lévitique* (C. XVIII, v. 21 à 25) Salomon dans la *Sagesse* (C. XII, v. 5 etc.) leur reprocher de consacrer leurs enfants à Moloch ; Jérémie leur reprocher d'avoir sacrifié leurs fils et leurs filles à Baal et à Moloch, et le chapitre XXIII du *liv*, IV *des Rois* montrant qu'ils l'ont fait pour tous les dieux. Ils font ce qu'ont fait leurs pères et l'ont transporté dans la Kabale jusqu'à nos jours.

Ils ont trouvé chez les chrétiens plus de pitié que chez les idolâtres et les musulmans, et ce sont les chrétiens qu'ils exècrent le plus. Nos deux lois sont calquées l'une sur l'autre, et c'est nous qu'ils maudissent, qu'ils traitent de vil bétail et vouent à tous les supplices. Ah ! c'est que dans leur interprétation diabolique, ils sont arrivés à lui faire dire tout le contraire du texte révélé à Moïse.

N'ont-ils pas renié leur Dieu, leurs serments, leur sabbat ? considéré leurs femmes comme indignes d'être instruites de la loi sainte, pouvant être trompées impunément, comme un vil bétail, détruisant ainsi le respect que l'on doit à son père et à sa mère ? que dirai-je de l'homicide après de telles imprécations ?

Quel respect ont-ils du bien du prochain, de sa réputation Ils ont tourné la loi de Dieu en loi de Satan à notre égard, quand nous l'observions religieusement vis-à-vis d'eux.

Et Israël attend un Messie, qui doit lui donner la domination du monde et des richesses. Nous avons vu par les déclarations des hauts initiés allemands, comme Blunchli, puisqu'ils se revendiquent de la fondation de la Maçonnerie, que le seul titre qu'ils lui demandent, c'est d'être antichrétien, et n'ayant pas voulu du Christ et de sa loi de charité, ils seront avec l'Antéchrist pour opprimer le monde ; ils le combleront de leurs richesses et de leurs adorations. Comme lui, ils ont la bouche remplie de morale et de vertu ; comme la Charte de Cologne, signée des premiers protestants et francs-maçons, ils parleront d'une rénovation de l'univers, et font l'abomination. Ce sera la destruction de toute morale, de toute richesse, de toute civilisation.

Voilà ce qu'attend Israël ! Il est dit qu'à ce moment-là (*ép. de St Paul aux Rom.* c. xi) un dernier reste reconnaîtra son erreur et sera sauvé. Ils y auront mis le temps, car ce sera tout à fait à la fin (voir *St Paul aux Thess,*) 1er épître, c. ii. v. 14 à 16.)

Préparatifs de la Révolution

française dans les Loges

Louis Blanc montre la Révolution comme le résultat des associations et des serments. Il est certain qu'il y avait alors en France 1 million de maçons, sur 3 millions qui couvraient le monde. En 1772, Philippe-Égalité fut proclamé Grand Maître du Grand Orient et la duchesse de Bourbon, sa sœur, fut mise à la tête des loges d'adoption, de même qu'elle protégea l'illuminisme de Saint-Martin. Philippe d'Orléans, représentant du rite Écossais, fondé par la Loge-mère de. Londres, avait eu surtout jusque-là la direction de la Loge de Lyon, la Loge-mère de France, qui réunit en 1778 la *Convention des Gaules*, où vinrent des représentants de la Suisse, qui facilitèrent plus tard le travail révolutionnaire et l'invasion en Suisse en 1791.

En 1781, il y eut à Willemsbad un convent plus important encore, car il réunit des délégués du monde entier. Weishaupt y avait un lieutenant, Knigge, de son nom de guerre Philon alternativement ou Bayard, qui en fut l'âme. Sa première proposition fut la réunion de toutes les Loges au rite écossais, dit de stricte observance, fondé, nous l'avons vu, par la Loge-mère de Londres, d'où le mouvement s'était étendu à toute l'Europe.

Il échoua en assemblée et dut reprendre l'œuvre avec chaque Loge en particulier. On était encore en pleine *guerre d'Indépendance*, et on comprend que les maçons américains, qui avaient négocié par Franklin l'alliance de la France et l'envoi de Lafayette, qui était affilié, ne pouvaient ostensiblement et en pleine lumière accéder à ces plans. Bien que la maçonnerie fût partisan des républiques, prendre le mot d'ordre à Londres eût été trop violent, et pourtant, encore aujourd'hui, les financiers de Londres dominent et ruinent les États-Unis, par la complicité des Loges en ce pays.

Ce convent décida qu'il était temps de mettre tous les pays en révolution, de déclarer la guerre contre les rois et les prêtres (les assassins d'Hiram !), et choisit le centre de ses opérations à Francfort, pays natal des Rothschild, et nomma le duc de Brunswick, chef de la maçonnerie universelle.

Un homme s'est alors rencontré, perdu de mœurs et de dettes, conspué par sa famille, violent, emporté, condamné et gracié par Louis XVI, le comte de Mirabeau, que les intrigues du temps réussirent à envoyer en mission politique à Berlin. Déjà affilié à la secte, il se fait, en revenant par l'Allemagne, recevoir dans les plus hauts grades de l'*Illuminisme allemand*. C'est alors que fut prise la décision de commencer la Révolution par la France.

Peu après, eut lieu à Paris, en 1783, un convent où 81 loges se rendirent. Tout, jusqu'au régicide, y fut décidé, comme Mirabeau plus tard, étant passé du côté de la Cour qui l'avait acheté, comme Robison et tant d'autres l'ont avoué. Aussi, en ouvrant les États Généraux, Mirabeau, désignant Louis XVI, put-il déclarer : voilà la victime !

On ajouta de nouveaux rites, de nouveaux grades, comme Cagliostro déjà l'avait fait, pour ces hommes avides de mystères ; on fonda l'ordre des *Philalèthes* ou Amis réunis, Amis de la vérité. Ceux qui se croyaient parvenus aux plus hauts grades se trouvèrent, par des mystères nouveaux, relégués au second plan, et, pour en faire disparaître les éléments honnêtes qui y affluaient, Mirabeau, dans *La Monarchie prussienne*, en 1788, dénonça l'envahissement de l'Ordre par les jésuites, ce qui en permit une première épuration. La seconde devait être faite par Robespierre sur l'échafaud.

En vain, un pasteur, porteur des documents de la secte, est-il frappé par la foudre en Allemagne, et l'Électeur de Bavière, mis ainsi au courant de cette vaste conspiration par les papiers qui lui tombèrent dans la main, prévient-il toutes les Cours européennes ! Telle était la fascination ambiante qu'il n'est pas écouté.

Et, tandis que la noblesse, en grande partie affiliée, dansait et chantait chez Savalette, en fêtant la nouvelle ère de l'*Égalité*, il y avait dans le sous-sol un comité secret, dont l'entrée était gardée par deux frères terribles, l'épée nue, disent Barruel et Eckert, et là, était dépouillée la correspondance allemande et chiffrée, qui mettait à prix les têtes de ceux qui dansaient à l'étage supérieur. Philippe-Egalité lui-même fut renié par eux, et, après le régicide, au lieu de succéder à son frère, porta sa tête sur l'échafaud.

La Question sucrière

Notre excellent et très érudit collaborateur, M. Jules Séverin, secrétaire du Syndicat des Agriculteurs de la Somme et de la section des relations internationales aux agriculteurs de France, a fait le 8 novembre 1902, une conférence devant le comice agricole de Saint-Quentin. Il a dénoncé tous les dangers de la Convention sucrière de Bruxelles, conclue avec les Anglais et les Allemands, sans réciprocité de leur part, aux applaudissements de l'assistance entière.

N. D. L. R.

La Révolution française sortie des Loges

L'entrée de la noblesse dans les Loges n'était qu'un accident, favorable pour les accréditer au début. Aussi voyons-nous le génevois Necker proposer à Louis XVI le doublement du Tiers-État. Et qui répond, pour refuser au Maître des Cérémonies, après le discours du Roi, de sortir de la salle ? Mirabeau, un haut affilié. Qui répond, au serment du jeu de paume ? Mirabeau. Le doux Louis XVI n'a prévu ni troupes ni gardes : il est débordé dès la première séance. Déjà, le peuple, ignorant de ce qu'on veut de lui, est la proie des intrigants ; les cahiers, dévoués à la Monarchie et au catholicisme disparaissent. Tout est dans la main des affiliés, devant un peuple confiant et bon, mais fasciné sans comprendre où on le mène, et un roi prêt à toutes les démarches, à toutes les bontés, et qui frappe ses adversaires d'admiration sans savoir leur résister.

Les autres ont un plan, préparé dans l'ombre, et qui va s'exécuter à la lettre. 53 hommes politiques, dont l'abbé Sieyès, le prince de Broglie, le marquis de Condorcet, le comte de Mirabeau, Boissy d'Anglas, etc., se réunissent, 26, rue de Richelieu, et composent le *club de la propagande*. Puis, après une page en blanc, dans les documents où nous puisons ces renseignements, 75 noms suivent, où nous distinguons le duc de Larochefoucauld, Dupont de Nemours, Robespierre, le vicomte de Noailles, le marquis de Montalembert, etc. Il y a des génevois comme Clavières, des espagnols comme de Saint Severanda, Benarvides, des abbés, comme l'abbé de la Roche, l'abbé Noël, l'abbé Fouchet.

À ces noms des *Amis réunis*, Lecoulteux de Canteleu en ajoute 74, comme Marat, Saint-Just, Dupont, etc.

Tous les membres payaient 2 louis, Philippe-Egalité en avait donné pour 400 000 fr., et nous verrons plus loin que des fonds vinrent s'ajouter de l'étranger. Quand la Révolution fut finie, l'Angleterre avait commencé sa grande dette.

C'est là qu'Adrien Duport décide l'assassinat des gardes de la Bastille. Mirabeau en communique le plan à Chamfort, qui en fait part à Marmontel.

Le 1er des principes de 1789 est pris dans J.-J. Rousseau (*Contrat social*, I, II et III) :

« *La loi doit-être l'expression de la volonté nationale.* »

Les philosophes, nous l'avons vu, n'entendaient pas par là la République ni le respect des volontés populaires, encore dévouées et respectueuses de la Monarchie en 1789, mais la lutte contre les rois chrétiens.

La liberté des cultes, de l'enseignement et de la presse est là comme les promesses faites pour tromper les nouveaux adeptes. Les juifs, les protestants, les francs-maçons les conquéraient ; les catholiques les avaient déjà.

Dès l'article 19 ou 20, les vœux monastiques sont déjà condamnés et les prêtres vont être guillotinés.

L'enseignement était catholique ; il avait acquis toutes les gloires littéraires et scientifiques des XVIIe et XVIIIe siècles. L'enseignement juif, protestant et maçonnique allait être inauguré, l'enseignement catholique proscrit.

La presse juive, protestante et maçonnique aura toutes les immunités, et la presse catholique tous les procès.

Qu'était la foi de la nation avant la Révolution ?

Tout.

Qu'est-elle devenue ?

Rien.

Demandez à M. Combes.

La déesse Raison, mais c'est le mot de passe des philosophes pour condamner la religion. Jusqu'à la prostituée apothéosée sur nos autels, elle était réclamée dans un livre impie imprimé en Allemagne et dédié à Frédéric en 1751. Le 20 brumaire 1793, cette profanation eut lieu sur l'autel de Notre-Dame de Paris.

Voltaire avait écrit à d'Alembert le 1er mai 1768 : les mystères de Mithra (le dieu des Perses d'autrefois introduit par les juifs dans la maç∴) ne doivent pas être divulgués, quoique ce soient ceux de la lumière. Mithra portait le bonnet phrygien rétabli sur les nouveaux louis d'or aujourd'hui.

Les sans-culottes, c'est la cérémonie de l'initié qui parait demi-nu, parce que, dit le Manuel, l'état de notre civilisation ne permet pas la nudité complète. Il faudra vaincre ce préjugé, ajoute-t-il. Le théâtre juif et maçonnique y travaille suffisamment.

Et dans ces journées d'émeutes où figurent tant de femmes, dont plusieurs à linge fin et fines dentelles, reconnaissez les sœurs maçonnes qui avaient fait le voyage de l'*île de félicité*, avec les maçons. Plusieurs se jettent, dans la journée du 10 août, sur les gardes qui avaient péri, leur enlèvent le cœur, le font cuire et le mangent. C'est l'anthropophagie en usage chez les juifs et leurs compagnes.

A la fin de la journée eut lieu une abondante distribution de subsides aux manifestants. Oui, la Révolution chez les autres coûte cher, mais la Révolution était munie de larges fonds depuis 1730. Elle reçut d'un seul coup un million et demi de livres sterling de William Pitt. Sous Louis XV, la République et Napoléon, l'Angleterre, la véritable inspiratrice de la Révolution française, fut en guerre avec la France, quatre grandes coalitions européennes furent dirigées par elle contre nous pour finir, et l'Angleterre ne cessa la guerre sur mer qu'à l'extermination des flottes française et espagnole à Trafalgar.

Jules Séverin

L'Échec de la Révolution en 1799

« *Promettez le bonheur et la liberté, disait Bossuet, et le peuple vous suivra.* »

Mais si un parti n'a que des haines à satisfaire, s'il n'a aucun plan d'organisation, il ne restera que le souvenir des crimes commis et des mots dont le peuple a soufferts et il tombera.

Danton, du club des Cordeliers, Robespierre, du club des Jacobins, organisèrent la Terreur. Ce dernier n'ensanglanta pas seulement la France, il provoqua l'Europe où il voulait transporter la Révolution.

D'ailleurs, la légitimité avait un autre caractère que celui qu'on lui attribue de nos jours. Le roi très chrétien devait payer de sa vie sur les champs de bataille aux jours du danger national. Il devait rendre bonne justice et tenir compte des vœux de la nation. S'il tyrannisait son peuple, s'il se rendait indigne du pouvoir par son inconduite ou ses principes, la Sorbonne catholique, les ecclésiastiques le dénonçaient et l'Église déliait du serment de fidélité.

Si le peuple souffrait, il réclamait auprès de son roi ; on a vu près de dix rois de France qui ont rendu justice au peuple contre les juifs. Aujourd'hui, il n'y plus de rois, plus même d'autorité. Les milliards se capitalisent dans les mains juives par les moyens les plus condamnables, le peuple souffre et n'obtient plus justice.

La religion défendait les principes sociaux. C'est ainsi que Pierre le Vénérable, de l'école d'Alcuin, fondée par Charlemagne, écrivait à Louis le Jeune pour lui dénoncer l'accaparement de la fortune publique par le vol et l'usure des juifs. C'est ainsi que Bossuet posait des limites au pouvoir de Louis XIV. On l'a vu par nos études précédentes, en dehors de la religion catholique, nous n'avons trouvé de principes de justice ni chez les juifs, ni chez les francs-maçons, ni chez les protestants. On avait abattu la puissance spirituelle comme la puissance temporelle.

Après la réaction de Thermidor, où le peuple, les soldats, tout se tourna contre une boucherie sans limite, le Directoire, qui succéda à la Convention, fut formé des mêmes hommes, ayant les mêmes passions et n'osant plus les exercer, parce que la nation s'était retournée contre eux. La jeunesse dorée était sortie des prisons. À la voix de Fréron, on avait assommé les jacobins dans les rues. La Convention, comme le Directoire, proscrivirent l'enseignement chrétien, mais les familles ne voulurent pas de celui qu'elle donnait. L'enseignement périclita.

Malgré la vente des biens nationaux, les excès, la dilapidation et l'anarchie furent tels qu'on aboutit à une banqueroute de quarante milliards, disait Édouard Drumont l'autre jour.

Les nations voisines vivant en paix, en prospérité et voyant le crime s'étendre en France, le voyant de plus en plus prôné dans toute l'Europe s'émurent et s'armèrent contre nous, car, à cette époque, on considérait comme un danger imminent de laisser impunément perpétrer de semblables forfaits, on combattait encore le crime et l'apologie de crimes sans excuse.

C'est ainsi que Louis XIV aida les Stuarts et que l'Espagne faillit aider Louis XVI. Quand la révolution sanglante fut partout présente et partout prônée, une coalition se déchaîna contre nous en Europe. Un appel enflammé fut fait a la Nation, et c'est de là que date la Conscription. Pendant la guerre de Trente ans, il n'y avait que des volontaires encore ; il y avait des volontaires toujours prêts, c'étaient les nobles qui étaient à la tête de leurs provinces ; c'était le Roy, le premier gentilhomme de France, toujours sur le chemin de l'honneur et de la vaillance et qui apportait les lys de la couronne de France.

En tombant de la Convention dans le Directoire, on tomba du sang dans la boue. C'est comme historien que Thiers a pu dire que la République finit dans le sang ou dans l'imbécillité.

Il n'y avait plus alors ni autorité, ni ligne de conduite, ni finances, ni instruction ; les routes, les ports, les canaux n'étaient plus entretenus. Il n'y avait plus que l'Europe coalisée contre nous, et cette conscription, que beaucoup regrettent aujourd'hui, fut l'œuvre de la grande République maçonnique, comme de nos jours d'un haut initié, Bismarck, pour nous surprendre en pleine paix, fonder un empire maçonnique et inventer la nation armée.

C'est dans ces conjectures que parut alors Napoléon.

Napoléon

En 1799, les monarchies trompées par la secte s'étaient ressaisies ; Pie VII avait succédé à Pie VI et repris possession de Rome. Les esprits, qui déjà avaient triomphé de la Terreur et du jacobinisme, sous les hontes et les ruines du Directoire, commençaient à se tourner vers le catholicisme et la monarchie traditionnelle. Lui-même, le duc de Brunswick avait dénoncé les crimes commis comme une déviation de l'esprit maçonnique et mis les Loges en sommeil. Il fallait, pour la franc-maçonnerie, composer, sinon triompher, pour ne pas disparaître tout à fait. Du reste, les acheteurs de biens nationaux, plus heureux de voir la tranquillité reparaître qu'une ère de justice se lever, étaient ralliés à un régime qui assurait la première sans exagérer la seconde.

Le général Bonaparte, appelé par Barras et Robespierre, avait autrefois délivré la Convention. Il fut envoyé avec le frère de ce dernier pour faire la campagne d'Italie. Bonaparte était initié, comme beaucoup de princes et de généraux de cette époque. Les portes des villes s'ouvrirent comme par enchantement, des généraux se rendirent, et Bonaparte mit le comble à l'enthousiasme que les affiliés chauffaient parmi le peuple, par une déclaration d'après laquelle il ne venait qu'en ami pour les délivrer de la tyrannie ; il leur rappela les souvenirs de Brutus et de Caton, leur parla de le suivre jusqu'au Capitole et de restaurer leurs gloires passées. Il envahit les États pontificaux qui, eux-mêmes, se rendirent presque sans résistance.

C'était le triomphe des Loges fondées par Cagliostro à Rome : on s'empare du pape, on dévalise les trésors sacrés, on parle de fonder une religion nouvelle. Les ordres du Directoire sont exécutés à la lettre. Plus tard, une insurrection éclate dans laquelle périt Duphot, ce qui permet de pénétrer la péninsule plus avant.

Bonaparte était rentré en France et envoyait à Berthier les ordres du Directoire.

D'autres généraux, comme Pichegru, combattaient dans le nord, où le roi de Prusse disposait d'une armée considérable. Le duc de Brunswick réussit à s'en faire nommer généralissime, et, après une bataille sans importance, déclara les Français vainqueurs. Peu après, il payait huit millions de dettes et son petit-fils put encore récemment se parer des diamants de la couronne de France qui lui furent remis. La Révolution à cheval trouva partout des généraux affiliés qui se prêtaient au triomphe de la France, pour assurer celui de la Révolution.

Mais Bonaparte inquiétait le Directoire. On l'envoie en Egypte ; en passant à Malte, les portes s'ouvrent, les chevaliers sont livrés par deux conjurés qui ont réussi à s'insinuer dans la forteresse et à captiver leurs bonnes grâces ; bientôt les Anglais s'emparent de l'île, qui leur appartient encore aujourd'hui, faisant disparaître un des ordres les plus utiles.

En Egypte, Bonaparte se couvre de gloire, mais les événements politiques le ramènent en France, où il est l'objet de mille intrigues politiques et accomplit le coup d'état du 18 brumaire. Il est nommé premier consul à un moment où l'Europe coalisée nous attaque de toutes parts et où la France à l'intérieur veut un autre gouvernement. Je ne retiendrai de cette seconde partie de la vie de Bonaparte que trois choses :

le Concordat, le droit moderne et le Monopole universitaire, accompli sous l'empire en 1808, Dans ces trois études que nous ferons à la suite, Napoléon, premier consul ou empereur, d'une part tient compte des idées révolutionnaires ou modernes, qui se sont implantées, de l'autre des véritables besoins de la France qui lui a confié ses destinées.

Au début la Loge des *Amis de la Constance* est en adoration devant lui ; il trouvera encore en Europe l'appui moral des Loges qui prônent le *divus imperator* ; Cambacérès est nommé Grand Maître et Joséphine préside les Loges d'adoption à Strasbourg. Une fête du Temple est organisée à Paris en 1808. Il a triomphé des Chouans et des Vendéens par la ruse ; des trahisons propices, d'après Clavel, facilitent encore son épopée,

Mais en 1808, Fichte lève dans les Loges l'étendard de la liberté contre le despotisme, Tilly propage en Espagne le rite écossais. Les souverains trompés par les idées d'affranchissement propagées dans les Loges, et qui se retournent contre eux, fondent le Tugenbund et la Sainte Alliance, espèce de maçonnerie transformée dans la main des grands souverains d'Europe. Elle triompha de Napoléon, tout en ralliant beaucoup d'esprits que les excès révolutionnaires avaient effrayés dans la Maçonnerie, mais eut pour but depuis de faire disparaître peu à peu les états catholiques au profit des grandes puissances protestantes.

Napoléon lutta par son génie, l'héroïsme de ses troupes, puis tout ce qui l'avait favorisé jusque-là se retourna contre lui. Comme l'a écrit le fr∴ Malapert : au XVIIIe siècle, la Maçonnerie était si répandue dans le monde qu'on peut dire que rien ne s'est fait depuis cette époque sans son consentement. Elle l'avait abandonné et, de plus, une coalition formidable se dressait contre lui en Europe. Il fut terrassé !

Le Concordat

0 vous, qui voulez voir revivre une Monarchie, empreinte de sentiments de justice et d'honneur, respectueuse des libertés, toujours prête à verser son sang pour le pays et vibrant à tous les sentiments qui ébranlent la fibre nationale, toujours sur la brèche pour arrêter les convoitises de l'étranger et faire acte d'autorité nécessaire contre une race de perfides exploiteurs, prêts à s'emparer à tout moment du patrimoine moral et matériel de la France, remontez avant les sociétés secrètes.

Vous qui rêvez la noblesse, comme un brillant État-major, vaillant et digne, maître de nos provinces, toujours prête à la tête des volontaires de l'époque verser son sang ou à rendre justice à l'intérieur, assez puissante pour faire contre-poids à l'autorité royale si elle abuse, tenant tête à Henri III condamné par la Sorbonne catholique, à Henri IV tant qu'il fut avec les huguenots, remontez avant les Sociétés secrètes.

Vous qui admirez les Évêques des premiers temps défendant le peuple opprimé contre les Empereurs tout-puissants, les obligeant à capituler par la popularité qui les entourait, les Ordres religieux répandant des trésors de civilisation, de richesse, de justice, de charité et de gloire nationale, qu'ils transportent jusque dans les contrées les plus inhospitalières, de manière à arracher l'admiration aux esprits les plus prévenus ; vous qui savez que seuls les principes chrétiens appliqués dans leur plénitude ont amené le souci des déshérités, des faibles, des exploités de la vie ; que c'est la voix des saints et des saintes qui arrêtait Attila, ou les Anglais à la suite de la guerre de Cent Ans, que Pierre le Vénérable, Innocent III et le Concile de Latran dénonçaient aux rois chrétiens les déprédations des juifs et que seuls les principes chrétiens, transformés en décrets royaux, permettaient de leur résister, apprenez que, depuis le Concordat, la société chrétienne, l'Église autrement dit, n'a plus aucun rôle social à jouer, qu'elle est sous la dépendance du pouvoir civil, due ses prêtres sont transformés en fonctionnaires, au service d'un César qui passe ou d'une oligarchie qui règne, qu'après avoir seuls, conformément à leurs doctrines, exercé la bienfaisance, ils sont réduits à l'état de mendiants !

L'histoire de notre époque vous parlera de la dîme, pour la noircir, omettant de dire qu'elle servait l'Assistance publique, que les frais du culte étaient toujours gratuits, qu'on a volé les biens communaux institués par elle pour les pauvres, détruit les corporations tutélaires. Dans mon pays, une abbaye louait des terres à 1 pour 100 aux paysans.

Ils n'étaient donc pas malheureux ! Aujourd'hui il ne reste que l'Assistance publique, alimentée par les dons des catholiques, dont les fonds ne sont donnés qu'à ceux qui ne le sont pas et sont galvaudés pour les élections.

J'ai revu en Suisse, dans le canton du Valais, des abbayes, vivant de bénéfices qui leur sont restés, exerçant la charité, répandant l'instruction, honorées des populations et déléguant des prêtres pour les paroisses, sans rien demander à l'État, sans l'inquiéter davantage, comme autrefois.

On est reconnaissant à Napoléon, dit Chateaubriand dans la Préface du *Génie du Christianisme*, d'avoir-ramené la religion en France. On oublie ce que nous avons fait pour l'y contraindre. Dans ses

Mémoires de Sainte-Hélène, Napoléon établit qu'il pouvait choisir entre le protestantisme et le catholicisme. Avec le premier, il eût divisé la France en deux camps, l'un le suivant à cause de sa gloire, l'autre toujours en opposition avec le premier ; avec le catholicisme, il noyait le second dans la grande majorité qui était catholique.

Il avait rêvé d'une religion, nécessaire pour gouverner en paix, mais il voulait en avoir la suprématie. La lutte fut longue avec le cardinal Consalvi, enfin on trouva un terrain d'entente, et il lui fit présenter par l'abbé Berthier le texte du concordat pour le signer. Ce que le légat du pape avait refusé y avait été réintroduit ; il l'effaça. Le pape ne signa qu'après. Mais ce qu'il n'avait pu obtenir, il le publia sous forme de lois organiques du clergé, il y réglementa également le culte protes tant, comme plus tard celui des juifs. Il raconte qu'en amenant Pie VII à Fontainebleau, il s'apprêtait à le combler d'honneurs, mais à condition que le pape accepterait la suprématie de l'empereur.

Voilà un siècle que l'Église vit dans les chaînes. Les Monarchies constitutionnelles et les Républiques se sont succédé, sans y rien changer. Pendant ce temps, les juifs se sont emparés de la moitié de la fortune de la France, les protestants de son enseignement, les francs-maçons du pouvoir. La grande presse, les banques, les Bourses et les affaires, tout passe à ceux qui ont rêvé notre disparition de la carte de l'Europe. Mais Dieu et la patrie sont bâillonnés, la doctrine tombe en désuétude, les lois se taisent. A peine l'Église peut-elle défendre son existence, et le revenu que la Constituante lui a attribué en 1791, mis dans le concordat, à raison de 1 pour 1 000 des biens qu'on lui a pris, n'est pas même garanti contre l'arbitraire et le bon plaisir du franc-maçon qui règne. La piété des fidèles aurait pu la doter : il lui est interdit de posséder. Comme a dit J. Ferry dans l'*Estafette* : Il nous est plus avantageux d'avoir un clergé fonctionnaire !

Le Droit moderne

Le Premier Consul avait chargé une commission, formée de Tronchet, Bigot-Préameneu, Portalis et Malleville, de préparer le Code civil. Le projet de Code, terminé en quatre mois, fut soumis au tribunal de cassation et à tous les tribunaux d'appel, puis renvoyé à l'examen du Conseil d'État. Ce fut surtout dans ces longues et profondes discussions du Conseil d'État qu'il s'élabora ; le Premier Consul y prit une part active.

Si le Code civil opéra la fusion des idées anciennes avec les idées de la Révolution, dit M. Troplong, c'est principalement à Napoléon qu'il faut en attribuer l'honneur. Ce travail, commencé en 1800, fut ratifié par le Corps législatif seulement le 20 mars 1804.

Jusque-là, on avait été régi par les coutumes ; les conflits étaient jugés par les divers parlements et, au-dessus de tout, les ordonnances royales. Le roi, lui-même avait son conseil.

Qu'étaient donc ces anciennes coutumes, qui disparaissaient pour faire place à la loi unique ? Il fallait qu'on fît table rase de tout un passé, pour que Napoléon écrivît à son frère Joseph :

« *Établissez le Code civil à Naples, tout ce qui ne vous est pas attaché disparaîtra, et tout ce que vous voulez conserver se consolidera* ».

M. Le Play a consacré des pages magistrales à ce que fut la famille autrefois. L'aîné, ou s'il ne le désirait pas ou ne le pouvait pas, le second des enfants, en cas de mort du père, devait garder la place d'honneur pour la mère au foyer, faire instruire ses frères et sœurs, les doter, les recueillir, s'ils n'avaient pas réussi ou s'ils préféraient rester pour se consacrer à l'éducation des enfants. C'est là que se conservaient ces traditions d'honneur, de foi, de bienfaisance, d'affection familiale, et de patronage pour les populations environnantes.

L'État vient aujourd'hui partager en francs et en centimes, infliger ses hypothèques sur l'homme du pays qu'elles paralysent le reste de ses jours, prélever sa part de lion pour lui et ses officiers ministériels ; s'il y a un mauvais coucheur dans la famille, il peut exiger la vente du domaine familial. Pour le reconstituer, il faut, pour celui que le père établit, regagner les frais de succession, les parts de ses frères et sœurs dans un délai devenu plus qu'insuffisant. Des populations, comme en Westphalie, à qui on a voulu imposer le Code civil, se sont insurgées. Le père ne pouvant plus tester, favoriser un fils méritant et qui perpétue ses traditions, entrevoyant le fruit de ses efforts dilapidé à son décès, a limité la paternité.

Mais les écrivains révolutionnaires ont dénaturé le droit d'aînesse en le représentant comme un abus et ne laissant voir ni les charges de l'aîné, ni cet accord touchant de la famille aujourd'hui rompu, ni les traditions de bienfaisance, et cet attachement des populations. Le père est à la merci d'un fils coupable, la paternité de l'État et des légistes est substituée à la sienne ; en cas d'enfants mineurs, on lui impose les terres, les rentes, les maisons, les valeurs qui tombent en annihilant de plus son crédit.

Le prêt à intérêt était interdit, comme dans la loi de Moïse, à ses frères. Si ton frère est gêné, disait l'Église, il aura déjà de la peine à te rendre ; penses-tu l'aider dans ses nécessités, si tu exiges en plus des intérêts ? Benoît XIV n'admettait que deux exceptions : un commencement de dommage ou une cessation de gain. Sous Louis-Philippe, où les valeurs fiduciaires se sont développées, il n'était plus juste d'obliger les chrétiens à se ruiner, quand les autres s'enrichissaient ; ils fussent tombés au bas de la société nouvelle et se fussent trouvés sans ressources. L'Église finit par user de tolérance, parce qu'il y avait souvent chance de perdre son argent et toujours cessation de gain, puisque l'argent rapportait. Ce n'est pas un idéal, c'est un *modus vivendi* qu'elle toléra pour les temps modernes.

Faut-il rappeler ces condamnations à faire un pèlerinage pour s'amender et dont on revenait souvent meilleur ? Aujourd'hui, c'est la pourriture des prisons, avec les promiscuités infâmes et la flétrissure qui empêche de se réhabiliter et de travailler. C'est la condamnation au vice qu'on perpétue ainsi.

On a cherché de nos jours une restauration des *us et coutumes* par les tribunaux de commerce. Appelés à apporter plus de douceur dans leurs délibérations, ce sont des concurrents qui prononcent presque toujours la faillite ; à juger selon les coutumes, leurs arrêts sont réformés par la Cour s'ils ne jugent pas selon la loi, et la loi, la plupart ne la connaissent même pas. Des formalités, des entraves sans nom arrêtent l'essor des affaires, une armée de légistes privilégiés vit aux dépens de ceux qui travaillent et les empêchent de gagner ; ils sabrent les bénéfices et détruisent l'actif, sans que les précautions prises dans les actes empêchent les malintentionnés de les tourner.

Mais à cela il y avait un but. Au-dessus de tout était le suprême *Imperator* qui tenait le pays entier dans sa main. Depuis que le Maître a disparu, la République n'a, rien changé et les permissions qu'il fallait lui demander pour tous les actes de la vie commerciale ou civile, on continue à les demander aux domestiques.

Conférence sur les Intérêts français

Dimanche, 7 décembre 1902, a eu lieu à Rouen, une conférence de notre collaborateur et ami Jules Séverin, au Cercle français d'études sociales, sur la cause de la décadence agricole, industrielle et commerciale, devant deux cents auditeurs.

Le conférencier a montré, comme dans ses savants articles de la *Délivrance*, que le système juif et judaïsant, les monopoles, la spéculation et l'escroquerie en étaient la cause primordiale. Au-dessus de tout plane la Bourse de Londres, où est le cœur de la franc-maçonnerie, et avec laquelle s'accordent toutes nos Bourses locales.

C'est de là que partent les révolutions, les guerres, les émeutes ; elle est maîtresse de la grande presse, de l'enseignement et des hommes politiques accessibles à certains moyens de corruption.

L'œuvre de Napoléon : Concordat, enseignement, régime administratif et loi civile peut se résumer ainsi tout dans la main du Maître. Le Maître disparu, on s'est adressé aux laquais : les protestants, les francs-maçons et les juifs qui s'emparent insensiblement de toutes les places.

Comme conclusion, il a conseillé des groupements professionnels et actifs, pour défendre sur tous les terrains les intérêts français.

Cette conférence a soulevé des applaudissements ininterrompus, et chacun a tenu à lui exprimer sa satisfaction à l'issue de la conférence.

N. D. L. R.

Le Droit romain

Le but des Juifs, avoué par les Archives Israélites, est de nous ramener à un état semblable à ce qu'était l'Empire romain, ces temps de despotisme et d'orgie, dont la Pitié fut exclue, où les vainqueurs tyrannisaient la terre, exploitaient les peuples conquis pour en rapporter à Rome les dépouilles, leur arracher par d'avides proconsuls des tributs écrasants, et le patricien romain, servi par des milliers d'esclaves, auxquels il ne devait aucun salaire, sur lesquels il avait droit de vie et de mort, consommait dans l'orgie les richesses rapportées par les légions romaines, enlevées par les proconsuls et les préteurs.

Alors, il n'y avait de droit que la force, de religion que le culte du vice divinisé, et l'autorité ne fut que le bon plaisir d'un Néron, d'un Caligula, d'un Vitellius ou d'un Dioclétien, allant de la férocité à toutes les hontes de Bysance ou du Bas-Empire.

Voilà, mes Maîtres, votre idéal ! Chaque fois que vous prononcez, en vertu du droit romain, que les Juifs, en retard de quarante siècles, appellent les idées modernes, parce que Rome réunit tous les vices des Empires qui l'avaient précédée, vous scandalisez nos populations, écœurées de tant de férocité et de cynisme judiciaires, et cependant le droit romain, c'est, depuis la révolution, la moitié de notre droit moderne.

Le connaissez-vous, ce droit, qui permet de battre de verges son débiteur, de le réduire en esclavage, de laisser son cadavre sans sépulture ?

Ah ! l'Église n'admettait pas le prêt à intérêt ! Vous l'aurez avec des commissions, des frais de caisse, des intérêts usuraires, et les licteurs déguisés en huissiers modernes, vendront jusqu'à la cendre du foyer pour en récupérer le dernier centime.

L'Église avait pitié des malheureux. On ne leur laissera que la misère : la mort ou le vice, à choisir. Ils n'ont plus cette assistance chrétienne qui fut si belle, plus même la nourriture des esclaves.

Elle avait consacré la valeur réelle comme base des contrats : c'est-à-dire la valeur de la matière première, du travail et un juste bénéfice. On lui a substitué la convention des parties qui permet d'escroquer habilement des signatures, et l'offre et la demande pour régler les prix de toutes choses.

Le monopole, autrefois défendu, rétrécit les offres, pour faire affluer les demandes, et le peu de garanties que le Code a gardées pour les ventes, où il y aurait lésion de plus des sept douzièmes, s'anéantit parce qu'il n'y a plus de cours normal.

Voilà un commerçant habile ! Pris dans les bourrasques qui soufflent à la Bourse, payant plus cher les impôts, les salaires, les loyers que son concurrent des pampas de la Plata ou des steppes de la Russie, ayant plus de frais que le tisseur de Yokohama ou des Indes, il a eu des mécomptes en fin de mois. La traite impitoyable l'a tué, le protêt déshonoré, le tribunal de commerce achevé. L'agréé va dévorer lentement son œuvre, l'annihiler et la détruire sous des formalités sans nom, mais qui rapportent à l'État. Ni créanciers, ni personne ne touchera rien d'un commerce en pleine activité, mais l'activité, c'est ce qu'il a détruit. Apprenez qu'il n'y a qu'un roi : l'or. L'or lui a manqué : tout le reste ne compte pas.

La veuve et l'orphelin, dont il est dit à chaque page de la Bible d'avoir souci, ils sont là, impitoyables légistes, pour dévorer les intérêts de l'une et le capital de l'autre.

Depuis l'institution du Corps législatif, les classes libérales fournissent beaucoup d'avocats ; c'est la pépinière où se recrute maintenant la Chambre des Députés. Ils viennent y renforcer l'arsenal des lois, les privilèges de la Révolution : quand il s'agit de leur cause, il n'y a plus ni droite ni gauche : tout le monde vote pour eux avec ensemble. Habitués aux pugilats de la barre, comme dans le journalisme moderne, ils ne connaissent plus que la lutte et ont détruit l'union dans le pays. Le *Bulletin des Lois* a dépassé les étoiles du ciel, et la criminalité augmente. Pour les grands crimes, les plus scandaleux, on fait la loi le lendemain : elle n'était même pas prévue.

Le gymnase moderne prépare à ces études par le latin. C'est le but depuis la constitution des lycées par Napoléon. En instituant le Conseil d'État, le corps législatif, les préfectures, les sous-préfectures, les tribunaux de première instance et d'appel, il établit partout une hiérarchie qui mit tout le pays dans les mains du gouvernement.

Il accentua ainsi la centralisation déjà commencée par Richelieu, qui, en abaissant la noblesse et les gouverneurs de province, avait déjà miné les contre-poids du pouvoir. Louis XIV, le premier des Napoléons, comme dit Chateaubriand, réunit un concile contre le Pape et brava les États généraux, en disant : l'État, c'est moi. Henri IV avait donné des places nombreuses aux protestants dans les parlements. Une par une, toutes les libertés du pays avaient sombré depuis la Réforme, et la Renaissance avait préparé par l'éducation la jeunesse à ces retours vers le despotisme antique. Depuis, Turgot et la Constituante avaient détruit les corporations.

Napoléon, pour son œuvre, mérita donc d'être couronné en Empereur romain sur la place Vendôme. Ceux qui n'avaient pas aperçu ce côté de sa vie regrettèrent qu'il n'y fût pas en redingote grise avec son chapeau légendaire, mais les inspirateurs de la société moderne songèrent moins au petit caporal devenu empereur qu'au retour de l'Aigle romaine.

La jurisprudence juive

Si rapprochées que soient les mailles dans le tissu des lois, elles n'empêchent cependant pas les juifs de passer au travers. Comme dans Rabelais, les petits moucherons y sont pris, les gros taons passent.

Empêchez donc les prêteurs à la petite semaine de prêter à usure ou, pour les gros prêts, de faire signer un chiffre double sur le billet. S'agit-il de marchandises, quel cours leur donnerez-vous, quand les juifs ont faussé tous les cours ? Voilà une spéculation heureuse : leurs agents dans les cafés commerciaux de province ont amorcé pour un achat à terme cent personnes qui ne sont pas du métier ; ils en font la contre-partie, sont maîtres des cours et en inscrivent de faux dans les journaux spéciaux.

Que le parquet descende à la Bourse du Commerce, ils sont en règle avec la loi, grâce à un compte ouvert à un compère ; ce compte est rectifié deux pages plus loin, mais cette nouvelle page, ils ne sont pas obligés de la montrer.

Ils savent jouer de l'anonymat ; grâce à l'anonymat, on ignore le nom des coupables, quand il y a une action contre eux. Leurs valeurs sont au porteur, peuvent changer de destinataire en un tour de Bourse et on ignore, pour une succession, les droits qu'ils devraient payer.

Dreyfus s'associe avec Lévy ; Dreyfus est directeur, Lévy secrétaire ; on fait faillite : le coffre-fort est vide, le mobilier a disparu. Cela s'appelle une lessive. Vous repassez : tous deux sont encore là, mais Lévy est devenu directeur et Dreyfus secrétaire. Ils ont obtenu de leur ami le ministre une subvention et l'affaire continue. Quant aux gogos, ils ont tout perdu légalement. Montez plus haut : ils ont les commandes de l'État, les subventions de l'État et ont placé des employés dans chaque ministère. Ils ont les renseignements par leurs coreligionnaires mieux que les gouvernements eux mêmes et leur prêtent s'ils sont besogneux.

Un jour, ils ont affaire avec le Code.

Les magistrats, qui ne veulent pas plier selon leurs caprice et volonté, seront traités de réactionnaires et épurés. Les plus hauts jurisconsultes les couvrent. Le Conseil d'État a interprété les mêmes lois d'une manière réactionnaire sous l'Empire, libérale jusqu'au 16 mai, puis radicale. Mais le juif est le maître : elles lui donneront raison :

Sic volo, sic jubeo ; sit pro ratione voluntas !

Vous voulez atteindre les juifs, dans leurs méfaits ! Or tout a péri, à l'exception de la loi, et la loi est d'une interprétation aussi variable que le caméléon. C'est la jurisprudence, inconnue à nos pères. Où la loi morale a disparu, la loi civile manque de base. Elle n'est plus le reflet de l'autorité absente, ni de la religion méconnue, mais du Maître moderne : le juif, le franc-maçon, et le protestant.

J'ai prouvé que le protestant suivait les haines du *Talmud*, et non la justice de Moïse ni la charité de Jésus-Christ, que le franc-maçon était le masque du protestant, le disciple du juif dans ses rites et obéissait au Suprême Conseil, juif par essence, qui siège à Londres, que tous deux travaillaient pour le juif.

Thiébaud a relevé ce fait que dans nos ministères, la moitié des ministres sont toujours protestants ou mariés à des protestantes. Les autres sont juifs ou francs-maçons. Quels ordres voulez-vous que donnent nos gardes des sceaux dans ces conditions-là ?

Ainsi, la confection des lois est dans leurs mains, comme leur interprétation. C'est ce qu'on appelle l'esprit moderne. L'esprit moderne est celui de la Révolution : j'ai prouvé que la Révolution a été faite par eux, et pour eux, ce qui fait que si peu de Français en aient profité. C'est la doctrine du bloc. Mais la consigne est de tromper : c'est au pays à réclamer l'effet des promesses !

Quand on voudra en revenir, il faudra rétablir une autorité dévouée aux vrais Français pour avoir une digue à opposer aux méfaits des juifs. Il faudra rétablir une hiérarchie de mérite et d'intelligence, de services rendus au pays dans toutes les parties, qui conquière ses grades au lieu d'hériter d'une particule, comme il en était autrefois, et des groupements professionnels pour rétablir équitablement et rationnellement toutes choses, en remplaçant les frelons du Code par les abeilles du travail. Il faudra revenir aux doctrines des Pères de l'Église, c'est-à-dire au catholicisme social, qui fut l'esprit de la vieille France, une, heureuse et glorieuse.

Jules César, dans ses commentaires, dit que le Gaulois est toujours captivé par le régiment qui passe ou l'orateur qui pérore. Mais le rhéteur, il faut s'en méfier, et revenir au langage franc et gaulois, bref, net et qui porte juste, laisser les périodes latines de la Renaissance pour l'action virile qui caractérisait nos Pères. La Révolution, à l'inverse de Satan, a dit :

« *Quo non descendam ?* »

Que notre devise soit :

« *Plus haut et en avant !* »

Il faudra aussi proclamer les devoirs sociaux, que le Concile du Vatican a reconnus et dont on ne veut pas parler, parce que les journaux juifs l'ont défiguré pour ridiculiser nos moyens de défense.

Le Monopole Universitaire

Nous arrivons au parachèvement de l'œuvre de Napoléon. Tout se tient dans l'œuvre du Premier Consul comme de l'Empereur. Il a poursuivi au début les religieux, comme il a cherché à faire disparaître les derniers représentants des Bourbons, témoin le duc d'Enghien. Mais le commandement suprême voit plus clair que la passion révolutionnaire. Il s'est fait sacrer Empereur, il s'est réconcilié avec l'Église, mais lui a infligé des chaînes pour toujours par ses lois organiques, pour la tenir sous sa domination. Il a réglementé les protestants et même les juifs, à qui il a accordé un sanhédrin, reconnu des droits dans la société moderne et demandé d'aimer en échange les chrétiens comme des frères. Ils s'en sont moqués entre eux, mais n'importe : il accomplit son œuvre, qui est l'unité.

Il a organisé le pays en le hiérarchisant : préfectures, tribunaux, finances, lois, comme les cadres d'une armée, au milieu de laquelle on croirait encore entendre le son du tambour ou du canon. Il reste l'instruction publique à organiser. En vain, Chaptal et M. de Champagny signalent la démoralisation des écoles léguées par le Directoire, et Portalis se fait-il le champion de la liberté d'enseignement et de celle des pères de famille. Le maçon Lebrun lui répond qu'il faut un esprit nouveau. Les religieux, qui avaient l'enseignement avant la Révolution sont déclarés incapables de le donner.

La France a besoin d'une seule université, dit le maçon Fontanes, futur Grand-Maître, et l'université d'un seul chef.

— *C'est cela, vous m'avez compris,* dit Napoléon.

— Et le maçon Fourcroy, le 6 mai 1806, en apporta le projet au Corps Législatif.

Art. 1. Il sera formé sous le nom d'Université impériale un corps chargé exclusivement de l'enseignement et de l'éducation dans tout l'empire.

> « *Le projet de loi,* dit-il, *a pour objet, non de détruire, mais de consolider les institutions nouvelles, d'en lier entre elles les diverses parties, d'en établir d'une manière invariable les rapports nécessaires avec l'administration générale.* »

L'idée fut donc bien l'unité, sous la dépendance unique du pouvoir dictatorial. Le plan de d'Alembert et de La Chalotais avait pris corps. Ce n'était plus simplement la haine de l'enseignement religieux, ni l'anarchie dans l'éducation qui suivit. Ajoutez le diplôme qui rend accessibles les diverses fonctions publiques, dans la main du pouvoir qui distribue la manne à l'élite de la nation, et Napoléon tenait tout dans sa main puissante.

On étudiera le latin, mais avec un but, celui de l'étude du droit romain, le grec pour la médecine, la science pour les progrès industriels, médicaux et autres ; les mathématiques, l'algèbre, la trigonométrie, le calcul différentiel, à mesure que les études se fortifieront. De l'école primaire où on apprend le français, jusqu'à l'Institut, tout se complète et s'accentue.

Il n'y aura de morale que ce que chacun apporte avec soi, et ce que le maître en possède pour son compte particulier. La Sorbonne, autrefois catholique, cette peste, disait Voltaire, aussi dangereuse que les jésuites, vient de primer un ouvrage en faveur de l'œuvre de Luther, bâclé, fait en quelques mois, de préférence aux ouvrages bien, faits par des catholiques. Malgré les hommes éminents qui la composent, l'éducation sans religion pousse à l'indifférentisme, elle a un levain de panthéisme et des hommes comme Montalembert, Lacordaire lutteront longtemps pour reconquérir la liberté religieuse dans l'enseignement de la jeunesse française.

Mais l'œuvre de Napoléon, que le chevalier Kadosch Thiers a portée si haut, a cependant des airs de grandeur. De temps en temps, les juifs, ce mauvais levain qui vient de recevoir ses grades d'affranchissement, les francs-maçons, cachés sous le mystère qui les couvre, et les protestants, toujours en quête de revanches des dragonnades et dont la patrie est trop souvent au-delà de la frontière, installés dans les places où se forme la jeunesse d'élite, y feront éclater le scandale.

Mais remplacez Napoléon qui, somme toute, fut un génie, par un Waldeck ou un Combes, mettez dans leurs mains le dernier mot des sciences, des lettres et de la civilisation, de la formation des cœurs, des intelligences et de l'amour de la patrie, ils ramèneront nos écoles au niveau de celles fondées par La Chalotais, à moins qu'ils ne retournent jusqu'à Attila ou Gengis-Khan.

Conséquences actuelles du règne de Napoléon

Par les lois organiques, rétablissant ce que le cardinal Consalvi avait effacé dans le texte et que le Pape et lui n'avaient pas signé, Napoléon tenait l'Église dans la main. Par les règlements administratifs et la loi civile ; il faisait remonter tout jusqu'à lui. Par le monopole universitaire, il était le Maître de l'enseignement en France. Tout fut ainsi centralisé sous sa domination, jusqu'à ce que ce puissant génie,

  qui savait comme on fonde
    Eût à coups de cognée à peu près fait le monde
      Selon le rêve qu'il avait !

pour parler comme Victor Hugo.

J'insiste d'autant plus sur ce fait que la plupart des journalistes contemporains, pendant longtemps, n'ont fait remonter l'histoire que jusqu'en 1870, et, depuis les fêtes du centenaire, jusqu'à la Révolution. Il importe de montrer que toute la Constitution de la France remonte principalement au Consulat et au premier Empire. La Constitution de 1875 fut monarchique et mit l'autorité dans la main du Président de la République provisoire. Combien l'ont lue parmi ceux qui la citent ? Mais, si elle laissait à ce dernier la disposition de la force armée, la signature des traités, le choix des ministres, le droit de veto, dont aucun n'a usé, on en parle beaucoup plus qu'elle n'eut d'efficacité sur la direction du pays.

Quant aux libertés promises en 1789, elles furent pour nos maîtres du jour comme l'échelle qu'on retire lorsqu'on est monté au pouvoir. Seule, l'œuvre de Napoléon est restée.

Mais Napoléon était un génie ! On a excusé Richelieu d'avoir abaissé la noblesse et les gouverneurs de province, car il a préparé l'unité nationale et la gloire de la France. On peut pardonner beaucoup à Louis XIV, qui a abaissé l'Église et le Parlement, devant un siècle de grandeurs, les chefs-d'œuvre de notre littérature qui ont inondé le monde, l'industrie qui florissait sous Colbert, ses faits d'armes et la gloire de ses hommes de guerre, comme Turenne et Condé.

On peut pardonner à Napoléon, à cause de cette épopée, où chaque sillon traçait une victoire, du génie qu'il déploya pour tirer la France de l'anarchie où elle croupissait sous le Directoire, de ses vues élevées sur l'avenir. Fils de la Révolution, il en eut la tache originelle ; son règne fut un mélange des idées anciennes et de celles prétendues modernes et françaises ; et, où la légitimité avait péri, il n'est pas sûr qu'on eût pu la restaurer, malgré le désir que beaucoup en avaient gardé. Mais, quand il eut la responsabilité du pouvoir en France, du moins il comprit la grandeur de la tâche qu'il s'était imposée. Il résista aux coalitions fomentées par l'Angleterre en Europe, fit le blocus continental contre elle, et jamais n'eût rêvé de lui donner la prépondérance en tout dans notre pays.

Quand le génie eut disparu, le cadre qu'il avait tracé, comme il arrive au lendemain du pouvoir absolu, resta. Si ceux qui lui succédèrent un jour eurent des âmes de laquais et se revêtirent du manteau du despotisme, pour faire prédominer les idées financières de l'Angleterre en France, et la politique du grand Empire d'Allemagne, quand il fut fondé, Napoléon ne l'avait pas prévu.

Que la majorité qui passe et le ministère qui passe plus vite encore, tout dévoués aux *Sociétés bibliques*, à l'*Armée du Salut* et à la *Ligue d'Enseignement*, fondée en France par l'Angleterre (pour faire la, guerre aux écoles catholiques et assurer la prépondérance du thé sur le vin dans nos cercles militaires), cherchent à détruire hypocritement, à la manière huguenote, la religion de la France, c'est l'œuvre de Napoléon qui le leur permet ! Que des règlements surannés viennent entraver le travail et le génie, arrêtés à chaque pas par d'incapables ronds de cuir, c'est d'elle qu'ils se parent !

Par elle, tout remonte au pouvoir, dans une centralisation excessive : autorisations, retards, entraves, formalités : tout effort de la nation échoue devant des maîtres absolus, sans connaissances techniques, des arrivistes tout-puissants, qui jugent de tout, sans bases juridiques ni scientifiques, sans idéal et quelquefois sans honneur. L'enseignement a ses programmes tracés par ceux qui n'ont pas ses diplômes, sans règles pédagogiques, sans notions des transformations pratiques réalisées à l'étranger.

Et Combes nous apparaît, comme revêtu de la pourpre impériale et ceint du laurier des Césars, tranchant les principes de la justice éternelle pour les peuples, avec plus d'autorité qu'un Chrysostôme, un Grégoire de Naziance ou un Thomas d'Aquin, qui posaient sur les ruines du monde païen les fortes assises de la civilisation chrétienne. Par ses préfets et ses sous-préfets impériaux, auxquels on a ajouté de notre temps les journaux préfectoraux et sous-préfectoraux et les meneurs révolutionnaires, il tient tout le pays dans la main. Mille demandes d'autorisations pour les actes de la vie civile et commerciale doivent être présentées à ses acolytes. Il juge en dernier ressort tous les conflits et trace, pour les diplômes, ces formules et ces programmes, qui n'ont point armé les jeunes gens pour la vie et nous mettent sur toute la ligne en infériorité avec l'étranger.

Pour maintenir à la tête de la France le régime dictatorial, il faut un génie et une gloire ! Donnez-nous les ou laissez-nous la liberté : nous pourrons du moins en jouir. Dans peu de temps peut-être, Combes ne sera plus ni sénateur ni ministre, et l'histoire n'enregistrera rien de saillant venant de lui. Un autre dictateur viendra, et le Foreing-Office commandera encore à notre pays. Pour la France, ma Patrie, ah ! laissez-nous du moins la liberté !

La Restauration

Les idées étaient bien différentes en 1814 et 1815 de ce qu'elles étaient en 1789. Sous l'influence des campagnes révolutionnaires, menées au dehors pour renverser les rois légitimes en Europe, l'Empire n'avait triomphé qu'à condition de lutter contre des coalitions continuelles ; les Souverains encore aimés de leurs peuples avaient formé la Sainte Alliance. Déjà, depuis l'assassinat de Gustave III en Suède et de divers souverains, les yeux s'étaient ouverts à la lumière ; en Allemagne, Joseph II, l'allié de Voltaire, était mort après être revenu de ses erreurs ; François II d'Allemagne, qui lui succéda, était devenu François Ier d'Autriche, après la perte de presque toute l'Allemagne : c'était le frère de Marie-Antoinette, et il contribua puissamment au succès de la Sainte Alliance.

En Prusse, Frédéric-Guillaume III, eut beaucoup à pâtir des victoires de Napoléon. Le nouveau parti maçonnique que les crimes de la Terreur avait effrayé, et qui comptait déjà beaucoup de partisans en Angleterre, pendant que les Loges allemandes avaient été mises en sommeil par le duc de Brunswick, l'entretenait dans des idées de piétisme, mélange d'incrédulité et de foi, dont les chefs de la Sainte Alliance prenaient la direction.

L'Angleterre nous avait poursuivis partout, elle avait exterminé notre flotte à Trafalgar (1805), elle avait fomenté toutes les coalitions ; elle attaquait Napoléon en Espagne, puis en France même. Les dernières campagnes de Napoléon n'avaient pas été heureuses ; une armée de 500 000 hommes avait presque entièrement péri dans la campagne contre la Russie ; celle contre l'Allemagne donna des résultats douteux, et par quatre côtés la France se trouvait envahie.

L'Empereur Alexandre, le chef véritable, d'après Joseph de Maistre, de la Sainte Alliance, avait uni ses troupes à celles des belligérants.

En France, Napoléon avait perdu beaucoup de son prestige. Il était arrivé au 18 Brumaire à un moment où la France, lasse des crimes de la Terreur, lasse de l'incapacité et des hontes du Directoire, dont les passions sectaires n'étaient que contenues depuis le 9 thermidor, regrettait le gouvernement paternel des Bourbons. Les sociétés secrètes, sentant l'opinion s'éloigner d'elles, depuis que le mensonge des grands mots percés à jour, devant la réalité terrible et sans excuses, n'avait plus laissé place qu'aux entreprises les plus vaines et les plus criminelles, à tout hasard s'étaient prononcées pour lui, mais l'avaient abandonné depuis 1808.

Les juifs même, ô suprême ironie ! renégats de la loi de Moïse, et à qui Napoléon avait accordé un sanhédrin et les gloires du temps de Moïse, déclaraient il y a quelques années dans les Archives Israélites que, quand Napoléon se fut réconcilié avec l'Église, ils lui firent Waterloo, et, ajoutaient-elles alors, si Bismarck nous abandonnait, sa puissance ne durerait pas longtemps.

La Nation avait été couverte de gloire, mais la gloire coûte cher. La Conscription, inaugurée sous la grande République, avait été poussée à ses dernières limites. 7 millions de jeunes gens avaient péri sur les champs de bataille de l'Europe. L'Europe entière était armée à son tour, et les armées françaises étaient en grande partie composées de recrues. La France était lasse de tant d'efforts et de tant de sang.

C'est alors qu'un écrivain du plus beau talent, Chateaubriand, dépeignit dans ses ouvrages tout le bonheur et la liberté dont on jouissait sous les Bourbons. Les uns par lassitude, les autres par un idéal supérieur, aspiraient alors à un changement ; ce changement ne pouvait être la République qui avait laissé dans les esprits trop de souvenirs de férocité et d'impuissance.

La franc-maçonnerie, quand elle ne peut faire prévaloir ce dernier régime, en en dirigeant entièrement l'action, se rallie volontiers à une Monarchie constitutionnelle, sauf à en occuper les postes influents. La volonté des Alliés était d'accord avec le sentiment de la nation pour le retour des Bourbons. Napoléon ne pouvait plus compter que sur l'armée : il était à la merci d'une défaite.

Lui disparu, après Waterloo, essai suprême au lendemain de l'abdication, la Monarchie traditionnelle rétablit toute chose. La Rente fut créée pour faire face aux dettes laissées par l'Empire ; le commerce, l'industrie, l'agriculture fleurirent ; les Lettres donnèrent de beaux spécimens des écrits et des discours de l'époque. On ne lui reprocha qu'un peu trop de réaction dans les idées et les actes publics ; mais il faut bien se rendre compte que l'esprit faussement libéral introduit par les sectes ramenait, sous leur direction astucieuse et occulte, devant un public sans méfiance, à l'anarchie dont la nation voulait sortir, et la nation était de cœur avec la Monarchie pour la réprimer. Maintes et maintes fois, le pays le prouva par ses votes ; ce fut cependant ce reproche habilement exploité, à l'affût des moindres fautes dans un ensemble de bienfaits, qui servit de prétexte, pour amener la Révolution de juillet. Comme l'a dit le Malapert, la Franc-maçonnerie au XVIIIe siècle était tellement maîtresse des esprits, que, depuis cette époque, rien ne s'est fait dans le monde sans son consentement.

1815 - 1830

Avouez qu'il avait une certaine allure, ce rappel d'un Bourbon, ramenant la paix, après les grandes convulsions, consacrant dans une Charte les libertés conquises, à qui le pays envoie des Chambres royalistes, tout dévouées au nouveau règne, et qui allait faire renaître le crédit, la confiance et les affaires. Les Ministres furent des hommes tels que le duc de Richelieu, Chateaubriand, de Villèle ; il y avait encore peu de journaux : le *Moniteur* (organe officiel), le *Journal des Débats*, aux mains des juifs et dont Toussenel nous montrera bientôt les agissements : Chateaubriand et Lamennais écrivaient dans le *Conservateur*, Benjamin Constant, Tissot, etc. dans la *Minerve*.

Pour subvenir aux frais de la libération du territoire et des dernières dettes laissées par Napoléon, on créa des rentes et on constitua le crédit public. Le duc de Richelieu obtint de l'Empereur de Russie le retrait des troupes du royaume. La conscription, œuvre de la République et de l'Empire, fut abolie, mais on constata bientôt que, devant une Europe fortement armée, désormais il fallait des soldats en égale quantité et on organisa le recrutement.

Une difficulté nouvelle allait se présenter : Louis XVIII, comme monarque constitutionnel, n'était plus qu'une émanation du pouvoir exécutif. S'il se montrait libéral, la Maçonnerie, qui commençait à se réveiller, profitait de la liberté de la presse pour faire de la France le centre d'une nouvelle propagande révolutionnaire. La constitution même qu'il avait accordée, devenait le mot de ralliement de la Maçonnerie dans les émeutes parmi les peuples européens, chez qui on voulait imposer aux souverains des parlements.

Louis XVIII était libéral. près l'assassinat du duc de Berry, la naissance du carbonarisme et sous le feu des révolutions qui éclataient partout, vint le Congrès de Vérone, où les souverains, sauf celui de Prusse, s'engagèrent à la combattre. De là, la campagne d'Espagne, qui rétablit Ferdinand. De là aussi des restrictions à la liberté de la presse et plus tard, sous Charles X, au régime électoral. Alors la Maçonnerie criait qu'on touchait aux prérogatives populaires et qu'on violait la Charte.

Double écueil, dont on peut sortir avec une autorité clairvoyante, sage et juste, et difficilement avec la mobilité, l'imprévoyance des parlements uniquement politiques, leurs fluctuations, et cette loi unique, introduite par Napoléon et qui ne peut saisir des hommes habitués à la tourner, qui se couvrent de mystère et dont la propagande auprès des électeurs est mensongère, astucieuse et perfide.

Louis XVIII a pu l'éprouver, quand les mesures prises par M. de Villèle le brouillèrent avec le vicomte de Chateaubriand. Celui-ci n'hésita pas, pour l'attaquer, à écrire dans le *Journal des Débats* ; et, en même temps que l'Extrême Gauche, où se trouvaient Benjamin Constant, Royer-Collard, le général Foy et Casimir Périer l'attaquaient d'une part, les Membres de l'Extrême Droite lui faisaient la guerre dans la *Quotidienne*. Tandis que M. de Villèle, avec un réel talent, mais en s'appuyant de plus en plus sur la Droite, tenait tête à tous, Louis XVIII mourut.

Charles X avait représenté jusque-là les royalistes purs ; pourtant ses débuts furent populaires. Il abolit la censure, écarta les troupes qui tenaient le peuple à distance de lui dans les fêtes. Mais le ministère ayant proposé des mesures impopulaires, disent les histoires et dictionnaires d'histoire, fut remplacé par le ministère Martignac, plus libéral ; puis vint le ministère Polignac, dont les ordonnances furent causes de la chute de la monarchie. Je ne veux pas discuter ces actes maintenant ; fidèle à la voie que je me suis tracée, nous jugerons l'histoire par les récits des francs-maçons entre eux.

Je veux cependant rappeler ce que les histoires maçonniques de notre époque omettent trop volontiers : d'abord la victoire de Navarin et l'affranchissement de la Grèce, la prise d'Alger, qui nous resta et ne fut pas comme les conquêtes de Napoléon rétrocédée dans un Congrès européen ; puis une œuvre de M. de Villèle, des plus importantes pour la prospérité française en 1826 et qui dura 34 ans, assurant la prospérité de l'agriculture et de l'industrie et qui a toujours rapporté à l'État.

Tous les produits qui entraient en France payaient un droit suffisant pour assurer au producteur la rémunération de son travail ; tout ce qui sortait recevait un droit proportionnel au droit payé à l'entrée.

L'État s'y est retrouvé et au-delà pendant 34 ans. Depuis 1860 l'agriculture, obligée de vendre au prix des mondes nouveaux, qui n'ont pas nos charges de civilisation, périclite ; l'industrie tombe à son tour, les ruines s'étendent dans tout le pays.

La République n'ayant depuis voulu protéger que certains produits, alors que tous l'étaient autrefois, même les matières premières, (ce qui ne gênait pas les industriels puisqu'ils trouvaient à l'intérieur un marché enrichi et qu'on leur rendait à la sortie l'équivalent des sommes versées), la surproduction s'est faite dans les produits protégés et la ruine a supprimé les autres.

Pour qu'un régime puisse fonctionner, il faut qu'il soit juste. Or comment pourrait-il l'être, quand les juifs et les Anglais, qui spéculent sur les produits des pays nouveaux, sont favorisés de mille façons par le pouvoir, quand la suppression des taxes de consommation laisse exploiter le consommateur, à qui le monopole vend de plus en plus cher les objets de son alimentation, et que les mesures prises, sans justice et sans harmonie, se retournent contre ceux mêmes qu'on a voulu protéger.

M. de Villèle a créé un régime, qui a enrichi le pays et satisfait à tout pendant 34 ans. Faites-en autant, Messieurs les républicains !

La Franc-Maçonnerie sous la Restauration

Deux maîtres illuminés, Talleyrand et Dallery, avaient convaincu Alexandre et avaient gagné son esprit l'idée d'une monarchie constitutionnelle. Sous prétexte de faire intervenir l'intérêt du peuple, on allait pouvoir diriger le nouveau règne. Il fallait, dit Eckert, à la Maçonnerie une France constitutionnelle et une Suisse républicaine pour la propagande. Sur ces deux bases on allait pouvoir travailler l'Europe. Mais les souverains, forts encore de l'affection de leurs sujets, restèrent sourds. Le but était, dit Mannsdorf, de détrôner tous les princes allemands et de donner la couronne impériale au roi de Prusse (rapport authentique sur les associations secrètes de l'Allemagne).

Des maçons vont avec Charles Teste, au camp des Alliés en 1815 ; à la place des Bourbons, ils réclament le prince d'Orange, appuyé par 130 000 baïonnettes étrangères. Cette demande fut refusée.

Le secrétaire du G∴ O∴ Bazot déclare que Louis XVIII donne la Charte, que cela suffit, et immédiatement on lui impose Talleyrand et Fouché. Mais la France déjoue le complot : elle envoie une assemblée composée d'honnêtes citoyens et de propriétaires, l'élite de la Nation : *la Chambre introuvable*. Obligés de quitter, ils laissent à leur place un maçon du plus haut grade : le duc Decazes, qui devient le favori de Louis XVIII.

Grâce à lui, le rite écossais se répand à nouveau, on s'en inquiète moins que de l'arrivée d'un nouveau jésuite, la Chambre introuvable est dissoute, les biens du clergé qui n'avaient pas été vendus sont aliénés, le Concordat de 1817 annulé et les lois organiques maintenues. C'est dans le même esprit qu'en 1828, Charles X aggrava encore le Monopole universitaire.

En vain, le cardinal Consalvi prévient-il les Cours étrangères des progrès de la Maçonnerie. Il n'est pas plus écouté que l'électeur de Bavière, mis par hasard en possession de ses secrets, à la veille de la Révolution. De plus, le carbonarisme vient de naître, relié dans toutes les parties du monde, d'après les documents saisis par le pouvoir pontifical en 1846 et publiés par Crétineau-Joly.

Jean de Witt, haut initié, nous la montre prenant son quartier général à Besançon, en s'étendant de là, dans le Piémont, à Capoue et à Naples. Le duc d'Alberg, ami de Talleyrand, chauffait la révolution piémontaise ; son rappel fut demandé à la France, mais Decazes l'y maintint. La révolution s'ouvrit en Italie, en Espagne et en Lombardie et fit éclater des républiques en Amérique.

Une loge des amis de la Vérité, dit Louis Blanc, s'était recrutée dans les écoles de droit, de médecine, de pharmacie et chez des jeunes gens voués à l'apprentissage du commerce. Elle y discutait la loi qui changeait le système électoral ; une émeute eut lieu, les Laffite et Casimir Périer traitent d'assassins les troupes qui la répriment ; on apprend tout à coup l'assassinat du duc de Berry par Louvel, et Decazes s'effondre dans le sang.

C'est de cette Loge que la Charbonnerie s'étendit toute la France. On venait d'y apporter les statuts de Naples. Aussitôt après l'occupation de Naples par les Autrichiens, dit Jean de Witt, la Haute Vente italienne décida de s'affilier avec le Grand-Orient de Paris, où étaient les Membres les plus influents et les moyens de finance les plus abondants. D'autres furent chargés de l'Allemagne et de la Suisse. Le franc-maçon Louis Blanc confirme ce récit, ainsi qu'un autre franc-maçon, M. de Vaulabelle, qui nous indique des missionnaires envoyés dans toute la France, des fusils, des cartouches distribués et l'ordre d'obéir à des chefs inconnus.

Alexandre Dumas nous montre Lucien Bonaparte élevé au grade de *grande lumière*, tandis que les Mémoires de Garibaldi annoncent Ferdinand VII jurant la Constitution des Cortés. Quant à l'Italie, il y avait 800 000 hommes armés que rien n'aurait arrêtés.

César de la Harpe, franc-maçon, s'était fait donner par Alexandre la direction de la Suisse, pour la révolutionner, tandis que le prussien Grüner fondait des loges à Berne et et lui faisait espérer la suprématie dans son pays. Lors de l'insurrection soulevée par Mina en Espagne, César de la Harpe espérait qu'il s'emparerait de Perpignan et avait soulevé le gouvernement Vaudois pour envahir la Franche-Comté. Apprenant sa défaite, les troupes rentrèrent à Lausanne.

C'est alors qu'eut lieu le Congrès de Vérone, où tous les souverains, sauf le roi de Prusse, s'engagèrent à combattre la franc-maçonnerie.

L'Empereur de Russie mourut mystérieusement peu après et une insurrection eut lieu contre son successeur, aux cris de *Constitution*.

Pendant que se préparait, sous la Restauration, la lutte contre la Papauté et certaines monarchies en Europe, M. d'Asweld, membre des Loges Maçonniques, déclarait en 1832 que la Maçonnerie avait toujours voulu l'expulsion des Bourbons jusqu'à leur chute. Si la révolution a été si prompte, dit un haut maçon de la loge des Trinosophes, c'est que nous nous étions préparés depuis longtemps. Clavel avoue que les Amis de la Vérité furent les premiers à prendre les armes à la révolution de juillet. Les témoignages sont innombrables sur ce point, y compris celui de Michel de Bourges rappelant à M. Thiers, dans le 15ᵉ bureau de l'Assemblée Nationale, en 1849, leur affiliation, et comme quoi chacun d'eux avait juré haine à la Monarchie, pendant que l'autre tenait le crucifix.

La Révolution de Juillet

N'est-ce pas que la fin du règne de Charles X apparaît sous des couleurs bien différentes, quand on suit la marche des sociétés secrètes dans le monde ? On avait déjà imposé à Louis XVIII Fouché, un régicide, puis Decazes, qui développa les sociétés maçonniques, soutint les révolutionnaires à l'étranger, et parvint à dissoudre une chambre, admirablement composée : la chambre introuvable ; après l'assassinat du duc de Berry, conséquence des idées qu'il propageait à outrance, Decazes tombe, et la maçonnerie accuse le pouvoir de gouverner avec les ultra-royalistes.

Les crimes perpétrés partout en Europe amènent le Congrès de Vérone ; l'Europe réagit, le ministère français commence à s'émouvoir, mais d'accord avec le pays, qui le témoigne par ses élections.

Sur ces entrefaites, Louis XVIII meurt, et on reproche à Charles X de suivre la même politique. On avait un jour habillé des francs-maçons en soldats et on les avait présentés à Louis XVI ; c'était la garde nationale, chargée de trahir le roi et de corrompre les soldats. Et Charles X ose la dissoudre !

On avait choisi la France comme centre de propagande du carbonarisme, les révolutions et les assassinats éclataient partout et il ose rétablir la censure ! Ces hommes qui jouent du poignard contre le moindre attentat à la foi maçonnique, qui s'apprêtent à envahir les États-Pontificaux, à piller les trésors de l'Église, puis à établir un empire maçonnique d'Allemagne, sous la direction de la Prusse, condamnent à mort et exécutent la sentence contre tout membre de leur association qui se refuse à de pareils crimes (alors qu'on disait aux novices qu'on n'atteindrait ni la religion, ni la liberté), et voilà une loi, non contre les libres-penseurs, ni la Maçonnerie même, ni les attaques contre la religion, mais contre le sacrilège que tout homme tolérant condamne, et la franc-maçonnerie s'insurge et fait croire au bon peuple que c'est contre lui ! Mais en quoi cela gênait-il les hommes calmes, patriotes et amis de la tolérance, qui n'avaient pas ces mots d'ordre de chambardement religieux à exécuter ?

Puis c'est le crime des crimes : Charles X a osé toucher au droit du suffrage. Cela, je le reconnais, est irrémissible, mais nos pères n'avaient pas savouré, comme en 1903, les beautés du suffrage universel. Ils se contentaient d'administrer honnêtement et de faire le bonheur du pays. Préjugé du temps dont Charles X fut victime ! Et ce programme fut suivi. Le régime économique, inauguré par M. de Villèle, fit la prospérité de la France jusqu'au milieu de l'Empire.

Mais voilà que des Francs-maçons, comme d'Asweld, nous avouent que, quand les Bourbons auraient géré autrement, ils étaient condamnés dès l'origine. Un autre franc-maçon, Guizot, à la tête de la Société : *Aide-toi, le ciel t'aidera*, y travaillait de tout son pouvoir.

Le maréchal Maison, qui assura le succès de l'insurrection parisienne, était franc-maçon. On voit aussitôt apparaître tous les francs-maçons de marque : Talleyrand ; Decazes, Lafayette, Dupont de l'Eure, d'Argout et Cousin. Comme disait le *National* peu après (3 juin 1839) :

> « *Lorsque le carbonarisme s'établit en France, suivant les formes que des hommes, à cette heure pairs de France et fonctionnaires publics, allèrent chercher en Italie et en Allemagne, il eut pour but le renversement de tout pouvoir irresponsable et héréditaire. On ne put y être affilié sans prêter serment de haine aux Bourbons et à la royauté. En quelques lieux même ce serment était prêté sur un crucifix et un poignard. Il y a des députés et des pairs qui s'en souviennent.* »

On reproche le milliard aux émigrés. Mais que dire des pensions annuelles servies aux complices de Didier après 1830 ? Il n'est jusqu'à la veuve de Louvel qui n'en ait reçu, dès la mort de cet assassin.

La religion avait repris aussitôt après la réouverture des églises ; la révolution, qui voulait la détruire, avait passé comme une trombe sans atteindre les couches populaires. Les patrons étaient restés bons pour leurs ouvriers, selon les préceptes de l'Évangile et de la loi naturelle. De grands seigneurs seuls corrompus avaient ouvert la brèche révolutionnaire par laquelle avaient passé, à la suite, des êtres pleins de convoitise et de haine, mais la masse du peuple n'avait pas été atteinte. Quant à la Restauration, elle fut, dit M. Le Play, dans la *Réforme en Europe et le salut en France*, une époque de grand essor industriel pendant laquelle il n'y eut presque pas une grève : les uns et les autres vivaient en paix au milieu de la prospérité générale.

Les esprits étaient restés royalistes, comme après les Cent jours. Les souvenirs de la Terreur étaient encore trop près pour qu'on pût inaugurer une république. C'est dans ces conditions qu'on s'adressa à Louis-Philippe, de la branche d'Orléans, pour être roi des Français.

La génération de 1830

L'orateur, a dit un homme d'esprit, est chargé d'opérer la fusion ou la confusion. Le régime parlementaire, qui prend ses plus beaux ébats, dès 1830, se chargera de réaliser les deux.

A l'homme, encore imbu de sentiments d'honneur, de dévouement, d'honnêteté, attaché à la Monarchie, comme à sa foi religieuse, dans laquelle il trouve la règle de la justice qui est la base des nations, et de la charité, qui en est le baume, le charme et l'union, il offre une Monarchie, et, s'il se plaint qu'elle soit comme un aigle dépouillé de ses ailes, on lui répond que les autres n'ont pas duré.

Au franc-maçon, à qui le souvenir trop récent de la Terreur, ne permet pas d'offrir encore la République, il offre une Monarchie constitutionnelle, dont les francs-maçons occupent le ministère et où *le roi règne et ne gouverne pas*.

Au juif, qui désire s'enrichir, il offre l'appât du développement des valeurs mobilières, du crédit sur signature ; en 1840, Rothschild est assez riche déjà pour dire : la guerre n'aura pas lieu, notre maison n'y a pas d'intérêt.

D'ailleurs s'enrichir, c'est la formule du jour, prononcée par le franc-maçon Guizot. Cornélis de Witt a voulu justifier la parole qu'il prononça, et j'avoue que les fortes assises posées par M. de Villèle permirent à l'agriculture et à l'industrie de prospérer et que c'est un élément de prospérité dont un gouvernement peut être fier. Mais à côté de cela, nous ne pouvons pas non plus négliger les principes de la morale publique et le droit des nations.

Ces scandales de la Bourse, cet essai de mobilisation des biens de la nation, qui permit peu à peu de faire passer presque tout en quelques mains, ce crédit extraordinaire des spéculateurs, demandant comme les Rothschild tellement de faveurs pour construire la ligne du Nord, que Toussenel leur en fit abandonner pour plus de 900 millions, ce parlement où quelques-uns ne pénètrent que pour tromper leurs semblables au profit des puissances étrangères, l'extension du droit de suffrage correspondant à une propagande maçonnique plus accentuée pour tromper plus d'électeurs, cette entrée en lutte de la secte des Économistes à la dévotion de Manchester, pour soutirer bientôt toutes les richesses de la France au profit des spéculateurs de Londres, toute cette exploitation de la confiance et des bons sentiments du peuple français, n'était-elle pas une atteinte à la morale et au droit du pays ?

Au dehors, la règle est : *pas d'affaires, pas d'intervention*, liberté pour la secte d'agir à sa guise. Nous aimons la paix et ce n'est pas nous qui la troublons. Mais on nous dit : *laissez faire, laissez passer* ; plus tard, on nous dira : *laissez trahir, laissez voler* ! La liberté est une belle chose, quand elle s'applique au bien ; en est-il de même, quand elle est réclamée pour mal faire ? Aucun gouvernement, depuis que le monde est monde, ne l'a admis.

L'honnête homme et celui qui viole les lois divines et humaines sont ainsi confondus dans l'égalité du Parlement, de la presse et de l'enseignement.

Tout est livré aux fluctuations d'une majorité de hasard et qui sera minorité demain ; mais, dans ce travail de Pénélope, où ce qui se règle par des données immuables, comme la science, l'observation humaine, le droit et la justice périra, la part n'est pas égale. Il en est qui savent ce qu'ils veulent, qui l'ont comploté dans le mystère et ce n'est pas pour la France qu'ils travaillent. Le peuple est simpliste et ne s'en doute pas. De temps en temps, des éclairs et des tonnerres le réveillent et il brise dans sa colère l'idole de la veille. Alors, dans le mystère encore, on lui prépare un sauveur qui le plongera, plus avant, dans la ruine dont il veut sortir.

Élevée dans l'absence de principes, entendant avec un égal talent tout discuter autour d'elle, tantôt le patriote qui la sert, tantôt le cosmopolite qui l'égare, s'enrichissant honnêtement dans son métier en voyant s'enrichir autour d'elle par des moyens condamnables, se désintéressant des pires doctrines que l'on propage comme la préparation des révolutions futures, laissant par amour de la paix remanier le monde par les ennemis héréditaires du dehors, et s'habituant à cet égoïsme tranquille qui limite ses désirs au bien-être intérieur, telle fut cette génération de 1830.

Albert de Mun, dans un de ses beaux discours, dont il nous régalait autrefois à la réunion des Cercles catholiques, nous dépeignait ainsi les illusions cachées sous cette eau qui dort :

> « La révolution, nous disait-il, ce n'est pas la torche incendiaire, ce n'est pas l'émeute qui agite les faubourgs, c'est le riche voltairien qui jouit et qui ne croit à l'existence d'aucun devoir, car ce jour-là le peuple a le droit de dire : je suis le nombre et je prends, s'il n'y a pas de paradis et de devoirs ici-bas. »

Les conservateurs qui limitent là leur idéal, doivent bien s'en pénétrer. La fusion qui s'est accomplie en 1830, et qui mit sur le même pied celui qui s'était enrichi loyalement et celui qui l'avait fait par des moyens frauduleux, la confusion qui s'établit entre le bien et le mal à cette époque sont la cause de l'impuissance de leur parti politique. Il y avait encore en 1830 des traditions dans les familles, le dévouement des maîtres pour les serviteurs et des serviteurs pour leurs maîtres ; mais de nos jours, la misère est venue, l'ennemi de la France a semé la lutte des classes pour nous dépouiller en détail, la politique sans principe est devenue incapable de nous secourir, et les patriotes cherchent à tâtons dans la nuit…

Louis-Philippe

Elle était bien un peu bâtarde, cette Monarchie de juillet sortie de l'émeute. Et pourtant celui qui occupe le trône est un descendant de Henri IV et de Louis XIII ; il a apporté l'ordre et la paix et résistera toujours aux menées de l'anarchie. Il sanctionnera l'œuvre économique de son prédécesseur, et la révolte de Strasbourg fut réprimée.

Charles X a abdiqué, lui et son fils, le duc d'Angoulême, en réservant les droits de son petit-fils, le duc de Bordeaux, fils du duc de Berry, et mieux connu sous le nom de Henri V, encore trop jeune pour monter sur le trône ; il n'y a donc pas d'usurpation ; il observera la Charte et prendra les ministres que le pays et les événements indiqueront.

Plusieurs, comme Thiers, Villemain, Guizot sont francs-maçons ;

mais, en possession du pouvoir, ils seront conservateurs. Ils réprimeront les émeutes provoquées par la jeune Charbonnerie, et le pays, heureux d'avoir la paix et la prospérité, le lui témoignera par ses votes.

Pour ceux qui aiment les fastes parlementaires, on entendra des orateurs comme Berryer, Larochejaquelin, Montalembert pour la Droite, Garnier-Pagès pour les radicaux, et Thiers, Odillon Barrot, Lamartine, Cousin pour les libéraux qui se revendiquent des conventions de juillet, Guizot pour les doctrinaires sûrs d'eux-mêmes et moins sûrs du pays.

On reproche à ce Prince de ne s'être préoccupé que des intérêts matériels, d'avoir eu un amour excessif de la paix. Selon l'expression de Lamartine, il laissait la France s'ennuyer.

Avouons au point où en sont nos intérêts matériels aujourd'hui que ce serait déjà quelque chose d'en opérer le relèvement. Paris fut embelli et un grand nombre de monuments furent construits, ainsi que les fortifications.

Ses fils s'illustrèrent en Afrique, où l'Algérie fut conquise. C'est là que se formèrent, sous la direction du Maréchal Bugeaud, Saint-Arnauld, Canrobert, Pélissier, Bosquet, Mac-Mahon, tant de généraux et de maréchaux qui illustrèrent les armes de la France.

Sans doute, tout n'est pas à approuver sous le règne de Louis-Philippe, où l'on a relevé même certaines complaisances pour la Maçonnerie et les pires révolutionnaires, dans un ensemble où généralement, s'appuyant sur le concert des souverains, il repoussait plutôt les plans révolutionnaires. On lui reprocherait moins aujourd'hui de ne pas s'être mis avec l'Angleterre, la Russie, l'Autriche et la Prusse pour réprimer la guerre faite par Méhémet-Ali, vice-roi d'Égypte, à la Turquie, car nous avons laissé prendre l'Égypte par l'Angleterre, ce qui est plus grave, sous la République.

Son règne de *juste milieu* entre les partis était d'ailleurs difficile, et puis c'étaient ses ministres qui gouvernaient et tout ne lui est pas imputable.

Il n'en est pas moins vrai que du seul fait qu'il existe une autorité, si j'avais pris part à la savante discussion de Georges Thiébaud et de Charles Maurras, les intérêts sont sauvegardés, la justice est rendue, l'anarchie ne peut s'implanter partout, détruisant le crédit, jetant le marasme dans les affaires, semant la misère parmi les travailleurs ; que le prestige de la France, sous un règne où nous eûmes une action jusqu'en Amérique et en Chine, se maintient beaucoup mieux ; qu'il y a plus d'unité de direction, de distinction et d'alliances en perspective, — et, au lieu de présenter, comme font trop de journalistes de nos jours, un souverain comme un redoutable justicier, je présenterais la Monarchie comme un bienfait pour tous.

Le peuple se souvient encore du règne de Louis-Philippe, comme d'une époque où la paix régnait entre citoyens, où l'on faisait ses affaires, au lieu des cauchemars qui étreignent aujourd'hui le commerce.

Singulier pays démocratique, en vérité ! que celui où l'on espère tout du pouvoir, où tout le monde attend des ordres le matin et où personne ne veut s'occuper des affaires publiques. Nous avons le sang monarchique qui coule dans nos veines ; la France est peuplée de sujets sans roi. Qu'un homme juste, clairvoyant et patriote se présente, tout le monde suit, mais les fautes du régime précédent nous ont, quelque peu pourtant, découragés de la Monarchie ; ceux qui sont au pouvoir s'y cramponnent par la menace, la ruse et le mensonge, et la France n'entrevoyant pas de lendemain est découragée.

L'étranger en profite pour lancer des meneurs de grèves et exaspérer, pour les dépouiller, le monde des travailleurs.

Louis-Philippe chercha à satisfaire tout le monde, même dans une certaine mesure, les francs-maçons et les juifs, mais il refusa un traité de commerce réclamé par l'Angleterre et qui eût ruiné son pays. Palmerston, Patriarche de l'ordre maçonnique, écrivit en 1847, qu'avec 3 millions bien placés on pourrait préparer une révolution, que Napoléon avait promis cette faveur à l'Angleterre, qu'on le ferait arriver ensuite ; et plus tard, il écrivit : la France s'est perdue dans des questions sociales où nous n'avions rien à voir ; cela nous a coûté un peu plus cher, mais nous l'avons eu tout de même.

La Franc-Maçonnerie sous Louis-Philippe

La Maçonnerie, ayant obtenu en France à peu près ce qu'elle voulait ou du moins ce qu'elle pouvait, à cause de l'état des esprits encore bons à cette époque, tourna ses vues sur le dehors. D'ailleurs il y avait une division profonde parmi ses Membres : ceux qui étaient arrivés au pouvoir voulaient le maintien de l'ordre social, et les émeutes causées par la jeune Charbonnerie étaient réprimées avec l'assentiment de l'opinion publique. La même division se reproduisait au dehors.

Les uns tentèrent une insurrection en Italie. Le duc de Modène, trompé par Menotti et Misley les fait prisonniers, eux et leurs complices. Louis Napoléon et son frère sont envoyés dans l'insurrection de la

Romagne où Lebas, fils de l'ami de Robespierre les conduit. C'était lui qui avait élevé le jeune prince Louis dans des idées qu'il est convenu d'appeler libérales, et Misley avait en mains une lettre de lui, que, *s'il était un jour le Maître, il ferait sentir aux autrichiens la force de son bras*, car le père du fameux Orsini l'avait de bonne heure fait entrer dans les sociétés secrètes. Mais le gouvernement provisoire, craignant de déplaire au gouvernement français en enrôlant deux Bonaparte, rappela les princes à Bologne. Le parti d'action, étant encore insuffisamment armé, fut défait par les Autrichiens.

C'est alors que Louis-Philippe consentit à s'associer avec Palmerston et des Ministres francs-maçons conservateurs d'Autriche, de Prusse et de Russie, qui ne réclamèrent même pas l'assentiment de leur gouvernement. L'Angleterre fut représentée par Hamilton Seymour. Prenant au sérieux un petit lot de révolutionnaires italiens, ils demandèrent au Pape des concessions et ces représentants, improvisés et antichrétiens forcément, voulurent lui apprendre à gouverner l'Église. Eux qui changeaient à chaque instant réclamèrent une constitution à l'abri des changements, l'admissibilité des laïques aux fonctions publiques (or, il y en avait déjà 6 000 contre 100 ecclésiastiques), des réformes dans l'ordre judiciaire, dans une législation appuyée sur l'équité et qui avait fait l'admiration des siècles (et cela au nom de l'Angleterre, au pêle-mêle législatif dont quelques augures privilégiés vendent chèrement les secrets, de la France avec ses révolutions successives et ses cent mille lois, qui n'empêchent pas du reste de les tourner tous les jours.) — puis un contrôle sérieux des dépenses analogue à celui qu'on veut imposer aujourd'hui aux fabriques.

La réponse de Grégoire XVI fut typique. Il conseilla à Louis-Philippe de conserver pour lui la bonne recette pour consolider lui-même son trône.

Une Constitution, complètement élective, devait s'étendre aux États révolutionnaires ou fidèles, la liberté illimitée de la presse devait être accordée, la garde nationale fondée. Rome résista, elle vit dans ces libertés illimitées un danger, non seulement pour elle, mais pour tout gouvernement, et le cardinal Bernetti conseilla à l'Angleterre de faire elle-même l'essai de la garde nationale pour pouvoir en juger. N'oublions pas que la garde nationale fondée en 1789, fut composée de francs-maçons habillés en soldats, puis présentés à Louis XVI et dont le rôle fut de débaucher, en leur offrant à boire et en les détournant de leurs devoirs, les véritables soldats.

Pendant ce temps, deux mille réfugiés promenaient dans Paris et dans Londres leurs larmes de théâtre et leur désespoir de convention. Tous francs-maçons et *largement subventionnés*, comme cette soldatesque impie qui accompagnait le Christ dans sa voie douloureuse, d'après sainte Véronique, ils provoquèrent chez les frères et amis des cris de pitié dans la presse.

Cette convention avec le Pape ayant échoué, malgré un *motu proprio* accordant l'amnistie et la non-confiscation des biens des insurgés, Palmerston déclara que l'Angleterre se désintéresserait désormais des malheurs qui pourraient arriver à la Papauté et qu'il devait lui-même provoquer par son exécuteur Minto. La Russie et la Prusse désavouèrent leurs commissaires. Pendant ce temps, Mazzini fondait la *jeune Italie*, la *jeune Suisse*, la *jeune Allemagne*. Il était franchement pour l'insurrection, voulait offrir au roi de Piémont la couronne d'Italie et, par inclination ou contrainte, entraîner le grand-duc de Toscane et le roi de Naples. Il fallait exalter le peuple et jouer du poignard contre les récalcitrants et les traîtres.

C'est ainsi que le directeur de la police de Modène, le préfet de police de Naples, le légat de Ravenne, l'étudiant Lessing de Zurich, les généraux de Latour, d'Auerswald, de Lemberg, de Lignowski et plus tard le comte Rossi furent poignardés. L'illustre patriote, Joseph Leu en Suisse, ayant mal parlé de Robespierre et de Saint-Just, tomba héros et martyr à son tour. La Société du Grütli détruisit l'alliance des cantons catholiques suisses et engagea la guerre du *Sunderbund*.

Et, au moment où un gentilhomme de la Haute Vente écrit à Nubius qu'il craint d'être submergé lui-même par cette fange qu'ils ont fait remonter à la surface, Piccolo-Tigre, en 1846, à la suite d'un voyage à travers l'Europe, déclare que le vieux monde s'écroule, que les rois ont fait leur temps en Europe, mais qu'avant tout il faut détruire le *Goliath pontifical* ; seulement ni lui ni Mazzini ne se trouvent prêts et on n'a pas encore de chef.

Malgré l'activité déployée, l'intelligence des initiateurs, on verra par la suite que ce plan ourdi dans les ténèbres, ne put avoir sa réalisation complète qu'au moment du triomphe du plan maçonnique sur toute la ligne, en 1870.

Les Juifs sous Louis-Philippe

Bien que les rabbins ne soient pas des prêtres, mais des grammairiens, des interprètes de la loi, Louis-Philippe tint à les payer comme tels. Or, nous l'avons vu, Israël n'a plus ni prêtres, ni sacrifice, ni sacrements de nos jours. Les juifs instruits riaient des rabbins dont plusieurs étaient bouchers, brocanteurs, et souvent d'une ignorance crasse. Néanmoins, ils acceptent l'argent qu'on leur offre.

A une délégation du Consistoire israélite, Louis-Philippe répondit :

> « *Comme la goutte d'eau qui tombe sur le rocher arrive à le dissoudre, j'espère que les préjugés contre votre race finiront par disparaître.* »

Il n'en fallait pas tant aux juifs pour se croire tout permis. Aussi verrons-nous ces scandales de la Bourse, qui font jeter les hauts cris à Proudhon ; Gougenot des Mousseaux, dans un chapitre émouvant comme un poème épique, nous montre la presse, ce foyer puissant de l'opinion, presque entièrement dans leurs mains, et Toussenel, effrayé de leur puissance, compose un livre où il dénonce les juifs comme les rois de l'époque et ayant un organe pour dicter leur volonté à la Cour : le *Journal des Débats*.

> « *Tous les ministres, dit-il, lui doivent une subvention ; M. de Villèle voulut s'en affranchir et fut renversé dans une coalition où figurent glorieusement les Débats ; le ministère Martignac régla les trois ans d'arriérés. M. Thiers voulut s'en affranchir à son tour, mais le vieux Entelle terrassa d'un seul revers d'article le présomptueux Darès ; M. Thiers mit les pouces, et conclut la paix avec le caissier du journal. L'acte de contrition fut accepté. MM. Guizot et Duchâtel s'honorent de leur empressement à exécuter les ordres des Débats. M. de Montalivet dépasse les bornes de la servilité ; c'est à proprement parler, le* Journal des Débats *qui règne, quand M. de Montalivet est au ministère. C'est au point qu'on le prendrait pour l'organe de la Cour : ne voit-on pas figurer parmi ses rédacteurs les noms de tous les précepteurs des princes ?* »

Non pas, ajoute M. Gougenot des Mousseaux, qui cite ces paroles, qu'il soit l'organe des Tuileries, mais de la rue Laffitte. Son dévouement à la dynastie ne va pas plus loin, car il a enterré trop de dynasties.

À chaque couronnement d'un empereur, d'une reine, figure un envoyé extraordinaire des *Débats*. Entrez dans un amphithéâtre du Collège de France ou de la Sorbonne, vous vous cognerez à l'un de ses rédacteurs. La Cour de Cassation, la Cour des Comptes, le Conseil d'État, les ambassades, le Conseil royal de l'instruction publique, tout est de son ressort. M. de Broglie a eu l'excellente idée de réserver les consulats aux élèves de l'École des consuls, l'ordonnance n'a jamais eu de portée : la véritable école, c'est le *Journal des Débats*. Il a un consul général à Bagdad (un juif), un autre à Alexandrie, un autre à Jérusalem, un autre à Gênes, un autre à Constantinople.

L'Académie française, le théâtre relèvent de son feuilleton, comme les ministères, les ambassades, les consulats de son premier Paris. Ce journal de la féodalité financière, dit-il en terminant, est l'arbitre suprême des destinées de la nation.

Mais consultons Toussenel lui-même. Dans son livre si instructif, où il dénonce tant de tripotages financiers, *la France aux mains de l'Angleterre* et l'introduction dans l'enseignement des Économistes, genre Adam Smith et Say par Guizot, alors que Napoléon les avait chassés de l'Institut, à ne prendre que la ligne du Nord, concédée aux Rothschild, le gouvernement leur faisait cadeau du terrassement, de la construction, de l'indemnité aux propriétaires, de l'intérêt de ces sommes pendant quarante ans, de l'abandon du revenu, et du remboursement du matériel à dire d'experts, ce qu'il estime à un total de… 900 millions.

Le *National* et la *Phalange*, où il écrivait, seuls dénoncèrent ces prodigalités néroniennes. Sur la crainte que la Chambre ne discute ces chiffres, le *Journal des Débats* verse des larmes de crocodile :

> « la presse libérale, dit-il, nous traita de clabaudeurs, et la presse conservatrice d'émeutiers. Or M. de Rothschild a consenti un rabais qui dépassait nos prévisions, ce qui n'a pas empêché les actions de 500 francs de monter considérablement. Mais dans quel siècle vivons-nous pour que les lois se taisent en présence de semblables roueries et qu'il n'y ait plus que la voix des honnêtes gens ? Où est le temps où Colbert instituait la Chambre de justice et faisait rendre aux agioteurs et aux juifs cent dix millions ? »

En 1848, la fortune de James de Rothschild était estimée à 800 millions. Depuis le jour où Jacques Anselme Meyer Rothschild portait la balle au dos à Francfort et où les Rothschild étaient surveillés comme espions par la police de Napoléon Ier, arrêtés pendant quelque temps dans leurs déprédations par la Restauration, sous l'influence de la coulisse des Bourses, des nouvelles fabriquées dans la presse à tant la ligne, des entreprises privilégiées au point de devenir scandaleuses, ils avaient progressé et constitué déjà leurs mondiales fortunes.

J'ai écrit ce chapitre pour montrer que, ni du côté de la franc-maçonnerie ni du côté des juifs, il n'y avait à en vouloir à Louis-Philippe et que l'intérêt anglais seul pouvait donner lieu à la révolution de 1848 qui étonna même ceux qui y prirent part, quand elle eut abouti.

La Révolution Italienne

Il est nécessaire d'examiner ce qui se passait en Italie, dès que Pie IX eut succédé à Grégoire XVI en 1846. Sinon, ce qui passa ensuite dans le cours de ce siècle maçonnique, paraîtrait inexplicable.

Homme de foi, de prière, de travail, de vertu et de science, d'une bonté ineffable, d'une candeur et d'une aménité vraiment célestes qui se peignaient dans tous ses traits, Pie IX joignait à une droiture et à une charité qui ne soupçonne pas le mal, comme parle l'Apôtre, une fermeté d'âme, de conscience que rien n'est capable de faire dévier du devoir connu. Il eût pu faire le bonheur de l'Italie et du reste du monde, si la franc-maçonnerie était susceptible de quelque bonne foi.

Sa nomination fut acclamée d'un bout du monde l'autre, et des fêtes inoubliables eurent lieu en Italie. Il procéda par l'amnistie et après par la convocation de 24 députés consultants. C'était des cris joyeux de : *Viva Pio Nono* ! des arcs de triomphe ; sa voiture fut dételée pour la traîner à bras, etc.

Mazzini recommandait d'exagérer ces fêtes, de déshabituer le peuple du travail, de le pousser aux rassemblements, de l'exalter par les grands mots de liberté, progrès, égalité, fraternité, despotisme, privilèges, tyrannie, esclavage, afin de le tenir en haleine pour une révolution.

Un tribun, Cicervacchio, en costume de charretier, présidait aux banquets et aux fêtes. Il y avait partout des *clubs* ; Palmerston envoya Minto, son agent qui s'unit Cicervacchio. Bientôt la Terreur était partout, les ministres tremblants n'obéissaient plus : il n'y avait qu'un concert : que le Pape renonçât au pouvoir temporel. C'est alors que Mazzini recommande de commencer avec les princes, puis de les lâcher à temps. Pressé d'exécuter le *mémorandum* imposé à Grégoire XVI, Pie IX accorde la garde nationale qui sera recrutée dans la classe libérale, et aussitôt des francs-maçons et des traîtres y affluent pour la faire dévier de son but. Tandis que Cicervacchio lui crie : *Corogio, santo padre*, M. Thiers lui répète du haut de la tribune française : *Courage, Saint-Père* ! La consulte en exprime au Pontife, sa reconnaissance, dont le programme a été rédigé par les avocats de Bologne, dans un style préparé pour exciter les passions du peuple à Rome.

On demande alors l'abolition de la censure, sachant bien que les décrets de l'Église ne peuvent tout permettre, mais on l'obtient indirectement. À peine un censeur a-t-il prononcé, que son nom est livré au rédacteur du journal censuré : la place n'est plus tenable et est abandonnée. Trois journaux sont fondés, le *Coutemporaneo*, l'*Epoca*, *Pallas*, dirigés par les membres des sociétés secrètes, pour organiser partout la domination maçonnique et le succès des complots. Rien ne les arrêtait plus, et un prêtre zélé qui voulut opposer une digue à ce débordement fut poignardé en plein jour.

C'est de ce centre de propagande que partent les émeutes et les insurrections. Bientôt les audiences sont entravées ; ainsi les vœux des cantons suisses n'ont pu pénétrer jusqu'au Saint-Père ; les soi-disant démocrates romains vont féliciter, la torche en mains, le consul suisse de la victoire des protestants et Mazzini vient de Londres à Berne rejoindre les conjurés.

C'est à ce moment que la Révolution éclate en février 1848 et a immédiatement sa répercussion dans la moitié de l'Europe. Le 14 mars, Pie IX signait une constitution très libérale, mais dont les sociétés secrètes, qui voulaient désormais l'a direction du spirituel comme du temporel, ne pouvaient se contenter.

Les conspirateurs exigèrent de Pie IX qu'il adhérât à une guerre contre l'Autriche. Pie IX protesta comme apôtre de la paix et, devant les menées révolutionnaires, recommanda au peuple d'Italie de rester fidèle à ses princes dont il avait éprouvé l'affection. La guerre à l'Autriche n'avait été qu'un prétexte pour le discréditer, car, étant plus tard au pouvoir, ils n'envoyèrent pas de soldats pour cette prétendue guerre d'indépendance.

Mais son allocution, qui déjouait leurs complots, leur déplut. Cicervacchio organise une émeute et Pie IX, pour l'apaiser, choisit un ministère Mamiani, mais, celui-ci ayant voulu le déposséder du pouvoir temporel, le Pape fit ses réserves. En même temps, Mazzini recommandait d'entretenir le peuple de surprises, de mensonges et de fêtes : on ne fait pas, disait-il, une révolution avec la paix, la moralité, la vérité : il faut que le peuple soit hors de lui-même !

Les Chambres se déclarent en permanence, on exige du Pape qu'il déclare la guerre à l'Autriche, le Pape refuse, une émeute s'organise, on soufflette le ministre Sereni, et les émeutiers traversent la ville avec des torches, les bras nus, aux cris de :

« *Mort aux Prêtres ! À bas le Pape !* »

Pie IX charge alors de constituer un ministère l'ancien ambassadeur de Louis-Philippe, le comte Rossi.

Mais celui-ci est trop dévoué au Pape, les sociétés secrètes s'agitent, réclament sa mort, que Mazzini déclare indispensable. On tire au sort l'assassin. Celui-ci s'exécute, est acclamé, le poignard teint de sang est exposé au café des Beaux-Arts : la Carbonara est maîtresse de Rome, et les anciens amnistiés de 1846 réclament la tête du Pape et la fin de la papauté.

Plus heureux que Louis XVI, Pie IX leur échappe et se réfugie à Gaëte, où le roi de Naples est venu le recevoir.

La Révolution de 1848

En 1845, le maréchal Soult défendit aux militaires de s'affilier aux Loges. Les autorités maçonniques, ayant à leur tête le duc Decazes, souverain commandeur du rite écossais, firent d'inutiles démarches pour faire révoquer cet ordre. Ajoutons que, depuis 1840, le doctrinaire Guizot avait de plus en plus fait entrer en lutte la monarchie constitutionnelle contre les éléments révolutionnaires. De là, le convent de 1847 qui va bientôt donner à Palmerston toute liberté d'agir.

Eckert, qui en a reçu communication de Berlin, pas une des sources les plus dignes de foi, nous dit-il, va nous donner les noms des représentants du convent tenu à Strasbourg. Nous les reproduisons pour la France : Lamartine, Crémieux, Cavaignac, Caussidière, Ledru-Rollin, L. Blanc, Proudhon, Marast, Marie, de. Vaulabelle, Vilain, Pyat, etc. Le programme arrêté fut de maçonniser d'abord les cantons suisses, puis de communiquer l'explosion à toute l'Europe.

On préluda par des banquets réformistes, sous la direction des cinq maîtres des loges parisiennes, *en apparence de partis différents*, dit le même auteur Vitet, de Morny, Berger, L. de Malleville, Duvergier de Hauranne, et à peine Odilon Barrot, l'illustre maçon de la Loge des Trinosophes est-il appelé à la présidence du ministère qu'il fait cesser le combat, et un autre franc-maçon illustre, chef du gouvernement provisoire, proclame la République.

À une félicitation du suprême conseil du rite écossais, Lamartine répondait le 10 mars 1848 que c'était du fond des Loges qu'était sortie l'explosion de 1789, dont le peuple de Paris venait de donner au monde la seconde et sans doute la dernière représentation.

Dans une délégation du Grand-Orient, le 20 mars, F∴ Bertrand haranguait de son côté le gouvernement provisoire représenté par F∴ Crémieux, Garnier-Pagès et Pagnerre, tous trois revêtus de leurs insignes maçonniques, heureux de retrouver sur le drapeau de la France leur devise : *Liberté, Égalité, Fraternité*, et de la consécration maçonnique

que vient de recevoir la patrie tout entière.

F∴ Crémieux leur répond en faisant un éloge dithyrambique de cette triple devise, en montrant que la Maçonnerie est dans la République et la République dans la Maçonnerie, qu'elle est appelée à faire l'union de tous les peuples sur tous les côtés de leur triangle et à réunir dans un même sentiment tous les citoyens de la terre. Son discours, vivement applaudi, est un modèle d'astuce juive et d'hypocrisie maçonnique.

> Le 13 mars, Vienne est en combustion et le soutien de Louis-Philippe, Metternich, est renversé.
>
> Le 18, barricades à Berlin, effroyables commotions. Le même jour, explosion terrible à Milan.
>
> Le 20 mars, révolution à Parme.
>
> Le 22, république à Venise.

Avant la fin du mois, Naples, la Toscane, Rome, sous l'influence de l'envoyé de Palmerston, lord Minto, et le Piémont avaient leurs constitutions parlementaires en attendant la République à Rome avec Mazzini et Sallicetti, à Florence, avec Guerazzy et Montanelli, et le parlement en Allemagne, où le président Gagern proclamera la souveraineté du peuple.

> « *Des Pyrénées à la Vistule,* dit le traducteur d'Eckert, *la Révolution a agité son poignard sanglant et sa torche incendiaire. Mais le mouvement est prématuré. L'Autriche et la Russie eurent facilement raison de ces tentatives, malgré l'appui que le roi Charles-Albert de Sardaigne leur donna.* »

En France, les journées de mai et juin amenèrent une réaction conservatrice, et les habiles directeurs des sociétés secrètes comprirent que, pour le succès de leurs plans mystérieux, une république en France ferait mal leur affaire et qu'une dictature, une forme nouvelle de la maçonnerie conservatrice y aboutirait mieux et éviterait des protestations inutiles.

On reprit donc les plans, la prudence et la profonde tactique de la Haute vente romaine.

Jules Séverin

La République de 1848

C'est un fait remarquable que, dans l'histoire du XIXe siècle, chaque fois que la nation française se vit acculée au désordre, au danger et aux crimes qu'entraîna le triomphe non déguisé de la Maçonnerie et de la Révolution, elle se retourna contre elles dans sa grande honnêteté et son désir de vivre : 1815, 1830, 1848, 1871.

En 1815, elle eut la chance encore de tomber sur des Bourbons. La Franc-Maçonnerie, qui mène le monde avec des mots de passe, traitait de *royalistes* ceux qu'elle combattait en 1793. Elle déclara qu'il fallait propager que *la Restauration était venue dans les fourgons de l'étranger*. Alors pourquoi le pays aurait-il envoyé cette chambre déclarée *introuvable*, tellement elle fut dévouée au nouveau règne, et les chambres royalistes qui suivirent ?

On trouva aussi une noblesse d'élite pour gouverner. On a dit qu'elle *n'avait rien oublié et rien appris*, et le mot de passe maçonnique fut de la représenter comme *ultra-royaliste et poussée par la Congrégation*, chaque fois que son autorité tutélaire arrêtait la propagande et les actes maçonniques.

Leurs aveux montrent bien que c'est eux qui ont préparé de longue date la Révolution de Juillet. Forcés par le pays de consentir à la transaction d'une monarchie constitutionnelle, ils s'en vengent, en se distribuant des places de ministres, qui plus ou moins leur laissent au dehors carte blanche ; au-dedans universitaires enragés, ils maintiennent les programmes, dont nous avons vus déjà toute la corruption dans l'enseignement historique, artistique, littéraire, philosophique, juridique. Il était dû, à Guizot, doctrinaire anglican, plus encore que français, d'introduire en 1840 la corruption des doctrines économiques anglaises.

Toussenel en est renversé : comment peut-on dire que le *travail est une marchandise* ? dit-il, et il lui reproche d'être de sa religion avant d'être de son pays. Pour nous, qui avons sondé les profondeurs maçonniques et montré que tout émanait de la Bourse de Londres, nous comprenons que le juif de la cité londonienne, pour revendre aux cours et sur les marchés européens, aime mieux acheter le travail des noirs et des jaunes, soumettre au même prix, sur un marché unique, le travail des blancs, par l'ouverture de toutes nos frontières, abolir les taxes du pain et de la viande, pour revendre les objets de consommation au prix fixé par le monopole, ouvrir des Bourses, livrer tout au jeu, créer des Agences de publicité et d'annonces pour influencer les cours le jour du terme ou pour diriger de haut la politique des peuples.

Cette exploitation gigantesque et mondiale présentée sous les mots de passe : *vie à bon marché, liberté commerciale, libre-échange, pacification des peuples*, même en donnant tout l'inverse en réalité, peut monter la tête aux esprits simples, et, pour les esprits éclairés, c'est la base du diplôme qui forme la bourgeoisie, la fraction dominante de la nation qui a remplacé la noblesse et qui gouverne sous une monarchie qui n'en a plus que le titre.

Après huit ans de propagande de ces fausses doctrines, on put renverser Louis-Philippe, qui du moins protégeait le travail national et permit à la nation de s'enrichir. Après vingt ans on put établir ce régime par les traités de commerce de 1860. Après quarante ans, on arriva à des crises sans précédent dans l'agriculture et l'industrie, au moment du renouvellement des traités de commerce en 1881. C'est un mal auquel le tarif des douanes de 1892 n'a qu'insuffisamment remédié, devant une levée de boucliers formidable dans toute la presse parisienne et entretenue par la haute spéculation.

Ce triomphe de l'aristocratie juive, les projets qui commençaient à poindre pour le remaniement de la carte de l'Europe, le poignard, l'incendie et l'émeute comme moyens d'action, les bons sentiments encore si vivaces foulés aux pieds, le marasme dans les affaires, le déficit dans les finances, la faillite des chimères socialistes mises à l'épreuve sous le nom d'*ateliers nationaux*, tout cela inquiétait la Nation qui, comme aux époques troublées, envoya une Assemblée Constituante, puis législative, formée d'éléments catholiques et bien pensants.

C'est à elle que l'on doit la loi Falloux, qui, après une lutte si longue des catholiques, des Montalembert, des Lacordaire et de tant d'autres, permit d'ouvrir des écoles, où les pères de famille pouvaient enfin faire donner en toute sécurité l'éducation chrétienne à leurs enfants. Mais la pourriture des formules et des programmes d'enseignement restait intangible et sacrée pour les diplômes. Ou vous apprendrez l'erreur et la corruption, ou vous n'aurez pas le précieux parchemin.

La jeunesse sortie de là n'a plus de principes sociaux, a vu saper à l'école les règles de justice nécessaires à la direction des peuples. Elle flotte incertaine, ayant autour d'elle des initiés qui règlent tout dans le mystère, ont un but bien défini pour remanier les principes de l'ordre social, de concert avec des maîtres inconnus qui distribuent les fonds secrets, le mot d'ordre, les mots de passe pour les naïfs, et dirigent tout à leur profit.

Ah ! pourquoi les parents français ne renoncent-ils comme les Belges l'ont fait pour triompher, aux inutiles fonctions publiques des peuples en décadence, et ne gardent-ils pas leur indépendance pour le salut de leur pays et le triomphe final ?

Outre les bienfaits relatifs, comme je l'explique, d'une loi de liberté longtemps attendue, ces Assemblées voient la torche incendiaire, l'émeute et la révolution déchaînée au-delà des Alpes et qui menace toute l'Europe ; elles vont intervenir et reculer de près de vingt ans le triomphe final. Leur intervention, à un autre point de vue, va décider la Maçonnerie à préparer en France une nouvelle ère qui servira mieux ses projets.

Le Plan de Palmerston

Orient des Orients, mais obligé de jouer de diplomatie avec la bouillante impétuosité de Mazzini, qui croyait qu'une simple révolution italienne pouvait venir à bout de l'indépendance pontificale, sans que l'Europe intervînt, Ministre tout-puissant et intrigant, placé au plus haut poste parla Maçonnerie pour le but à atteindre, ayant son plan de remaniement de l'Europe, nous allons le voir peu à peu conduire le monde, même par des instructions données à l'insu de la reine d'Angleterre, réduire Mazzini à l'état de sous-ordre et tout réaliser par l'*entente cordiale*, c'est-à-dire par l'action de la France.

Il en fut ainsi dans la guerre de Crimée, dans celle d'Italie, pour les traités de commerce de 1860, pour la guerre faite par la Prusse à l'Autriche, ... mais n'allons pas au delà de sa mort ! Ce fut cependant ce mouvement politique qui nous conduisit à Sedan.

L'Assemblée Constituante, nommée en 1848, représentait bien la France catholique. Déjà en juin 1848 elle avait triomphé des hordes du mazzinisme français qui eussent voulu ramener 1793. Dès le mois de septembre ; le général Cavaignac, chef du gouvernement provisoire, avait chargé M. de Corcelles d'assister le Souverain Pontife, menacé par la Révolution ; au moment de l'assassinat de Rossi, celui-ci organisa une escadre à Toulon. D'autre part, le 30 novembre, Cavaignac faisait ratifier cette intervention par l'Assemblée, mais pour se porter au secours de la personne du pape et non pour intervenir dans la politique italienne.

Napoléon, nommé membre de l'Assemblée législative par cinq départements, rentrait en France, avec deux de ses cousins, les Canino, pendant que leur frère, Lucien Canino, carbonaro-chef, faisait nommer une junte de gouvernement à Rome, où une députation des Chambres engageait le Pape à rentrer et Où il aurait certainement été condamné et emprisonné. D'ailleurs, toute la famille des Bonaparte est dans l'insurrection.

Une Constituante est nommée, et, après une fête païenne au Capitole, Bonaparte-Canino fait proclamer la République et la déchéance des papes. Mazzini est bientôt triumvir, puis dictateur.

Mais à Gante, autour du Pape, sont venus se réunir les ambassadeurs des puissances catholiques : Autriche, Bavière, Deux-Siciles, Espagne et France. Le Piémont, engagé dans le complot maçonnique, a refusé d'en envoyer, et le Pape nomme pour le représenter le cardinal Antonelli.

Après avoir examiné diverses propositions, comme celles de l'ancien *mémorandum* et de l'essai de constitution qui avaient si mal réussi, le principe d'intervention des puissances fut admis, et chacune fut appelée occuper une partie du territoire romain, ne pouvant admettre qu'une ville, en insurrection maçonnique, dicte ses conditions à la chrétienté.

Non par méfiance de la France, mais de son gouvernement, l'Espagne qui a eu la première l'idée de la conférence, est chargée d'occuper Rome. Immédiatement, le prince Louis Napoléon, qui vient d'être nommé Président de la République, en est avisé, et les projets du Saint-Siège sont renversés.

Le Piémont s'était déjà présenté pour rétablir seul l'ordre à Rome, et, pendant que les ministres français penchaient en majorité pour une action commune avec lui, sous l'influence du prince-président et selon le plan *palmerstonien*, on apprend la défaite du Piémont Novare, et MM. de Falloux et Buffet décident le gouvernement français à agir seul ; le 21 avril le général Oudinot occupe Civita-Vecchia.

Voyant arriver les Français et les Autrichiens, l'Italie se ressaisit, les insurgés ne trouvent plus ni soldats ni canons, sauf Garibaldi, et l'allégresse est dans Rome. Une proclamation ambigu aux Romains venue de Paris, des atermoiements, les volontaires lombards que nous laissons joindre à Garibaldi, la terreur qui reprend, changent peu à peu la face des choses, quand un Franc-maçon des plus illustres, parent des Bonaparte, vient à Rome pour négocier : Ferdinand de Lesseps. Il promet que les troupes françaises n'entreraient pas dans Rome, ne se mêleraient pas de son gouvernement et la protégeraient contre une invasion étrangère, des Autrichiens par exemple.

Les généraux crient à la trahison et le Conseil d'État, analysant sa mission en fait une critique, mêlée de quelques réticences, peu après. Ces réticences viennent du prince-président, d'accord avec Palmerston, dont tous les plans s'accompliront par la suite, sous l'Empire.

Le 3 juillet, le général Oudinot, bravant la révolution et le poignard, entrait dans Rome, aux acclamations de toute la population, malgré la protestation du Consul anglais Treeborn et de Mazzini. Rentré en France, il tomba en disgrâce et fut arrêté au coup d'État. Il en fut de même du général Rostolan, qui empêcha la publication d'une lettre du prince-président, rappelant le caractère de notre intervention et le résumant ainsi : amnistie générale, sécularisation de l'administration, code Napoléon et gouvernement libéral. Elle devait, comme nos armées, qui avaient fait le tour de l'Europe, déposer tous les germes de liberté.

Nous avons vu l'effet de l'amnistie préparant de nouvelles insurrections ; c'était en outre la demande de Palmerston et de Louis-Philippe pour régenter l'Église, la suppression du Code religieux, et, dans le langage des sectes, un gouvernement maçonnique. L'hypocrisie ne peut effacer l'histoire, et ces germes de liberté semés dans toute l'Europe, c'étaient la destruction des établissements religieux et la spoliation de l'Église. Une telle lettre eut excité l'enthousiasme de la secte.

Quant au plan de Palmerston, il était beaucoup plus étendu, et celui-ci le fit figurer dans le *Globe* du 12 mai 1849. Il y proclamait l'alliance de l'Angleterre et de l'Allemagne, mais répudiait l'Autriche pour donner ses sympathies à la Prusse. Et pour préparer un remaniement de la carte de l'Europe, il comptait beaucoup sur « l'entente cordiale, » c'est-à-dire sur la France. Il ne se trompait pas dans ses conjectures.

Napoléon III

C'est une énigme inexplicable pour ceux qui ont vécu sous le second Empire, qui avait fait *trembler les méchants et rassuré les bons*, qui avait été acclamé au plébiscite par presque toute la nation (conservateurs et francs-maçons réunis), qui a été une époque de richesse incomparable et qui a porté si haut la gloire ne nos armes qu'on n'aurait pas tiré un coup de canon en Europe sans notre permission, au moment où le baron Haussmann taisait des prodiges d'embellissement dans Paris, au milieu des fêtes de notre Exposition, où se rendaient les souverains et les peuples de l'univers, — que la fin de ce règne où nous laissons battre l'Autriche avec notre complicité et on la nation se réveille un jour, au milieu de ses rêves de paix, avec les Allemands chez nous, nos villes incendiées, nos armées battues et l'empereur prisonnier à Sedan, — oui, c'est inexplicable sans l'action des sociétés secrètes.

Mais à leur lueur tout s'éclaircit.

Nous allâmes à Sébastopol accomplir le plan de Palmerston pour immobiliser dorénavant la Russie en Europe.

Divers attentats, et surtout celui d'Orsini, rappelèrent à Napoléon ses engagements de Carbonaro. Certes, ayant la confiance générale du pays, il eût préféré vivre heureux sur le trône, faire le bonheur des Français qui lui avaient confié leurs destinées : il était brave, cordial, accessible à tous, mais il était lié par des engagements antérieurs ; toute sa famille était inféodée à l'insurrection italienne ; il y avait passé sa jeunesse et on comptait sur lui. A Londres, il avait eu l'appui du grand chef maçonnique Palmerston et il s'exécuta.

Il aurait fait comme le général Oudinot, il n'aurait trouvé devant lui qu'une petite poignée de révolutionnaires italiens, aurait acquis en Europe une gloire incomparable, aurait délivré l'Italie des sectes qui l'infestaient, risqué des attentats comme les tsars contre sa personne et laissé la France grande et heureuse.

Il alla aider le roi de Piémont selon le plan de Palmerston ; c'était aussi celui de Frédéric II qui disait que pour être maître de Rome et du pape, il fallait un souverain.

L'Autriche réduite à l'impuissance comme la Russie, Victor-Emmanuel et Cavour aidés par Napoléon, c'était la liberté d'action laissée à ces derniers. La Prusse était complice, le mot d'ordre venait d'Angleterre.

Qui eût pu protester ?

Après le départ de Napoléon, Cavour et Garibaldi se chargèrent d'unifier la péninsule. Ce furent des émeutes à jet continu, des massacres en masse des paysans qui manquaient d'enthousiasme, des incendies de villages, des altérations dans les scrutins, plus audacieuses les unes que les autres, des manifestations où on semait la terreur.

« *Comment*, disait Mgr Dupanloup, *des boucheries sans nom ont-elles pu s'accomplir ainsi, sans qu'un seul journal en parlât sous l'Empire ?* »

Napoléon ne dédaignait pas de traiter diplomatiquement avec eux à Plombières, d'avoir une entrevue avec les chefs à Chambéry, et, si une recommandation était envoyée du gouvernement français le lendemain, les meneurs du mouvement en riaient sous cape.

Et la diplomatie européenne se taisait.

Le plan *palmerstonien* était ensuite la guerre que la Prusse fit à l'Autriche. On ne comprit pas en France pourquoi nous n'étions pas intervenus. M. Thiers fit à ce moment un de ses plus beaux discours. Rien n'y fit : l'empereur allégua la préparation de l'Exposition de 1867 et la France s'abstint.

Engagé dans la filière, il semblait contempler ces divers événements comme les actes successifs de la fatalité qui devait l'emporter un jour et dont il reculait le plus possible l'échéance.

Car il n'ignorait rien. Ses lettres de 1867 montrent déjà qu'il cherchait l'alliance du gouvernement du roi de Piémont, pour résister à la Prusse, en lui livrant Rome comme rançon. Il en fut empêché par Mazzini.

Ce dernier rongeait le frein sous Palmerston. Partisan de l'unification comme lui de l'Italie, il souffrait avec peine la liberté d'action qu'on donnait au roi de Piémont, l'appui que le bonapartisme français lui avait prêté, les retards qu'il avait apportés pour intervenir dans les affaires italiennes, les conspirateurs qu'il avait dû envoyer pour qu'il s'exécutât, les objections diplomatiques de son gouvernement pour entrer immédiatement dans Rome, et il l'avait condamné.

En vain l'empereur avait-il depuis laissé plus ou moins carte blanche à l'*Internationale* et faire des grèves à volonté, appuyé la franc-maçonnerie, M. de Persigny avait-il sévi contre la société de Saint-Vincent de Paul et l'œuvre de Saint-François Régis, le prince Napoléon avait-il au Sénat rappelé l'origine révolutionnaire de l'empire ! En vain avait-on aidé la franc-maçonnerie italienne avec les armes françaises ! La franc-maçonnerie avait prononcé.

Et l'on vit M. Thiers, le grand apologiste du *Consulat et de l'Empire*, dont le livre avait tant contribué à la restauration de l'Empire en 1852, parcourir l'Europe sur une locomotive pour nous susciter quelques sympathies.

Nous avions prêté notre appui au démembrement de l'Autriche et l'avions abandonnée à Sadowa ; nous avions aidé les Anglais contre la Russie à Sébastopol ; nous avions fait triompher les bandes révolutionnaires Mazziniennes contre le pape et des rois amis ; elles étaient toutes dévouées à la Prusse. Le czar eut quelques paroles de sympathie et n'intervint pas. Quant à l'Angleterre, nous savons que la reconnaissance lui pèse : elle avait tiré de nous ce qu'elle pouvait et ne nous devait rien. D'ailleurs Palmerston agissait comme Orient des Orients ; il ne s'agissait que d'un plan révolutionnaire : nous étions écrasés et les juifs étaient satisfaits.

Les francs-maçons, qui avaient fait désarmer l'Empire avant 1870 et qui étaient du complot, brisèrent l'instrument inutile, vomirent toutes les injures contre lui, puis retournèrent leurs manteaux, pour pouvoir continuer l'œuvre impériale sans modifications sous la République.

La Guerre de Crimée

Nous avons vu, sous Louis-Philippe, le gouvernement aux mains des maçons conservateurs, donner la prospérité aux intérêts matériels, et constituer cette opposition libérale, qui, sous le couvert de libertés populaires, cachait un plan artistement rédigé pour le triomphe des conspirateurs de Londres ou de Berlin. C'est parmi ses membres que se sont rencontrés les panégyristes de l'Empire qui firent une apothéose au nom de Napoléon.

Le prince Louis Napoléon, pendant sa captivité à Ham, n'a-t-il pas exposé ses *Idées Napoléoniennes*, qui étaient de continuer, l'œuvre de la Révolution ? Aussi s'abstint-il quand l'Assemblée vota l'expédition romaine. Dès lors il a l'appui de tous les francs-maçons étrangers et tous les francs-maçons français se tournent de plus en plus vers lui.

Sa lettre au Nonce pour expliquer son vote est considérée par eux comme un acte diplomatique sans portée. Le fr∴ Redarès le célèbre dans une poésie et Michel de Bourges prépare son avènement.

Comme dans toutes les circonstances importantes, un convent maçonnique eut lieu à Paris en 1852. Misley, qui s'y rend, dit que c'est pour arrêter les affaires d'Italie et que Napoléon *donnera le branle-bas*.

Mazzini, sous le coup d'une condamnation en France, s'y rend avec un sauf-conduit de Napoléon. L'empire y fut décidé contre 3 voix pour une république démocratique. Puis Misley partit pour Londres, où devait avoir lieu la consécration du plan, décidé à Paris, auprès de Palmerston.

Le double jeu joué par Napoléon entravait ce qui se faisait à Rome ; au fond il était pour l'insurrection. Il en résultait des tiraillements, et le peuple, qui avait envoyé deux Assemblées monarchistes et catholiques, n'y comprenait rien, en voulait au parlement, et accueillit favorablement le coup d'État. Mais il fallait faire reconnaître l'Empire à l'étranger. Palmerston s'en chargea pour l'Angleterre, et falsifia des lettres de la reine aux cours étrangères pour les autres puissances. Sur l'accusation de lord Normanby, il tomba du pouvoir, mais revint bientôt, rappelé par les francs-maçons.

Tant de services rendus liaient Napoléon, Or, nous avons vu le plan de Palmerston : faire passer à la Prusse la suprématie des États allemands au lieu de l'Autriche, et assurer la royauté du roi de Piémont sur l'Italie. Ce plan rencontrait l'opposition de la Russie et de l'Autriche. Il fallait donc abattre ces deux puissances. On commença par la Russie.

Le prétexte fut des difficultés qui s'étaient élevées entre les rites grec et latin à Jérusalem, qui furent aplanies aussitôt par des concessions réciproques. Trois ambassadeurs français y furent sacrifiés à l'influence anglaise, car la cause qu'ils voulaient aplanir au fond n'existait pas.

Contre l'avis des généraux, Palmerston fit prévaloir l'attaque à Sébastopol au lieu de la campagne sur le Danube. Mais beaucoup de membres des sociétés secrètes préféraient le Danube, afin de révolutionner la Pologne et la Hongrie. C'était le plan du prince Napoléon, qui l'exposa dans une brochure en 1855. Mais Palmerston voyait plus loin : en renonçant à la campagne du Danube, il s'assura la neutralité de l'Autriche, et, en Angleterre, le projet de destruction de la marine russe dans la mer Noire fut populaire.

L'Empereur était pour Palmerston, qui avait besoin de l'armée française et de nos capitaux, à l'inverse de son cousin. On s'adjoignit le roi de Piémont, afin de lui procurer une gloire factice, en vue des événements futurs que l'on préparait.

Félix Orsini avait été envoyé par Kossuth et Mazzini pour révolutionner la Hongrie et la Pologne. Il fut arrêté en Autriche sur une dénonciation partie de Londres, mais les francs-maçons facilitèrent son évasion.

Cette campagne qui avait nécessité deux ans de préparations diplomatiques, et négociée entre Palmerston et Napoléon par sir John Burgone, arriva enfin à exécution. Le maréchal Saint-Arnaud, d'après le prince Napoléon, arriva de Constantinople, portant de plus les instructions de l'Empereur envoyées de Biarritz et présida le conseil de guerre qui devait la décider.

Malgré l'opposition du général Raglan, du vice-amiral Hamelin et les objections très vives du prince Napoléon, le maréchal Saint-Arnaud fit triompher les idées de l'Empereur ; il resta quatre opposants : le vice-amiral Hamelin, le vice-amiral Dunders, le duc de Cambridge et le prince Napoléon.

Le traité de Paris, qui suivit cette campagne, accorda une indépendance et une sécurité complètes au Grand Turc, ferma la mer Noire à la marine russe, et Cavour, Orient d'Italie, vint y demander aux puissances de réformer le gouvernement pontifical.

Le plan maçonnique avait de plus séparé à jamais l'Autriche de la Russie et rendu possible la guerre d'Italie et celle que la Prusse fit l'Autriche plus tard. Il avait coûté des pertes énormes en hommes, en chevaux et en matériel, 1 200 millions d'emprunt et avait porté notre budget annuel à 2 milliards.

Tel fut le premier résultat de l'*entente cordiale* avec l'Angleterre, et que la reine Victoria vint célébrer à Paris par des fêtes.

La Guerre d'Italie

Napoléon, nommé Empereur des Français, se fût volontiers consacré à leur bonheur et eût oublié les complices de sa jeunesse. Mais il était stimulé par des hommes qui ne le lui ont pas permis.

Cavour, Orient d'Italie, ministre plénipotentiaire de Victor-Emmanuel, avait posé aux puissances, au Congrès de Paris, des questions de réforme du gouvernement pontifical, sous prétexte de désordres que le pape ne pouvait calmer ; il trouva immédiatement pour le seconder le ministre de France Walewski et celui d'Angleterre, et malgré quelques objections de forme du baron de Manteuffel pour la Prusse, du prince Gortschakoff pour la Russie et d'autres plus sérieuses de l'ambassadeur d'Autriche, on persuada à ce dernier qu'on pouvait évacuer les États pontificaux et que les mesures de clémence avaient jusque-là bien réussi.

Dans la rédaction du protocole qui suivit, on réussit à englober pour ces prétendues réformes Naples, Florence, Parme et Modène, sous le nom de gouvernement de la péninsule italienne.

M. de Bunsen, ministre de Prusse à Londres, écrit Cobden que la guerre de Russie aura été le prélude de celle d'Italie, à laquelle Napoléon paraît décidé déjà.

La *Rivista contemporanea* a publié la correspondance de Cavour avec Batazzi pendant le congrès. Elle montre que Palmerston était le maître qui dirigeait toute cette intrigue et que Napoléon III était prêt à s'exécuter. Le *Journal des Débats* trouve la révolution italienne excessivement juste, naturellement.

Mais Cavour s'impatiente. Il représente l'Italie entière comme pleine de désordres : les prisons et les bagnes regorgent, dit-il et le Congrès va se dissoudre sans avoir rien déterminé. En vain, des publicistes de talent se lèvent-ils de toutes parts pour réfuter ces calomnies, la presse maçonnique va les répandre partout et Palmerston lui-même les portera à la tribune anglaise.

Son agent, sir James Hudson, ministre d'Angleterre à Turin, est le plus utile auxiliaire de Cavour et de Mazzini et reçoit même des galériens à sa table.

— *Tout est prêt*, dit Cavour au chef du gouvernement français, *et il veut commencer par les États du pape.*

— *Non pas*, répond celui-ci, *commencez par Naples, et il lui donne Murat. Mais Murat, nommé grand-maître, vote pour le pape, et il est remplacé par Jérôme Napoléon.*

Tandis que les loges maçonniques agitaient l'Italie, que l'Angleterre et le Piémont multipliaient partout leurs agents et leurs brandons incendiaires, protégés par l'inviolabilité diplomatique, le 14 janvier 1858, éclata l'attentat d'Orsini.

L'Empereur, qui avait méprisé les conspirations de l'Hippodrome et de l'Opéra-Comique en 1853, de Pianori en 1855, cependant s'émut. Il se rappela le conseil que lui avait donné autrefois la reine Hortense, et appela un avocat en relation avec la secte et qui habitait les environs de Paris. Trois conditions lui furent posées pour jouir désormais de la tranquillité : la grâce d'Orsini, l'indépendance de l'Italie et la guerre contre l'Autriche.

Le *Journal de Florence*, qui relate ces détails, nous montre Napoléon implorant cette grâce auprès de tous les corps constitués, et ne trouvant de résistance qu'auprès du cardinal Morlot, qui lui refuse au nom de tant de victimes et de l'idée de justice, qu'il serait imprudent d'enlever au cœur du peuple.

Mais Napoléon va voir Orsini dans sa prison. Il lui renouvelle les promesses de sa jeunesse et l'autorise à lui écrire une lettre où l'unité de l'Italie serait proclamée. La lettre parut au Moniteur. Orsini mourut donc martyr de l'unité italienne ; il monta sur l'échafaud en criant : *Vive l'Italie ! Vive la France !* et M. Keller a pu dire avec raison à la tribune française que l'Empereur avait été son exécuteur testamentaire.

Enfantin, disciple du Saint-Simonisme, exulte : il y voit déjà tout l'accomplissement de leur plan : Garibaldi était prêt, et l'Empereur décidé à aider le Piémont contre l'Autriche ; Jérôme Napoléon, à la tête du 5e corps d'armée devait faire diversion à Florence, sur la frontière des Romagnes.

D'autres ont raconté les hauts faits de cette campagne, prélude de l'unité italienne, menée rapidement, et après les victoires de Montebello, Palestro, Magenta et Solférino, aboutissant aux préliminaires de Villafranca et au traité de Zurich. L'Autriche y perdait la Lombardie ; les droits du grand-duc de Toscane, du duc de Modène et du duc de Parme étaient réservés. L'article 20 stipulait une union d'efforts pour obtenir de Sa Sainteté les réformes nécessaires, c'est-à-dire le droit d'intervenir à un moment donné.

L'Italie n'est pas encore au roi de Piémont en entier, ce qu'on appelle *libre* en langage des sectes. Mais Kossuth et Mazzini ne sont pas morts, dit Enfantin, les sectes et la diplomatie feront le reste et il croit Napoléon plus fort sur ce terrain-là que sur l'autre.

C'était déjà commencé. Un projet de traité avait été envoyé par Napoléon à Palmerston, par Palmerston à la Prusse, et par la Prusse à l'Autriche, sans que celle-ci en connût l'auteur, Napoléon lui fit savoir qu'il la traiterait beaucoup mieux. Effectivement, le fond du traité roula surtout sur des facilités données à petite dose aux révolutionnaires et auxquelles l'Autriche vaincue ne pourrait s'opposer par la suite, tandis que le tout aurait insurgé encore les esprits en Europe.

L'Empereur céda la Lombardie au Piémont et contre la cession de la Savoie et de Nice par celui-ci à la France, l'Empereur ajouta, après le traité, au cadeau les Romagnes. Cavour se déclara satisfait. Le prince Napoléon expliqua au Sénat que, sous les termes voilés du traité, était comprise l'unité italienne au profit du roi de Piémont. Napoléon félicita son cousin.

Tel fut le second acte de l'*entente cordiale* pour la réalisation du plan de Palmerston, et le général de Sonis a pu dire qu'accueillis en Italie par des pluies de fleurs, nous avions été remerciés, au retour de nos troupe à par des malédictions.

Conversation avec un protestant

Mon cher Directeur,

Je reviens de Suisse, et j'ai eu une conversation si intéressante avec un protestant, que je crois devoir vous la rapporter, ainsi qu'aux lecteurs de ce journal.

Nous avions causé de différentes choses et entre autres de

La Samaritaine de Rostand, et j'avoue que sur ce terrain nos âmes de chrétiens semblaient communier. Puis je vins à parler des événements qui se passent en France.

— *Eh bien ! lui dis-je, je connais beaucoup de religieux, et je leur dis souvent :*

— *Puisque vous avez les ennuis de la politique, pourquoi ne cherchez-vous pas à en avoir les avantages, en luttant avec nous ?*

Mais je dois avouer qu'à part quelques individualités très rares, qui ne font pas grand chose et sont désavouées par les autres, les religieux n'ont pas voulu lutter.

Le reste des catholiques, ce sont les salons. Eh bien ! on n'y comprend pas la lutte qui se fait ; c'est un monde qui ne veut que sa tranquillité, et qui laisserait volontiers les uns aller à l'Église, les autres au Temple, les autres à la Synagogue.

Mon interlocuteur fit entendre quelques protestations.

— *Mais non, lui dis-je, moi qui les fréquente et tous ceux qui connaissent les religieux, savent qu'il en est ainsi. Et alors, adorant le même Dieu, et un Dieu qui met la charité à la base de la loi religieuse, on fait la guerre à ceux qui ne la font pas. Cela écœure et ne se comprend pas.*

— *Oh ! me dit-il, si nous laissions les catholiques remonter au pouvoir, ils referaient tout ce qu'ils ont fait dans le passé.*

— *Justement ! répondis-je, je viens de faire un grand nombre d'articles pour montrer que tout ce qu'ont dit des historiens protestants comme Brantôme, de Thou, que copient les histoires de nos écoles, est démenti par les contemporains des faits qui se sont passés.*

— *Mais où puisez-vous ?*

— *Mais monsieur, dans les écrits des protestants de l'époque et des prétendues victimes. On ne nous tient compte ni du bien accompli, ni des faits qui motivaient quelques représailles ; nous savons aujourd'hui que Coligny avait vendu pour 100 000 écus d'or le Havre aux Anglais, s'apprêtait à vendre une autre part du royaume aux Allemands, et, grâce à des troupes étrangères entretenues dans le royaume, avait massé ses troupes Melun pour s'emparer du roi à Fontainebleau ; c'était la troisième coalition. Il avait armé la main de Poltrot de Molé…*

J'abrège pour les lecteurs de notre journal.

— *Et l'Inquisition ?*

— *Le plus fougueux écrivain qui l'attaqua fut Llorente, historien espagnol. Il a dû reconnaître que, la première, elle fit disparaître la torture en*

Europe, où Luther, Calvin et saint Louis n'avaient pas hésité l'appliquer. Et il cite quatre autodafés où 700 personnes furent appelées chaque fois et qui ne comportèrent en tout qu'une seule condamnation ; quant aux autres, on leur fit revêtir le san-benito, l'habit monastique de l'époque, on leur fit faire l'aveu de leur faute et on les renvoya avec une pénitence légère.

— Mais, monsieur, je suis professeur d'histoire. Alors vous contestez Brantôme, de Thou ?

— Absolument, monsieur, bien que toutes les histoires et les dictionnaires d'histoire les aient copiés, et j'apporte des preuves très authentiques de ce que je dis.

— Alors nous serons obligés d'inventer autre chose. (Textuel !)

— De manière que vous nous attaquez, au nom du même Dieu que nous adorons et du Dieu de l'Évangile, pour des choses que nous ne faisons pas et pour d'autres que nous n'avons pas faites.

— Mais monsieur, vous ne nous donnez pas une place suffisante !

— C'est une erreur : vous avez la plupart de nos Ministres et de nos grands professeurs en Sorbonne, et les autres les reproduisent dans leurs cours.

Ai-je besoin d'ajouter que mes réflexions le gênaient et que, dans le wagon où je parlais, les auditeurs étaient pour moi.

Je vous avais promis de montrer que tout l'enseignement officiel était pourri ; je me suis appesanti sur la partie historique. Et vous pouvez voir par là, que j'ai frappé juste ! L'enseignement universitaire protestant et juif de la jeunesse française est à la base de toutes nos défaites. Cet enseignement apocryphe est continué pour la jeunesse instruite par les journaux juifs et les bibliothèques des familles qui sont maçonniques. Le reste de la nation ignore.

Grâce à votre vaillant et estimable journal, la lumière se fait dans les esprits, en attendant que les protestants *trouvent autre chose*, ce qui n'est pas prouvé.

L'Unité italienne

Si l'on n'envisageait que la guerre d'Italie, où la maison de Piémont attaquée (!) par les Autrichiens, dit l'histoire maçonnique de notre temps, à cause de sa constitution libérale (!) les repoussa avec l'aide de la France, obtint la Lombardie en nous cédant la Savoie, on ne comprendrait pas le but poursuivi par Palmerston, Mazzini et Cavour, et auquel se plia Napoléon. Quand ce dernier hésitait, le comte Arese venait à Paris de la part de Mazzini et de Cavour, et la révolution continuait son cours.

L'un des agents de ce dernier, Carletti, chargé de révolutionner la Toscane et les Romagnes, indique tous les moyens : comités de propagande, votes falsifiés, émeutes, assassinats en masse ou fusillade par ses carabiniers, si l'on préfère, par lesquels on assurait, l'enthousiasme pour le roi de Piémont. Sur ces faits le marquis d'Ulloa a jeté la pleine lumière devant toutes les cours européennes.

Non seulement Napoléon avait donné aux chefs carte blanche à Plombières, mais deux brochures furent lancées : *Le Pape et le Congrès* et *La France, Rome et l'Italie*, auxquelles les journaux officieux donnèrent comme inspirateur le maître lui-même, et qui dénoncèrent l'impuissance du pape à se défendre. Pourtant le général Lamoricière avait réuni une petite armée de zouaves pontificaux, et ces catholiques enrôlés volontairement y suffisaient amplement. C'est ce que répondit le cardinal Antonelli : Si le pape ne le peut pas, l'auteur de la brochure en sait la raison, car l'Empereur avait mis son *veto* absolu à la reprise des Romagnes et au rétablissement de l'autorité du Pape.

Alors eut lieu l'entrevue de Chambéry, où Cialdini et Farini eurent une audience de l'empereur, venu pour recevoir les hommages de ses nouveaux sujets, et où il leur fut dit de *faire vite*. Tandis que le duc de Grammont télégraphiait au consul d'Ancône que l'Empereur s'opposerait à leurs envahissements, Cialdini attaqua sans provocation la petite armée pontificale et au milieu de trahisons sans nom dans aucune langue, s'empara du reste des Légations pontificales.

Ce fait avoué par le général Cugia à un colonel de l'armée pontificale est de plus consigné dans le *Livre bleu* par M. de Thouvenel, comme instruction à ses agents diplomatiques ; peu après il refusait les offres de l'Espagne et de l'Autriche de concourir avec nous à la garde de Rome et du Saint-Père et faisait reconnaître en Europe le royaume et le roi d'Italie.

L'Empereur jouait d'astuce avec l'opinion. En partant pour la guerre d'Italie, il avait rassuré les catholiques français. En 1867, il arrêtait pendant huit jours l'expédition de Toulon qui devait s'opposer à l'invasion garibaldienne et, quand la Marmora vint se plaindre à Paris des événements de Mentana, l'Empereur répondit :

« *Je vous avais donné huit jours ; pourquoi n'en avez-vous pas su profiter ?* »

Comme le télégraphiait de Biarritz M. Nigra : la conduite du gouvernement doit se régler sur l'opinion publique.

Et tandis qu'Enfantin salue en 1861 les bases de la religion nouvelle, la fin du catholicisme et l'avenir commercial amené par Cobden, Cavour meurt et est remplacé dans les Loges italiennes par Garibaldi, dont le programme est : unité italienne, Rome comme capitale et religion de l'humanité, acceptant toutes les religions, sauf celles qui ont des obligations : *ceci à l'adresse de la religion catholique.*

Seul Mazzini proteste contre la royauté du roi de Piémont, mais depuis sa défaite en 1818 doit subir le plan de Palmerston.

Ainsi Napoléon jouait ce double jeu : d'une part il rassurait les catholiques, et de l'autre abandonnait Rome peu à peu. La liberté de l'enseignement supérieur, promise en 1850, n'a jamais été concédée. Il accorde Murat à Cavour, Murat est proclamé grand Maître de la Maçonnerie aussitôt, et, quand celle-ci se révolte contre lui, en 1861, il fait constater qu'il avait constitué quatre-vingts loges en sept années.

D'ailleurs Napoléon III était surveillé par son cousin. Le 22 février 1862, le prince Napoléon salue la Révolution, comme la pure tradition de l'Empire :

> « *Savez-vous à quels cris Napoléon Ier était ramené du golfe Juan aux Tuileries ? C'est aux cris de : À bas les nobles ! À bas les émigrés ! À bas les traîtres !* »

Ceci c'est le compte-rendu officiel, mais sur tous les bancs on a entendu : « *À bas les prêtres !* » Protestations énergiques et scandale des sénateurs. Mais le prince Napoléon ne retire rien : il l'accentue !

Nous sommes loin du temps où il s'agissait de *rassurer les bons et de faire trembler les méritants, ou de faire rentrer les révolutions dans leurs lits.*

Dès ce moment, aucun attentat ne troubla plus la vie de l'Empereur. En 1860 M. Rouland, ministre des cultes, dressait tout un plan pour arriver peu à peu à l'asservissement de l'Église. M. Duruy, à la suite, faisait une guerre sourde à l'enseignement congréganiste et cherchait à inaugurer un enseignement d'État pour les jeunes filles, les Sociétés de Saint-Vincent-de-Paul et de Saint-François-Régis étaient inquiétées, et Jean Macé fondait la *Ligne d'Enseignement* pour détruire l'enseignement chrétien dans les écoles et corrompre les masses par des bibliothèques populaires.

Enfantin applaudissait toujours.

On laissait faire les grèves et l'Internationale.

Ceux qui s'étonnaient de l'esprit qui régnait dans cette seconde partie de l'Empire n'avaient pas lu les livres que Napoléon III composa avant d'être Empereur, n'avaient rien compris à ce double jeu qu'il suivit vis-à-vis du Pape et des catholiques. La franc-maçonnerie, en soutenant ses prétentions à l'Empire, ne s'y était pas trompée. Me Lachaud a montré en 1879, dans une brochure, tout ce qui sépare les conservateurs de l'Empire.

Quant à l'Italie que Cobden vit si riche, et plus tard si malheureuse, un franc-maçon a dit à l'un de nos prélats ce qu'ils comptaient en faire. Ils ne comptaient pas encore pouvoir rester à Rome : mais, ajoutait-il, nous la corromprons tellement que la papauté ne pourra pas non plus y demeurer.

Et voilà ce qu'allaient aider nos soldats et nos anciens généraux d'Afrique !

Les Traités de Commerce de 1860

Ce qui caractérise les œuvres de l'Empire, c'est qu'elles ne produisent leur effet funeste qu'au bout d'un temps assez éloigné. Le germe révolutionnaire qui y a été déposé du dehors témoigne donc d'une conception habile qui n'inquiète pas d'abord ceux qu'il doit sacrifier par la suite.

Richard Cobden est un révolutionnaire dont le nom revient assez souvent dans les affaires d'Italie et dans les lettres d'Enfantin, émerveillé de ses projets d'avenir commercial. Disciple d'Adam Smith, partisan des doctrines libres-échangistes de Manchester, après avoir triomphé des résistances de Robert Peel, il vint trouver Napoléon et Bismarck pour obtenir les premiers traités de commerce.

Ces doctrines du libre-échange étaient celles que les doctrinaires de Guizot répandaient dans l'enseignement depuis 1840, mais Louis-Philippe avait refusé à Palmerston un traité de commerce sur ces bases, et Napoléon le lui avait promis avant d'être Empereur. Il accueillit donc favorablement les propositions de Cobden et intervint personnellement auprès de ses ministres pour leur acceptation. Ces faits rapportés par M. Méline en 1880 sont de plus confirmés par une revue anglaise et par le *Journal des Économistes* (janvier 1877, page 46.)

Mais, pour qu'elles produisent leurs funestes effets sur l'agriculture, il faut se reporter jusqu'en 1876, où les États-Unis, sortis de la guerre de Sécession, avaient eu le temps de s'organiser, et peu après les capitaux anglais avaient pu armer commercialement les Indes et les contrées nouvelles. Dès lors, l'agriculture sombra en France ; on avait dit à l'industrie qu'elle aurait ses matières premières à vil prix ; la ruine agricole entraîna la ruine industrielle, par manque de débouchés à l'intérieur, et à l'extérieur les pays nouveaux s'étaient mis a fabriquer et nous avaient refoulés de leurs propres marchés, en attendant qu'ils vinssent nous supplanter sur les nôtres.

Pressés par les nécessités de l'existence nos populations avaient réclamé, pour tant de naufragés de la vie, la création de fonctions publiques et la construction de travaux publics, et, en grevant le Budget, avaient rendu plus difficile encore les conditions de la concurrence, tandis que des grèves menées par l'étranger venaient augmenter la main-d'œuvre en France.

Répondant aux promesses des Économistes de l'école de 1860, les Bastiat, Michel Chevalier, Léon Say et tant d'autres, dans de grands discours où je lançais les doctrines de la protection à la Société des Agriculteurs de France, en 1883, je disais :

> « *On nous a promis la vie à bon marché, et le prix du pain, de la viande et des vêtements a augmenté devant la rapacité des intermédiaires et les exigences du Monopole. On nous a dit que le producteur européen l'emporterait sur ses rivaux, et ce sont partout des plaintes et des réclamations ; le vieux monde est vaincu par des nations plus jeunes. On nous a promis la pacification des peuples, et il y a 29 millions d'hommes sous les armes en Europe. Le libre-échange a fait banqueroute à toutes ses promesses.* »

Pourtant les Économistes, dans l'enseignement de la jeunesse française, comme du reste de l'Europe, la plupart protestants, et tous pour les doctrines de Manchester, n'ont jamais changé leur enseignement pour les diplômes. Les nôtres ont été les plus intraitables au congrès de Buda-Pesth ; ils ont été cause du renouvellement des traités en 1881, dans des temps désastreux. Ni le tarif des douanes de 1892, ni le revirement produit chez les économistes anglais et dont nous prévenait le professeur Nicholson, ni les droits mis récemment par les Anglais sur les vins, les céréales et les sucres n'ont pu les faire varier d'un *iota*.

Mais, derrière ce grand commerce maritime anglais, qui avait amené les lords à abandonner la culture de leur sol, et qui, par suite de la concurrence devenue de plus en plus aiguë, commence à jeter des plaintes amères, derrière cet empire colonial qui souffre à son tour, s'étaient fondées des Bourses toutes-puissantes, achetant tout où les salaires, les impôts et les loyers de la terre étaient à vil prix, le revendant chez les peuples consommateurs d'Europe, où ils s'étaient sensiblement maintenus.

La Haute Banque juive y avait organisé le jeu sur les produits qui existent, sur ceux qui n'existent pas, sur les monnaies qui les payent sur celles dans lesquelles on revend, faisant baisser constamment les premières et élevant les autres d'une manière factice, faussant tous les cours, et avait réalisé des milliards sur la ruine de tous les peuples.

Aujourd'hui des *trusts* tout-puissants permettent, en Amérique, d'abaisser au minimum les prix payés aux producteurs, d'élever au maximum ceux de vente aux consommateurs américains, de garder en caisse des sommes considérables et de revendre ainsi en France 55 fr. les 100 kil. des produits vendus 100 fr. aux Américains, en prélevant des bénéfices énormes. Les *cartels* opèrent de même en Allemagne, et on peut prévoir aujourd'hui le moment rapproché où la France sera ruinée financièrement, comme elle l'a été militairement en 1870.

Voilà ce que Louis-Philippe n'avait pas voulu, que Napoléon a préparé par les traités de commerce de 1860. Mais on ne le vit pas tout de suite : l'industrie resta partiellement protégée, le Midi vendit ses vins au monde entier avant l'apparition du phylloxéra et des vins artificiels venus d'abord de l'étranger, et le Nord trouva une richesse momentanée dans la production du sucre et des viandes engraissées avec les déchets de nos sucreries.

Ce fut le troisième acte de l'*entente cordiale* conclue avec l'Angleterre par Napoléon III.

Bravo, Millevoye ! Bravo, Drumont !

Remontez jusqu'aux Templiers, jusqu'à Jeanne d'Arc. Quelle a été toujours l'ennemie de la France ?

L'Angleterre.

Parcourez tout le XVIIIe siècle ; d'où partaient ces horribles machinations ? Qui a payé toutes nos révolutions ? L'Angleterre.

Sous Louis XV, sous la République, elle fut notre ennemie irréductible. Elle fomenta, sous Napoléon Ier, quatre coalitions européennes.

Nous examinons, dans mes articles, le plan de Palmerston :

- 1er acte de cette tragédie, employer les armes et les capitaux français contre la Russie ;
- 2e acte, contre l'Autriche et pour le roi de Piémont ;

- 3ᵉ acte, inaugurer ces traités de commerce, où nous fûmes sacrifiés au commerce britannique ; notre agriculture et notre industrie à la suite en furent frappées à mort, nous ne sommes pas encore relevés, nous ne le serons peut-être jamais ;
- 4ᵉ acte, notre neutralité dans la guerre de la Prusse contre l'Autriche ;
- 5ᵉ acte, notre écrasement, prévu par la Maçonnerie qui, depuis l'origine, est reliée à l'Ecossisme, comme tout en est sorti : la Loge-mère de Londres.

Toutes nos révolutions ont été inspirées et payées par l'Angleterre ; toutes nos guerres viennent d'elle et de son Alliance avec la Prusse.

On a dit que l'Angleterre était utile à notre commerce. Mettez qu'elle nous achète 500 millions de produits. Tous les produits d'Asie, d'Afrique et d'Amérique dépassent 2 milliards d'importations en France. Comparez les tonnages des diverses nations. C'est par navire anglais principalement et pour le profit de l'Angleterre.

Elle achète dans ces pays en argent et en papier, et revend en or aux peuples consommateurs d'Europe. Sur 30 milliards de comptes internationaux, centralisés Londres et entièrement transformés en produits, on ne peut estimer à moins de 12 milliards son bénéfice annuel, sur la ruine de tous les peuples, sur lesquels elle prélève de quoi payer les professeurs, les socialistes et les journalistes à sa dévotion, dans toutes les capitales du monde.

J'ai prouvé, dans des placards sur les boulevards, que, si on empêchait l'Angleterre de faire de la piraterie, elle mourrait de faim en 5 ou 6 ans, sans un coup de canon, sans sortir une flotte, et nous serions suivis par toute la terre.

Soyez sûrs que, quand une grève éclate, c'est une industrie anglaise qui prend la place d'une des nôtres !

Elle fait la guerre à nos missionnaires catholiques pour s'emparer de nos colonies, et, tandis qu'on persécute nos écoles catholiques, ses écoles bibliques sont les seules qu'on n'inquiète pas en France. L'inspiration vient d'elle.

Sans doute, il y a de braves gens dans tous les pays et aussi des protestants respectueux de l'Évangile. Les pires de tous sont les francs-maçons, qui obéissent au suprême-conseil de la Loge-Mère de Londres, les juifs de la Bourse, et le souverain qui vient est grand maître de la Maçonnerie.

Que fera-t-il donc avec nos ministres ?

Est-ce pour contracter un emprunt ?

Les crimes de M. Gogo ne se comptent plus et il est capable de souscrire. Mais ce n'est pas le mal le plus grand qui puisse nous arriver.

Est-ce pour signer un traité diplomatique ou de commerce ? Oh ! alors, soyez sûrs, comme chaque fois dans le passé, que nous sommes roulés.

Est-ce pour compromettre l'alliance russe, qui nous a permis de relever la tête en Europe depuis 1870, et dont nos gouvernants n'ont jamais voulu ? Ferry, qui fut une canaille, voulait la sacrifier à l'alliance allemande ! aujourd'hui on la sacrifierait au néant.

Probablement, c'est pour renouer l'alliance maçonnique comme avant 1870, et l'*entente cordiale*, comme il y a cinquante ans, en nous entendant avec les pirates contre la Russie.

Laissons donc les acclamations à ceux qui ont reçu las livres sterling pour les faire entendre, et, si je m'adressais à une cour, je dirais :

« *Restons dans le calme de la dignité !* »

Mais un peuple ne se dirige pas de même. Il peut arriver des trahisons, des acclamations compromettantes pour l'avenir et la dignité de la nation française, et la presse juive les traduirait encore comme un élan de l'enthousiasme national pour se répercuter à l'étranger ! Oui, restons dans le calme de la dignité, mais faisons la contre-partie spirituelle ou ferme, selon les circonstances, d'un enthousiasme payé d'avance.

La Guerre Prusso-Autrichienne

Tout est intimement lié dans le plan infernal des sectes. C'est ainsi qu'en 1866, Napoléon, malgré les avertissements de M. Thiers et de Mgr Dupanloup, laissa écraser l'Autriche à Sadowa, prélude de la défaite de la France à Sedan.

Dans son discours à Ajaccio, le prince Napoléon acclamait la Révolution comme la lutte contre le catholicisme :

« *On aurait dû*, disait-il, *s'allier franchement à la Prusse et à l'Italie.* »

Et il salue :

« *La patrie du grand Luther et la démocratie triomphante, qui a besoin pour un siècle encore de la forte main des Césars. Le premier obstacle à vaincre est l'Autriche, partisan des institutions libérales et parlementaires et dont la Prusse se chargera, comme l'Italie du pape. Il faut achever l'œuvre de 1859 !* »

L'Empereur, plus modéré que son cousin, n'y répondait pas moins par ses actes. C'était le plan de Palmerston ; ce dernier venait de mourir, mais la Maçonnerie ne meurt pas : il accueillit Bismarck à Biarritz et lui promit sa neutralité. Rien ne retenait plus la bouillante impétuosité de ce dernier et de Mazzini : Bismarck attaqua l'Autriche et les troupes italiennes menacèrent la Vénétie. L'Empereur eût pu s'opposer aisément cette dernière tentative, mais lui-même leur en avait donné le conseil précédemment.

Ainsi tout se lie dans le plan maçonnique. C'étaient les projets de Strauss et Bluntschli en Allemagne, de Palmerston en Angleterre, de Jérôme Napoléon et de l'Empereur, que Mazzini développait dans ses lettres au ministre de Prusse à Florence, et qu'un haut initié, Bismarck, allait accomplir,

Il faut lire, dans le chevalier Gougenot des Mousseaux, cette campagne (*Le juif, le judaïsme et la judaïsation des peuples chrétiens*), pour en bien comprendre la portée.

Mais rappelons auparavant ce qui se passait en Allemagne depuis un siècle : ces Loges si nombreuses qui y furent fondées, et qui, comme toutes les Loges européennes, émanèrent de la Loge-mère de Londres ; l'affiliation de ses princes, de ses nobles, de ses pasteurs ; le congrès de l'Illuminisme allemand, où Knigge, lieutenant de Weishaupt, convia toutes les Loges du monde entier à se rallier au rite écossais, dit de stricte observance, celui de la Loge-mère de Londres ; le duc de Brunswick, nommé chef de la Maçonnerie universelle, établissant le centre de ses opérations à Francfort ; puis, dans ces campagnes guerrières, que Robespierre revendiquait pour colporter partout la révolution en Europe, les trahisons dans les armées, la capitulation des chefs, comme plus tard le firent les garibaldiens introduits jusque dans l'armée du pape ; où se revêtant d'insignes pontificaux pour accueillir les autorités piémontaises et mystifier l'Europe ; Mazzini et Kossuth ayant déjà envoyé Félix Orsini pour révolutionner la Hongrie en 1853. Rappelons-nous aussi les 25 millions distribués à Naples et 12 millions en Sicile avant l'arrivée de Garibaldi, et le duc de Brunswick, après sa capitulation devant les Français en 1792, payant 8 millions de dettes et recevant tellement de diamants de la couronne de France, que son petit-fils en portait encore récemment.

Les Juifs, établit cet auteur de grande autorité, s'étaient peu à peu rendus maîtres en Allemagne depuis la sécularisation des biens ecclésiastiques et par suite des besoins toujours croissants des nobles et des gouvernements.

Finances, transports, enseignement, annonces et journaux, n'ont-ils pas peu à peu presque tout monopolisé ? Ce que les *Archives Israélites* appellent fanatisme et intolérance, ce sont les doctrines chrétiennes qui eussent pu garantir aux peuples encore un règne de justice, et ils n'y peuvent consentir, quand ils sont maîtres déjà des guerres, des révolutions et des traités de paix ou de commerce. Or, dans ces chaires élevées de l'enseignement qu'ils occupent en Allemagne, dans cette presse de toute opinion domestiquée par eux, que représentaient-ils ? En apparence l'opinion publique ; en réalité par leurs valets de plume, artistes en style et sans principes que l'éducation moderne forme en abondance dans les classes nécessiteuses, par des faits truqués, des déclamations habiles, ils la trituraient et la mûrissaient pour la servitude.

Neutralisant les effets du pouvoir, accablant de leurs sarcasmes le pays qui fut jadis le Saint-Empire, démoralisant à outrance ceux qui avaient gardé des traditions pour oblitérer leur sens moral et détruire leur virilité, comme nous ne le voyons que trop pratiquer en France par eux en ce moment, réduisant tout aux convoitises matérielles, et de cœur avec la Prusse, ils avaient si bien miné les institutions autrichiennes, fait entrevoir que la véritable patrie était l'Allemagne, que représentait la Prusse, que des trahisons propices, au moment critique, venaient annuler tous les efforts de l'armée autrichienne, où étaient encore de très bons éléments.

Disraëli saluait, en Angleterre, cette seconde Réforme, plus considérable que la première, et qui se brassait en Allemagne, et Metternich lui-même avait investi de toute sa confiance Nubius, le chef le plus redoutable de l'occultisme et le collègue du juif Piccolo-Tigre.

Attaquée par la Prusse et l'Italie, minée par les juifs, abandonnée par toute l'Europe, l'Autriche capitula et reconnut son impuissance à lutter après une courte campagne.

Le grand empire d'Allemagne allait être fondé sous la suprématie de la Prusse, selon le plan de Palmerston et de l'*entente cordiale*, le règne des juifs allait être consacré en Europe, et voilà ce que tous les francs-maçons du vieux monde avaient ratifié.

La Guerre de 1870

Le châtiment pour la France allait commencer et pour cette fois Mazzini retombait entièrement avec le plan ourdi par Palmerston, Orient des Orients, dès 1849. Des cinq puissances, qui avaient été aider le pape Pie IX à Gaëte, il ne restait plus guère que la France debout en 1870, pour faire une Europe protestante, sous la domination du juif.

La conséquence en Europe de la politique suivie par l'Empire était la suivante : la Russie, qui avait fait partie de la Sainte-Alliance et avait aidé l'Autriche à réprimer en Hongrie l'insurrection de 1851, était immobilisée par mer et à jamais séparée de l'Autriche ; celle-ci battue par la France et la Prusse avait perdu diverses provinces, et l'Allemagne, enlevée à la suprématie de l'Autriche, s'était constituée à l'état d'unité au profit de la Prusse ; le Pape et des rois amis d'Italie avaient été dépossédés par les agents de la Maçonnerie italienne, complice de la Prusse. En Angleterre, Palmerston était mort et remplacé par lord Gladstone, son élève. L'Espagne venait d'être révolutionnée en 1868, et Mazzini déclarait qu'il n'y avait pas besoin de bonapartisme en Europe.

Comme l'avait dit M. Thiers en 1866 : nous avions combattu tous les amis de la France et fortifié tous ses ennemis. La Prusse s'était élevée de 19 à 42 millions d'habitants. Il n'y avait plus une bêtise à commettre.

Ajoutons avec Mgr Dupanloup :

« L'unité italienne faite contre l'Église avait contribué à fonder l'unité allemande contre la France. »

Il ne restait qu'une puissance catholique debout : la France, non par son gouvernement, mais par elle-même. Il ne s'agissait plus que de l'abattre. Depuis la disparition de la Pologne catholique au XVIIIe siècle, aucune œuvre aussi importante n'avait été accomplie.

L'homme de confiance du juif Rickert, de Blœchreider, chez qui il déposa 100 millions de marks d'économies, Bismarck s'en chargea. Toute la nation fut armée pour cette éventualité, au nombre de 2 millions d'hommes, pourvue de fusils Gras et de canons Krupp. En vain, le colonel Stoffel prévint-il l'Empereur ! la France désarmait et la revision fut poussée au maximum d'exemptions en 1869. Les francs-maçons de la Chambre réclamèrent le désarmement.

Tout à coup éclata le coup de la dépêche d'Ems, falsifiée par Bismarck et du soufflet de Bénédetti, notre ambassadeur. Celui-ci n'avait pas reçu de soufflet, mais 2 millions du fonds des reptiles avaient été distribués pour le dire ; des bandes étaient payées et des journaux juifs avaient été stipendiés pour crier : *À Berlin* !

M. Thiers et M. Buffet allèrent voir les principaux personnages politiques de tous les partis : aucun ne désirait la guerre, et pourtant en un clin d'œil les Prussiens étaient chez nous.

On chercha dans les arsenaux, et il n'y avait, a dit un officier en relatant cette campagne, que de quoi équiper 5 corps d'armée sur 7. Le brave général Douai fut relégué au-delà des Vosges : on les avait tous échelonnés le long de la frontière au lieu de masser nos troupes. Le général de Failly, qui se battait en gants violets, ayant entendu tonner le canon à Wissembourg, se trompa et prit la direction inverse : il arriva le soir après l'extermination des cuirassiers de Reichshoffen ? À Sedan, il fit démonter les armes de ses soldats auprès d'un bois où se cachaient les Prussiens. Ceux-ci sortirent et Mac-Mahon ne put que protéger la retraite. Bazaine trahit, et, Mac-Mahon, qui refusait d'aller faire diversion à Sedan pour le délivrer, en reçut l'ordre impérieux du cabinet de Paris, qui dirigeait toute cette campagne.

Il n'y avait sur pied que 250 000 hommes, dont 30 000 pour la garde de l'Empereur. Les soldats allemands étaient la plupart commandés par des officiers prussiens et on commença les bombardements par les cathédrales et les hospices.

Quand l'Empereur fut prisonnier, l'incurie dont on avait fait preuve amena une réaction, et les francs-maçons en profitèrent pour s'emparer du pouvoir. Crémieux s'y glissa pour affranchir les juifs d'Algérie, et Gambetta, qui disait d'empoisonner les puits et de brûler les moissons, mobilisa toute la nation, puis se retira à Bordeaux, où il *fumait des cigares exquis et buvait du vin délicieux*, comme plus commode pour y lancer ses proclamations patriotiques. Lui, qui demandait de temps en temps un louis à des amis pour vivre dans Paris avant la guerre, en rentrant et bien avant de fonder la *République Française*, il s'acheta un hôtel rue de la Chaussée-d'Antin.

D'ailleurs, beaucoup de chefs improvisés, qui furent imposés par le gouvernement de la Défense Nationale, firent la noce devant l'ennemi, écœurèrent les recrues mal armées qu'on venait de lever par toute la France et amenèrent la réaction de 1871. J'ai remarqué que la plupart des hommes militants étaient ceux qui avaient été témoins de ces scandales et luttaient pour en empêcher le retour.

Garibaldi était venu pour aider la France, mais il avait reçu des ordres de M. de Bismarck. Chargé de former l'aile droite de Bourbaki, il se contenta de vider les caves et de piller les couvents, sans prendre part au combat. Nommé député à l'Assemblée de Bordeaux, il n'osa pas se présenter. La *Jeune Italie*, trompée par les sociétés secrètes, voulut aider la France, mais la frontière fut gardée.

Telle fut cette guerre malheureuse, où nos troupes furent merveilleuses de courage comme toujours, mais dont le résultat était pour quelques-uns prévu d'avance. Sans parler des protestants qui acclamaient la Prusse, les francs-maçons étaient pour elle, ils firent des émeutes pendant le siège et organisèrent la Commune devant l'ennemi.

Tel fut le dénouement où devait nous conduire l'*Entente cordiale*, sinon absolument et entièrement avec l'Angleterre, du moins avec les francs-maçons qui la dirigent. Dès le début, lord Granville nous avait défendu de rétablir la guerre de courses, prohibition introduite dans le traité de Paris de 1855. Tout le plan de Palmerston était accompli. A la tête d'une nation trop catholique on avait réussi à placer un révolutionnaire italien, qui conspirait sur le trône, en dehors de ses ministres et des Chambres, à Plombières, à Chambéry, à Biarritz. Le prince Napoléon disait même avoir sur lui une lettre du roi Louis, désavouant sa paternité du troisième fils de la reine Hortense. Il n'aurait pas même été un Napoléon.

Quoi qu'il en soit de cette assertion, il est des défenseurs de la Patrie française qui disent :

« *Tout plutôt que le régime actuel !* »

Je me permets de leur répondre :

« *Après un siècle de domination maçonnique sous toutes formes de gouvernement, je réclame, si la France veut un jour un sauveur, qu'il soit pris parmi les vrais Français de France, au lieu de nous être présenté par les francs-maçons.* »

Après la guerre de 1870, la persécution était déchaînée dans toute l'Europe.

Conséquences du Règne de Napoléon III

Elles sont immenses !

À l'extérieur vient de se fonder le puissant Empire d'Allemagne, sous la domination prussienne. En vain le roi de Bavière a-t-il protesté à Versailles, on lui a fait entendre que ses troupes seraient déclarées prisonnières et ses États envahis. Il a cédé devant la force.

Le petit État de Brandebourg, qui a arraché par subterfuge le titre de royauté à l'empereur d'Allemagne, était sous Frédéric II devenu un repaire de franc-maçonnerie, au point que Bluntschli proposait de dater de son avènement l'ère de la Révolution. En 1778, l'impératrice Marie-Thérèse écrivait à sa fille que ce royaume s'augmentait sans cesse, en violant le droit des gens, la parole donnée, au point d'être un danger pour l'Europe entière.

Le duc de Brunswick, un des lieutenants de Bluntschli, prince vassal de la Prusse, nommé grand-maître de la Maçonnerie universelle au Congrès de Willemsbad, en 1782, avait déjà arrêté le plan de donner à la Prusse la suprématie sur les États allemands, et, ni au congrès de Vérone, ni à la Diète de Ratisbonne, ses souverains ne voulurent prendre part à la lutte contre la franc-maçonnerie. Aussi est-ce à son profit que marchèrent toutes les Loges de l'Allemagne et de l'Europe entière, les juifs fondateurs de la *Jeune Allemagne*, vaste conspiration dont un haut initié, Bismarck, réunit un jour tous les fils.

Ses victoires sur le Danemark, l'Autriche et la France qu'il surprit en pleine paix, furent facilitées par les Loges de tous les pays. Napoléon, en s'engageant dans cet engrenage, ne pouvait manquer d'aller jusqu'au bout.

Nous perdîmes deux provinces, cinq milliards, qui désormais allaient circuler au profit d'un pays où l'or manquait la veille, sans compter les pertes en hommes, et notre pays, qui tenait le premier rang en Europe, décomposé, menacé sans cesse, fut réduit à l'impuissance.

L'Italie, qui avait obtenu au traité de Prague la Vénétie, quoique battue à Custozza, s'allia à la Prusse contre nous.

Notre vieille alliée l'Autriche, que Palmerston avait réussi à brouiller avec la Russie, se jeta dans les bras de ses vainqueurs de la veille pour former contre nous la Triple-Alliance.

Le lendemain était édicté le Kulturkampf et les lois de mai contre les catholiques allemands ; et la persécution contre le catholicisme sévissait en Autriche, en Italie, en Suisse, en Belgique, et n'attendait pour sévir en France, comme nous en avait prévenu Pie IX, que le temps de se préparer et d'amener deux francs-maçons de marque, amis de Bismarck, Ferry et Gambetta, au pouvoir.

En 1875, nous faillîmes être envahis à nouveau et ne dûmes notre salut qu'à l'intervention de la Russie, comme l'a révélé le général Le Flô. Il en fut de même en 1888, quand Crispi alla trouver Bismarck à Friedrichsruhe.

A l'intérieur, tout un plan révolutionnaire avait commencé sous l'Empire et devait plus tard obtenir sa consécration définitive.

En 1854, la nomination des instituteurs fut confiée aux préfets, qui les transformèrent ainsi en agents électoraux peu à peu.

L'Empereur avait accordé le suffrage universel, en le dirigeant par la candidature et la pression officielles, et, pour se concilier les voix des électeurs, avait développé, avec le fonctionnarisme, sa clientèle électorale.

Un grand nombre de cabarets furent autorisés ; ils atteignaient 1 pour 33 habitants déjà à la fin de l'Empire. C'était le vœu de Piccolo Tigre d'y attirer les hommes, de les amener à la révolte contre tous les principes, et c'est à quoi la liberté donnée à la presse juive et maçonnique, quoiqu'encore un peu muselée, s'efforçait d'amener les électeurs, Les Bourses fleurirent, Havas déjeunait avec Rothschild et fabriquait avec lui des nouvelles à sensation, qu'il communiquait aux journaux pour préparer des hausses et des baisses factices, et faire passer peu à peu toutes les valeurs dans ses mains.

On développa les comices agricoles pour enseigner tous les progrès à l'agriculture, qu'on venait de sacrifier à la haute banque étrangère dans les traités de 1860. On fit de magnifiques Expositions qui instruisirent les autres nations de tous nos procédés de fabrication.

Un grand développement commercial suivit, les nations voisines furent d'abord nos tributaires pour le sucre et la viande grasse, pour nos excellents crûs de Bourgogne et du Bordelais, Mais l'ancienne culture périt. La loyauté de notre fabrication, le bon goût et l'art de nos méthodes et du génie français assurèrent d'abord notre suprématie industrielle sur le marché mondial, mais le nôtre fut bientôt après envahi par la camelote cosmopolite.

La richesse passagère, qui se développa au début, amena une ère de prospérité, pendant qu'on prêchait la lutte des classes et que les conservateurs, endormis par la prospérité matérielle, oubliaient leurs traditions d'antique attachement aux populations, qui maintenaient jusque-là l'édifice social.

Les riches se faisaient remplacer dans les armées, amenant les pauvres à douter du patriotisme.

F∴ Renan attaquait la divinité de Jésus-Christ ; la philosophie athée commençait à s'étendre et avec elle venait la corruption des sciences, qu'après 1870 de nouveaux maîtres, venus d'outre-Rhin, devaient pousser jusqu'à la dernière limite.

C'est cette science qui a fait faillite de nos jours.

Ainsi fut complété le cadre dictatorial et de révolution permanente du premier Empire, qui a servi presque sans changement aux maîtres du jour pour exercer leur toute-puissance destructive de la France.

Le lit de la Révolution venait d'être préparé, et la République s'y installa, après un léger répit amené par les élections de 1871, plus tard sans changement.

La politique de Pie IX

Il est indispensable de remettre en évidence cette grande figure d'un Pape qui connut à son avènement toutes les splendeurs, pendant son règne tous les déboires, et qui toujours se montra l'homme surhumain, supérieur aux événements, vraiment inspiré de Dieu, mais dont tous les actes furent dénaturés, travestis et couverts par la presse juive et maçonnique du manteau de l'incohérence et de l'imbécillité. Il eût pu être le sauveur des sociétés modernes : sa voix étouffée par les trompettes de l'ennemi ne put même parvenir jusqu'à elles.

Il renouvela les excommunications de ses prédécesseurs contre la secte infâme des francs-maçons, à un moment où on eût pu les empêcher d'envahir toutes les fonctions publiques, où ils sont aujourd'hui sournoisement installés partout. Qu'en dit le *Journal des Débats*, que lisaient de préférence les esprits éclairés de l'époque ?

> « *Voilà un pape, qui se permet d'excommunier, et qui montre ainsi qu'il n'est plus de son temps !* »

C'est la note que la presse juive donnait aux conducteurs de peuples, et je vous le demande, qu'y avait-il d'excessif à déclarer que ceux qui se proclament ennemis de Dieu et de la société sont en dehors de la communion chrétienne ?

Mgr Dupanloup a fait paraître en 1865 une très belle brochure chez Douniol : *La Convention du 15 septembre et l'Encyclique du 8 décembre 1861*. La première est un acte passé entre l'Empereur et Victor-Emmanuel, s'engageant dans deux ans à laisser à ce dernier la garde de la papauté. Dans cette partie de son ouvrage, il montre les tendances du Piémont vers Rome capitale, le but qui est la destruction du catholicisme, l'intention de la France, volant au secours du Saint-Père en 1849, la conspiration sourde ourdie par l'Empereur et ses ministres, l'opposition des hommes d'État français à ces actes d'impiété et de révolte, comment on a trompé l'opinion, et le bruit fait autour de l'encyclique pour amener le silence sur cette convention infâme, sur laquelle aucun évêque n'a été consulté, ne peut donner son sentiment par voie de mandement, et pourtant contre laquelle tant de ses collègues ont déjà protesté.

Et quelle est cette Encyclique fameuse sur laquelle tant de publicité a été stylée, pour faire un bruit assourdissant et empêcher le monde catholique de s'occuper de la Convention ? L'Encyclique *Quantâ curâ* commence ainsi : Vous savez, Vénérables Frères, dit le pontife, avec quel soin nous vous avons prévenus de tous les dangers qui menacent la société moderne ; prévenez donc votre troupeau de ces doctrines présentées sous couleur de libertés et qui ont servi aux sectes socialistes, collectivistes, nihilistes, pour entrer dans la place et pouvoir commettre tous les crimes.

Puis suivait un résumé, *Syllabus*, de ces propositions à double sens, déjà signalées par ses prédécesseurs, au nombre de 64, et qui furent traduites, dit cet éminent Évêque académicien, par 64 contre-sens et contre bon sens et il le prouve à chaque terme travesti. Dans l'imprimerie de Pie IX étaient des membres de l'Internationale qui le communiquèrent aux juifs des *Débats*, avant que les Évêques ne l'eussent reçu.

A peine la liberté de la presse avait-elle pu s'installer à Rome, que trois journaux furent fondés, d'où partaient les insurrections et les émeutes. Et le Pape osa déclarer qu'il ne faut pas une liberté de la presse absolue !

Nous avons vu dans la lettre de Carletti, comment les scrutins furent fraudés pour faire déclarer à l'Italie qu'elle voulait la suprématie du roi de Piémont, et le Pape ose déclarer que le nombre ne constitue pas seul un droit !

Proposition condamnée : l'Église n'a pas le droit *animadvertere philosophiam*, de combattre la philosophie rationaliste et athée. Les *Débats* traduisent par sévir contre » pour rappeler, comme toujours dans ce camp-là, les bûchers du Moyen-Âge !

Pie IX réunit alors le Concile du Vatican. Il faut croire qu'il fit de bien grandes œuvres, puisque Léon XIII, dans ses Encycliques si variées, s'en réfère à chaque instant à ses travaux. Le 17 juillet 1870, l'Univers rapporte en entier le décret du Concile consacrant son autorité doctrinale si étrangement méconnue, car ce journal fut le seul qui osât publier ses Encycliques et il fit de la prison chaque fois, et les évêques ne le pouvaient sans s'exposer à tous les genres de pénalités, histoire de défendre les libertés gallicanes, consacrées par Louis XIV et Napoléon.

> *« En présence de l'attaque des sectes ennemies, dit le Concile, il serait bien utile qu'il y eût un centre de foi et de lumière autour duquel chacun pût*

se rallier, et il ajoute que c'est au Pontife suprême qu'a été confié le soin de garder comme un bon et fidèle pasteur le précieux dépôt de la Foi, et de le publier chaque fois que l'unité de la chrétienté est en péril, et, quand le Pape prononce ex cathedrâ (c'est-à-dire comme Docteur de l'Église universelle, sur les questions de foi et de morale), le Pape jouit pleinement de l'assistance que l'Esprit Saint a promise à son Église, à condition de ne pas innover. »

On en a fait l'infaillibilité. Le but de l'Église était de reconstituer l'armée catholique. Elle proclama l'autorité du chef, puis reconnut les devoirs des soldats :

« Chacun par la parole, par la presse, par tous les moyens d'action, doit défendre l'Église et la société. »

Et c'est dans ce sens qu'un membre éminent du Concile nous disait en revenant que nous étions en état de péché mortel social, en refusant de le faire. Mais l'invasion des armées piémontaises dans Rome ne permit pas la proclamation de cette seconde partie.

Pie IX réclama alors des pèlerinages à Rome et il est impossible de lire deux discours qu'il y fit sans reconnaître, devant les maux qui nous menaçaient et nous étreignent aujourd'hui, que Pie IX voulait lutter. Il déclarait les plus coupables du siècle les hommes d'État qui, ayant le pouvoir en mains, refusaient d'agir :

« Méfiez-vous de ces hommes, qui viennent gantés, ayant tout le vernis de la bonne éducation, dans vos salons, et qui font l'œuvre de la Bête ; les radicaux sont moins dangereux, car on s'en méfie. »

Des émeutes furent provoquées pour en arrêter les effets et ceux qui crachèrent à la figure de nos prêtres dans ces manifestations furent des juifs italiens.

Ainsi Pie IX ne fut jamais écouté ni compris, le supérieur de la Trappe me rapporta qu'il avait pleuré devant lui :

« J'ai voulu, disait-il, préserver la Société des maux qui la menacent, et le clergé français m'a laissé passer pour un Pape qui n'est pas de son temps. »

Ce grand Pape eût pu sauver l'Europe, si on l'eut écouté. Léon XIII, qui lui succéda, changea de tactique, tout en conservant la base au point de vue du dogme religieux lui-mime. Nous verrons bientôt comment la presse juive et maçonnique altéra également tout ce qu'il fit.

L'Assemblée de 1871

Sous le coup d'une invasion triomphante, la menace d'une révolution prochaine, effrayée des fautes de l'Empire, la France consultée dans les angoisses de la défaite, de la crainte de l'isolement, voulut revenir aux traditions d'un passé de gloire et de bonheur et nomma une Assemblée monarchique et catholique. Mais l'oubli des devoirs sociaux, l'habitude de s'endormir dans les compromissions parlementaires, de remplacer les actes par des discours à effet, paralysèrent son action. Comme l'enfer, elle fut pavée de bonnes intentions.

Après 21 ans de loi Falloux, aucun programme universitaire n'avait permis de rétablir l'enseignement des doctrines sociales catholiques dans un pays catholique, et, en dehors de l'enseignement d'école, aucun ne l'avait tenté. Pas de doctrine : pas d'union ! pas d'union : pas d'action ! La grande voix de la Papauté les avait rappelées, mais tout en avait été défiguré par la presse juive, maçonnique ou protestante, qui ne fait qu'un.

Thiers était franc-maçon. L'ancien ministre de Louis-Philippe appartenait à ce parti de francs-maçons conservateurs, partisans de l'ordre au pouvoir, sans abandonner les doctrines de la secte. Ayant eu le courage de voter contre la guerre et de dénoncer les fautes de la fin de l'Empire, il revint élu par 23 départements et fut nommé chef du pouvoir exécutif.

Comme la Maçonnerie, il ne voulait point de Monarchie. Non seulement il le déclarait dans les salons, mais le 17 janvier 1848 il avait dit à la Chambre des députés, en parlant de l'insurrection des radicaux suisses :

> « *Je ne suis pas radical, mais je suis du parti de la Révolution, et, si le gouvernement passait dans les mains d'hommes moins modérés et plus ardents, je resterais du parti de la Révolution.* »

C'est là M. Thiers tout entier, fidèle à son serment de chevalier Kadosch !

Grâce à cela, il reçut la délégation des partisans de la commune de Lyon et Marseille et les apaisa par des promesses. Grâce à cela, il put triompher de l'insurrection du 18 mars 1871, et la Commune de Paris, sortie des Loges parisiennes, fut abandonnée par la province, et même M. de Bismarck, qui pouvait craindre en France un gouvernement réparateur, lui témoigna des sympathies pour le traité de paix.

Quand rien n'était plus facile que le rétablissement de la Monarchie légitime à Bordeaux et à Versailles au début, il amusa l'Assemblée :

> « *Vous voulez*, disait-il, *la Monarchie de ce côté de la Chambre : vous êtes en nombre, vous la ferez quand vous voudrez ! Vous voulez la République de cet autre côté, vous l'avez : vous vous plaignez qu'elle soit conservatrice ; elle sera conservatrice ou ne sera pas »*

Pendant ce temps, une presse dévergondée, montée à un tirage exceptionnel, inondait les vitrines des marchands, était criée dans toutes les rues, les gares, les hôtels et les cafés, et les agents de M. Thiers lui-même favorisaient les élections d'une nuance plus avancée.

Le 24 mai 1873, l'Assemblée Nationale le renversa et le remplaça par le Maréchal de Mac-Mahon. Mais la situation était moins favorable en 1873. La majorité monarchique s'était laissée entamer, elle avait donné des preuves déjà de son inaction : pourtant tout le pays eût acclamé Henri V, le fils du malheureux duc de Berry, si les circonstances l'avaient ramené au pouvoir. Tous les partis y étaient résignés.

Y eut-il chez ce dernier insuffisante compréhension de ce qui se passait en France, où le patriotisme et la crainte des décadences qu'amenait avec lui le plan des révolutionnaires avait massé tous les partis réunis par un espoir suprême, ou bien les intrigues des faux libéraux et les menaces des révolutionnaires, qui n'ont été connues que plus tard entravèrent-elles ce que le pays considérait comme son salut au mois d'octobre 1873 ? La combinaison échoua et nous fûmes relancés dans le parti de la Révolution.

Alors le gouvernement des ducs vit arriver un Decazes, franc-maçon comme son père, reçu « lowton » à la Loge maçonnique de Bordeaux, comme le Monde Maçonnique de janvier 1878 le rappela. Dès lors tout se passa en velléités, en discours parlementaires pendant que les francs-maçons affluaient de plus en plus dans la représentation nationale, sous l'influence d'une propagande de presse infernale et mensongère, sans un seul journal populaire à lui opposer à Paris ; on arriva à un essai de Coup d'État constitutionnel, sans plan, sans but, sans action, qui conduisit à l'échec le 14 octobre 1877.

Ainsi l'Assemblée, qui avait le droit d'être constituante, comme l'a reconnu un de nos adversaires, John Lemoine, puisque tout avait été détruit, ne sut rien constituer. Elle abandonna ceux qui l'avaient servie aux représailles de ses adversaires triomphants, reculant pour longtemps une nouvelle tentative de la nation. Elle fit une enquête sur les actes du gouvernement de la Défense Nationale, mettant en évidence des marchés scandaleux, des supercheries coupables dans l'approvisionnement des troupes, et des actes de trahison véritables qui eussent dû être sévèrement punis et flétris devant toute la nation. Elle ne sut ni flétrir ni punir et laissa faire une apothéose aux coupables pour remonter au faite du pouvoir.

Elle ne sut prendre aucune mesure contre une propagande de diffamation et de destruction brutale de nos institutions les plus respectables et utiles, ni faire de propagande de réfutation nécessaire.

Elle laissa semer la haine entre les différentes classes du travail national, en vertu du : *Divide et impera* des sectes, qui assurait la prépondérance de l'étranger.

M. de Bismarck avait dévoilé tout un plan de décomposition de la France au comte d'Arnim. Il suffit de le relire pour voir que tout s'est accompli, avec la complicité maçonnique d'une part, et ces doctrines de a laissez faire a et de « laissez passer », semées chez les catholiques par la ligue que fonda Richard Cobden dès 1840, au moment où on s'apprêtait à remanier l'Europe, et où tant de crimes se perpétraient dans l'ombre, afin d'endormir les gendarmes. Le clairon de 1870 ne les avait pas même réveillés !

Le Travail des sectes de 1870 à 1873

Le catholique de nos jours, désarçonné par le travail mystérieux des sectes et l'oubli total de ses devoirs sociaux, n'arrive guère à se retrouver dans ce labyrinthe des événements contemporains.

A peine l'Empire, par les discours de M. Rouher et les dépêches diplomatiques de M. de Lavallette, a-t-il cherché à justifier les événements de 1866, que vient la guerre de 1870, où le 26 juillet, sans qu'aucun échec ait été infligé à nos armes, la brigade française qui occupait Rome, reçoit un ordre de départ et, le 20 août, Jérôme Napoléon apporte des instructions autorisant l'Italie à tout faire.

Ce plan, d'accord avec celui de la Haute Vente romaine, amena l'ordre donné au général Cadorna de marcher sur Rome, et tous les journaux du temps ont constaté que le ministre prussien accrédité auprès du Pape avait lui-même dirigé le tir piémontais, ce qui n'empêcha pas M. Sénard, ministre du 4 septembre auprès du gouvernement italien, d'adhérer à la chute de la puissance du Pape. Il fit plus : il offrit la rétrocession de Nice à l'Italie, comme l'a fait connaître une correspondance de Crispi dans le *Pensiero* de Nice en janvier 1876.

Ce fait, comme tous ceux qui suivirent, montre que les francs-maçons français avaient bien peu de droits à reprocher les fautes de l'Empire qu'ils avaient eux-mêmes inspirées, pour lui faire une guerre acharnée et le remplacer, en se déguisant en républicains. Ainsi fut accompli en Italie cette transformation où les nobles ont disparu, remplacés par ces galants hommes, *galantuomini*, recrutés parmi les usuriers de village et ces hommes de loi et de proie, pris dans la lie des classes libérales, arrivés aux richesses par la fausse science et la fausse jurisprudence, qui semèrent la misère au sein des populations que Cobden avait vues si fortunées.

Pour les faits relatifs au gouvernement de la Défense Nationale, l'enquête provoquée par l'Assemblée de 1871 a fait sur eux la plus complète lumière : les cartouches en ardoise pilée, les vareuses brûlées, les souliers en carton, les volontaires bretons faisant l'exercice avec bâtons, pendant qu'on distribuait les fusils américains à Marseille et à Lyon pour la prochaine Commune, et la trahison des chefs, mais elle ne sut pas sévir. Je m'étonne qu'on ne recoure pas plus souvent à ces documents, alors que les coupables sont revenus aux honneurs et au pouvoir.

M. Bourgoin y a déposé que les loges maçonniques de Paris, les socialistes et l'Internationale y prirent une part prépondérante dès l'origine, et que les francs-maçons y pérorèrent dans toutes les circonstances, s'occupant très peu de défense nationale. La Société d'éducation et d'enseignement a publié en 1872 de plus des mémoires sur la guerre faite pour la destruction de l'enseignement chrétien, principalement par *La Ligue de l'Enseignement*, chère au général André, pendant la guerre de Prusse, sans craindre même de fomenter de telles divisions en face de l'ennemi.

Troublée par les élections du 8 février 1871, la franc-maçonnerie employa contre l'assemblée qui en sortit tous les moyens et appuya hautement la Commune, Il s'agissait d'empêcher à tout prix le retour d'une monarchie paternelle et chrétienne.

Que des hommes de bonne foi s'y soient égarés, trompés par des libertés de parades, les faits sont là, et l'on ne peut empêcher par exemple M. de Rothschild d'avoir soutenu le crédit de la Commune.

Dès le 20 avril 1871, une réunion de francs-maçons se lient au Châtelet, et élit pour orateur fr∴ Floquet, puis, grossie de 10 000 francs-maçons revêtus de leurs insignes, se rend à l'Hôtel de Ville, où le fr∴ Thirilocque dit que la Commune est le nouveau Temple de Salomon, et elle est accueillie par le fr∴ Lefrançais, membre de la Commune, qui leur déclare que la Commune poursuit la même régénération sociale que la franc-maçonnerie. De là, une délégation est envoyée à M. Thiers, bannières en tête, mais le roué ancien ministre de Louis-Philippe, qui avait soutenu la Révolution et combattu les excès de la jeune Charbonnerie, refuse de prendre des engagements.

Le *Journal Officiel de la Commune* montre que les francs-maçons ont établi un service dans tous les arrondissements pour l'exécution entière des décrets de la Commune, et le 22 mai, à l'entrée des armées françaises dans Paris, une proclamation est lancée du Grand Orient par les francs-maçons pour faire un dernier appel en faveur de la Commune. Quelques chefs l'ont désavouée après coup, mais ne peuvent détruire le document. Ce sont ensuite des Loges de province qui font des menaces à l'Assemblée à cette époque. M. Thiers les reçoit et cette fois fait des promesses qu'il a tenues.

Les francs-maçons du dehors étaient obligés à moins de réserves. M. de Bismarck qui donnait comme instruction au Comte d'Arnim de nous maintenir en République, qu'ainsi, nous avions moins de chances d'avoir des alliés, avait formé tout un plan de décomposition de la France par la guerre religieuse et sociale, et le mot d'ordre était partout : ni Bourbons, ni Orléans, plutôt la République et, à défaut l'empire ! Son plan fut réalisé si bien qu'il disait à ses intimes que nous avions l'*agonie folâtre* !

Alors eut lieu un convent à Locarno, où Félix Pyat, fin octobre 1872, représentait la France et où fut décidée la dictature Gambettiste. On y comptait sur le mouvement des radicaux français et l'argent des Prussiens.

Le mouvement des radicaux français fut promis et le général Etzel déclara que Bismarck était tenu de manière à ne pas pouvoir se dégager. La disparition de l'Autriche y était même escomptée à très bref délai.

C'est peu après qu'est fait un essai de restauration monarchique, et la journée du 24 mai 73 émeut le *Journal de Genève*. Les francs-maçons s'agitent et entre autres préparatifs de lutte, les francs-maçons de Saône-et-Loire ont organisé le complot d'enlever du château de Sully la Marquise de Mac-Mahon comme otage. Un procès a lieu au tribunal d'Autun, puis de Dijon, où tout est dévoilé et qui met M. Boysset, vénérable de la Loge de Chalon en très mauvaise posture.

Il en conçoit un tel dépit que nous le voyons plus tard à la tête de l'épuration de la magistrature.

Jules Séverin

Triomphe des Francs-Maçons en 1877

Nous avons vu, dans un article précédent, l'affiliation à la Franc-Maçonnerie du duc Decazes, réclamé comme un des leurs par le *Monde maçonnique* de janvier 1878. Allié avec Léon Renault, préfet de police, se servant admirablement de ses relations avec Emmanuel d'Harcourt, secrétaire de la Présidence, M. Decazes a exercé une influence prépondérante sur des événements où la lumière se fera sans doute un jour.

C'est ainsi qu'à la demande de M. Crémieux, grand commandeur du rite écossais et président de l'Alliance israélite universelle, il fait intervenir par l'ambassadeur de Constantinople auprès de la Porte ottomane en faveur des juifs d'Orient protégés de M. de Bismarck.

La révolution de 1868, en Espagne, avait été faite par la Franc-Maçonnerie, qui ne pouvait pardonner à la reine Isabelle l'appui qu'elle prêtait au Saint-Siège, et, malgré la propagande des Zorilla, Castélar et Py y Margall pour la République et la guerre à la religion, l'Espagne n'était pas mûre pour des idées aussi avancées.

On se rallia donc à la royauté d'Alphonse XII, ce en quoi la Franc-Maçonnerie ne se trompait pas, car le 12 mai 1877 une commission du Congrès des députés attribua à l'État la direction de l'enseignement public, la réglementation de l'enseignement privé, sauf à déterminer la nature de l'enseignement moral à donner. Tous les Évêques protestèrent.

La Franc-Maçonnerie, toujours acharnée contre les Bourbons, avait combattu à outrance l'avènement de don Carlos, le duc Decazes avait dans cette circonstance prêté son appui à la Maçonnerie et, dans ces *guérillas* qui avaient lieu souvent sur la frontière, faisait garder la frontière contre lui seul.

La Franc-Maçonnerie triomphait en France depuis l'échec de la Restauration monarchique auquel *La Chaîne d'Union* attribuait une importance exceptionnelle. Les conservateurs qui s'y étaient égarés sous l'Empire, sous l'influence officielle, s'en étaient retirés, et l'élément radical y avait afflué depuis, lui donnant de plus en plus sa vraie signification.

S'il y avait une dizaine de journaux étalés sous l'Empire aux vitrines des marchands, comme l'*Ordre*, le *Pays*, etc., ce n'est pas moins de cent qu'on trouva depuis dans les kiosques, qui furent colportés à son de trompe dans les cafés, les hôtels et les gares de la France entière, et, pour n'en citer qu'un : le *Père Duchêne*, fondé par la baronne prussienne d'Ecktedt, et qui disait que, si on refaisait une Commune, il faudrait mettre des bottes de paille arrosées de pétrole pour calciner les pierres, fondre les barreaux et faire effondrer les monuments, que ce serait beaucoup plus beau.

D'ailleurs, il y avait à Paris un tirage de quinze cent mille numéros politiques et quotidiens que j'ai relevés à la Préfecture de police en 1877 pour attaquer l'Église et la Société, et, en dehors de ces journaux reptiliens, 300 000, nuance *France* et *Figaro*, qui nous aidaient et combattaient tour à tour, puis 50 000 de journaux catholiques, grand format, à style d'érudit, pour les châteaux et presbytères, presque introuvables à Paris, de façon que, quand les catholiques étaient au pouvoir, c'est là tout ce qu'ils ont su faire contre la haine et la calomnie à jet continu.

On bâtissait des communautés pour 800 000 francs, des temples magnifiques, et pour assurer tout cela contre le pétrole et l'expulsion : rien !

Les brochures allaient de pair avec les journaux : la *Bibliothèque démocratique*, la *Bibliothèque Franklin*, le *Catéchisme du peuple*, etc., complétaient l'œuvre universitaire en calomniant l'histoire de France et la religion dans l'esprit populaire et notamment les écrits d'Erkmann-Chatrian répandus à profusion, déclarant qu'il n'y avait pas d'écoles avant 1789, *quand la littérature française inondait le monde*, que la dîme était perçue sur les pauvres, *alors qu'un tiers leur en revenait, que les frais de culte étaient gratuits et que l'Église entretenait pour eux des biens communaux*, qu'à la guerre les pauvres se battaient pour des choses qui ne les regardaient pas, (*il faudrait renvoyer cette accusation à la grande République maçonnique, qui inventa la Conscription, poussée au maximum sous l'Empire pour détrôner les rois légitimes en Europe et à un haut initié, Bismarck, inventeur de la nation armée !*) Voilà un livre qui fit les délices de la *Petite République française* pour le reproduire dans ses feuilletons.

Plus tard, nous avons eu le *Catéchisme de Voltaire*, pour amener la France à fêter les victoires du roi de Prusse probablement sur la France. Mais il eut moins de succès, car les catholiques alors finirent par se défendre.

Mais, jusque-là, ils n'en avaient pas la moindre idée, principalement dans la capitale. *La Chaîne d'Union* constatait l'arrivée dans les Chambres d'un grand nombre de francs-maçons. Fr∴ Crémieux saluait l'entrée de F∴ Mitard au Ministère, et le vénérable de Saint-Malo annonçait l'espoir des revanches prochaines de la Maçonnerie.

Le fr∴ Charles Cousin y faisait entrer des membres distingués par leur instruction, comme Littré et Ferry. D'autres, comme Léon Say, qui se défendait d'être franc-maçon, mais était convoqué chaque fois aux réunions, n'avait jamais quitté le Ministère et en faisait triompher les désirs financiers. En 1879, la Préfecture de police comptait 600 000 francs-maçons.

Quand donc MM. de Broglie et de Fourtou voulurent tenter un coup d'État, en mai 1877, il n'y avait pas un journal à Paris pour les défendre, il y en avait des légions pour dénaturer leurs actes. On ne pensait même pas au Ministère à en fonder un, et on s'engagea sans plan défini, sans but précis et sans programme, dans une voie où l'on n'aurait pas osé prendre une seule mesure préservatrice.

Les 363, fortement embrigadés, soutenus même par l'Étranger, firent triompher une majorité maçonnique, dont j'ai là, tous les noms et les affiliations, pépinière de ministères et d'inamovibles de leur siège, dont beaucoup étonneraient le public de les trouver là, et qui pour un quart de siècle pouvaient suffire pour entretenir tous les désirs de changement et les espérances, sans haute prétention, de M. Gogo.

L'Étalon d'Or

Si l'enseignement en France n'était pas réglé par l'Angleterre, si l'Angleterre ne dépensait pas tellement de fonds secrets dans la Presse parisienne que la Russie ne peut pas rivaliser avec elle, comme l'a déclaré le baron de Morhenheim, le public instruit comprendrait peut-être quelque chose à ce jeu infâme sur les métaux précieux, qui se fait à la Bourse de Londres et qui est cause de toutes les crises du monde, selon l'expression employée par M. Balfour, le jour où il a renversé sur cette question sir William Harcourt, à la Chambre des Communes.

Agriculteurs qui voient leurs prix tombés de moitié, industriels qui suivent la même filière, rentiers à coupons extérieurs qui ne touchent plus, États obérés, conversions, tout cela n'a qu'une cause : l'étalon d'or, *l'étalon juif*, a dit un initié, qui a augmenté indéfiniment la puissance des financiers et réduit démesurément le salaire des travailleurs sur toute la surface de la terre.

Quand la France édicta son système métrique et décimal, pour elle et pour le monde qui la suivit, elle s'inspira des idées de Mirabeau, que l'argent seul, par son prix de revient élevé, avait assez de fixité pour servir de mesure aux valeurs du monde, et elle prit comme base de son régime monétaire : *le franc d'argent*, le 18 germinal an III. Huit ans plus tard, le 7 germinal an XI, elle constata que les prix de l'or et de l'argent restaient à un taux sensiblement proportionnel, et elle permit de frapper des pièces d'or à 15 fois 1/2 moins de poids dans les pièces.

Et, pendant 70 ans, de 1803 à 1873, elle fit l'échange des monnaies de tous les peuples, sur le pied de 15 kilos et demi d'argent valant 1 kilo d'or. La proportion ne varia plus et le monde l'imita presque partout ; le reste s'y soumit.

Ce régime était trop loyal et ne pouvait durer. Quand tout le monde a la même mesure, on ne peut pas tricher.

L'Angleterre garda ses *yards*, ses *pouces* et ses *acres*, ses *gallons*, ses *bushels*, ses *ounces* et ses *livres*, ainsi que ses *shellings*, ses *pence* et ses *livres sterling*.

Lord Liverpool, un juif, en 1816, fait adopter à l'Angleterre l'unique étalon d'or : les shellings ne sont reçus que jusqu'à concurrence de 2 livres et l'or seul est valable au dehors.

Plus tard, Richard Cobden, révolutionnaire financier de la plus haute envergure, triomphe des objections de Robert Peel, met l'Angleterre sur le pied du libre-échange et conclut des traités de commerce avec Napoléon et Bismarck sur ce pied.

En 1807, les Économistes anglais demandent aux grandes puissances au congrès de l'Exposition de se mettre à l'unique étalon d'or. Ce vœu ne fut réalisé qu'après la guerre de 1870.

Quand Bismarck eut triomphé de la France, Bamberger, un juif, lui conseilla de constituer son régime monétaire sur le pied de l'étalon d'or, à l'imitation de l'Angleterre. C'était aussi le vœu de Blœchreider ; il pensait par là épuiser la réserve en or de la France, qui dès lors dût payer en or son indemnité de guerre. Ce vœu triompha malgré l'opposition des agrariens. Comme la France faisait l'échange, il lui envoya 1 200 millions de thalers, de florins et de francs d'Alsace pour les échanger contre de l'or. La France refusa.

C'est de ce moment que la *Gold and silver commission*, fait dater la baisse de l'argent, car la veille l'argent faisait encore prime de 1 pour 100, d'après les tableaux de M. de Foville à l'hôtel de la monnaie, ou plutôt, comme elle le rectifia, la hausse de l'or.

Le ministre des finances était alors M. Léon Say. Ce charmeur dangereux, tout dévoué à la secte des financiers anglais, ayant traversé plusieurs constitutions sans que la sienne fût altérée, avait donné le conseil et avait son but.

En 1876, il demanda aux Chambres le droit d'arrêter la frappe des pièces de 5 francs ; sur une interpellation de M. Dutilleuil, il se défendit de vouloir changer l'étalon monétaire de la France et du monde : il voulait, disait-il, empêcher une spéculation, qui avec de l'or monnayé français, aurait acheté des barres d'argent à Londres et les aurait fait frapper avec un bénéfice de 16 pour 100.

Le décret du 6 août 1876, conclu pour 18 mois, fut renouvelé le 31 janvier 1878, et, le 5 novembre de la même année, la *Convention latine* fut repassée avec la Suisse, la Belgique et la Grèce, avec interdiction de frapper des pièces de 5 francs en argent mais sans régler la condition de ces dernières, et la Banque de. France est encore encombrée de 450 millions de pièces d'argent de l'Union latine dans son encaisse, et dont elle ne peut se débarrasser. Le 6 novembre 1885, elle fut renouvelée de nouveau avec limitation de la frappe des pièces divisionnaires d'argent de 2 fr., 1 fr. et 50 cent. Elle est expirée depuis le 1er janvier 1891 et bénéficie de la tacite reconduction.

Ainsi, c'est subrepticement et sans le dire que la loi fut violée et non abrogée en France et dans le monde, à l'instigation de l'Angleterre. Elle a prêté 56 milliards au monde pour ses ports et ses chemins de fer et elle reçoit du Brésil 221 fr. pour 100 fr. de l'Argentine 227, du Mexique 240, de la Chine 253, de la Russie 150, de la Grèce 158, de l'Espagne 136. D'après tous les consuls anglais et français, consultés par la *Bimétallic League* et la Ligue Bimétallique, ces *milreis*, ces *dollars*, ces *piastres*, ces *roubles*, ces *drachmes*, ces *pesetas* achètent toujours autant de marchandises, alors que les Anglais les ont reçus au double ou au triple en paiement.

Depuis 1870, l'Angleterre fait l'échange pour tous les peuples du monde dans ses *clearing houses*, sur le pied de 50 milliards ainsi reçus au double ou au triple, entièrement convertis en marchandises, et dont elle inonde les marchés consommateurs d'Europe, qu'elle a eu soin de mettre tous à la monnaie d'or. L'agriculture européenne se meurt, son industrie est atteinte, le taux de l'intérêt a baissé, les États ont leurs finances obérées, mais sur 50 milliards de trafic ainsi établi, la Bourse de Londres réalise au moins 12 milliards de bénéfices par an.

Un jeune homme qui n'admirerait pas les beautés de l'étalon d'or se verrait refuser son diplôme ; les grands journaux des capitales du monde sont stylés pour vanter les beautés de l'étalon d'or et les professeurs, que nous avons tous confondus en réunion publique, enseignent ainsi une jeunesse inexpérimentée et sans défense !

Loubet chez son Souverain

J'ai déjà exprimé, lors de la visite d'Edouard VII à Paris, toutes les craintes que je ressentais de ce flirtage de notre gouvernement maçonnique avec celui de l'Angleterre. Si nous avions encore de vrais diplomates, ne donnant que contre un équivalent supérieur ou égal, capables de défendre l'intérêt de leur pays, et qui ne soient pas le produit de l'accouplement maçonnique, nous serions moins inquiets. Mais nous ne pouvons oublier le rôle de cette Angleterre, dans toutes les crises de notre pays :

L'Angleterre, notre ennemie sous Louis XV, sous la République et le premier Empire et fomentant quatre coalitions en Europe contre Napoléon ;

L'Angleterre, instruisant Voltaire en 1726, qui traduit les écrits des Tolard, des Gordon et des Bolingbroke, envoyés du club d'Holbach jusque dans le dernier village, et payant avec William Pitt une révolution qui cesse d'être française, pour prendre uniquement le caractère juif et huguenot ;

L'Angleterre, signant avec le Portugal le traité d'Eden au XVIIIe siècle, puis offrant les mêmes conditions commerciales à la France et, entre l'acceptation et la signature, changeant les conditions avec le Portugal. (Ce traité fut défait à coups de canon et valut à l'Angleterre le surnom de *perfide Albion*).

Au XVIIIe siècle, l'ennemie séculaire se présente comme voleuse de colonies, instigatrice de guerres civiles, une mauvaise foi légendaire, la nouvelle Carthage, avec sa foi punique, ses coalitions et ses marchands.

Au XIXe siècle, combattue par Napoléon et la Restauration, elle trouve ensuite par l'*entente cordiale*, un terrain mieux préparé pour nous mener à Sébastopol, fomenter la révolution italienne, abaisser l'Autriche, notre vieille alliée, la laisser battre par la Prusse, selon les vœux de son premier ministre Palmerston.

Richard Cobden poussait à un avenir commercial, admirable pour les tripatrouillages d'Israël ; il fonda une ligue en 1810 pour donner la liberté du commerce maritime à l'Angleterre.

En 1860, il fit conclure les funestes traités de commerce renouvelés en 1881. Dès lors, sont déchaînées sur l'agriculture et l'industrie de notre pays des crises sans précédents et les boursicotiers de Londres se taillent au moins 12 milliards de bénéfice annuel sur la ruine de tous les peuples.

Souvenez-vous des traités violés aussitôt que signés, comme la paix d'Amiens en 1802 ; des guerres d'extermination, comme Trafalgar et la guerre des Bœrs.

L'Angleterre n'a point d'amitié ; elle n'a qu'une Bourse au lieu de cœur, et c'est de la Bourse de Londres que partent les révolutions et les guerres en Europe.

Elle chauffe les guerres continentales, guette dans son île le résultat, sans risques pour elle, et intervient au moment du traité, comme par exemple au traité de Berlin, où nous étions représentés par l'anglais Waddington. Elle obtient Chypre et le protectorat en Asie-Mineure (*l'autre rive de Suez*) ; l'Autriche et la Grèce obtiennent, et la France, disait en le racontant aux lords et aux ladys lord Beaconsfield, après le traité : Quant à la France, Oh ! elle a toute nos sympathies ! *Bravo* ! *Bravo* ! criaient les lords de tous côtés.

Dans le partage de l'Afrique entre les puissances européennes, Salisbury ne racontait-il pas, peu après, que nous n'avions que des sables et des pays infertiles ? Le coq Gaulois n'est bon qu'à gratter.

Ce n'est pas tout.

La Bourse de Londres est encore le siège de la franc.-maçonnerie. C'est là où siège le Suprême conseil. C'est de là que sont parties les loges européennes, le partage de la Pologne, la fondation de la Prusse, la Révolution, l'Empire d'Allemagne, le règne des juifs, toutes les campagnes de persécution et de spoliation, d'émeutes et de grèves ; elle entretient des *leaders*, des professeurs et des journalistes dans toutes les capitales du monde. Elle nous domine, elle nous écrase et tous nos francs-maçons la servent.

Elle a déjà publié des cartes du partage de la France. Un traité d'alliance nous enlèverait celle de la Russie et ne nous donnerait rien. Un traité commercial lui donnerait tout et ne nous donnerait pas davantage. En 1860, elle protégeait ses bières et ses cotonnades et fermait ses colonies ; en 1881 et 1891, il en fut de même : de plus elle eut la clause maudite de la nation la plus favorisée qui avait été imposée à la France, le couteau sous la gorge à Francfort, profitant ainsi, sans rien nous offrir, de tout ce que nous donnions aux autres. Aujourd'hui elle protège tous les produits presque sans exception et réclame le libre-échange chez les autres, pour nous envahir des denrées achetées à vil prix en Amérique, en Asie, en Afrique et transportés par ses navires, et nos professeurs nous dorent la pilule pour obtenir un tel résultat pour elle.

Elle demandera tout à notre premier Magistrat contre des banquets... et ne nous offrira rien !

Le F∴ Loubet ne saurait refuser quoi que ce soit à Edouard VII, grand maître de la Maçonnerie, son souverain.

Voilà pourquoi le voyage de Panama à Londres ne nous dit rien qui vaille. Ouvrons l'œil et le bon !

L'Enseignement juif

et protestant en médecine

Claude Bernard, Berzélius, et tous nos grands chimistes, comme Boussingault, Péligot et tant d'autres, avaient analysé avec le plus grand soin toutes les déperditions journalières du corps, le rôle des aliments selon leur nature, et en avaient suivi les transformations pas à pas.

Payen, le physiologiste, avait donné la composition de ces derniers dans le *Traité des substances alimentaires*, et, s'appuyant sur les données fournies par les chimistes du plus grand renom, dont les travaux ont fait le tour de l'Europe, y sont en vénération et universellement observés, sauf en France aujourd'hui, avait tracé un ensemble de règles pour équilibrer les recettes du corps à ses dépenses journalières.

Il fallait à l'homme en moyenne 20 gr. d'azote correspondant à 125 gr. d'albumine des œufs, ou de fibrine de la viande, ou de gélatine du veau ou du poisson, de caséine du fromage, mais qui ne s'usait que par le travail ; allant par conséquent de 12 à 26, selon le travail effectué, — de plus 50 gr. de graisse : gras de la viande, beurre ou huile, pour la digestion des légumes, pour assouplir les cellules du corps et en permettre le développement, — et 300 gr. de carbone combustible pour la chaleur vitale, dont 100 tout au plus peuvent être fournis par la combustion de l'aliment gras et azoté, et dont 200 au moins devaient être fournis par les hydrates de carbone : l'amidon du pain blanc, la fécule des légumes, le sucre des fruits et l'alcool du vin, de la bière ou du cidre.

L'amidon, la fécule et le sucre, se changent dans le foie en glucose, disait Claude Bernard, se rendent par la veine hépatique dans les poumons et concourent à la chaleur vitale et à la respiration. Et cette matière sucrée, il n'y a que deux malades à l'extrémité chez qui il ne l'avait pas trouvée.

Ces travaux ont fait le tour du vieux monde, ont reçu en Allemagne les meilleures applications pour l'alimentation même des animaux au repos, au travail et à l'engraissement, comme j'en ai constaté le bien fondé et les résultats merveilleux, dans mes années de culture, et pas un chimiste n'a varié d'un *iota* depuis cette époque pour les chiffres indiqués.

Il appartenait au juif Germain Sée, que Gougenot des Mousseaux appelle un révolutionnaire de la plus haute volée, de changer tout cela. Dans sa physiologie, où il exagère les qualités reconstituantes de l'azote (c. à d. de la viande), il prétend que la chaleur vitale est fournie par la graisse. Or la graisse ne brûle qu'en petite quantité, ce qui est saponifié par l'alcali du sang, et, dans ses abus, a porté l'humanité aux maladies causées par la graisse en excès, comme l'obésité, les tumeurs et les kystes.

Ces viandes grasses, que l'Allemagne débarque chez nous en abondance, seraient, nous dit-on sans cesse, un aliment complet ; et comme on en consomme énormément aujourd'hui, il s'en est suivi, par l'abus de l'aliment nerveux, des névroses et des insomnies ; par la combustion incomplète de la matière azotée en excès, de l'acide urique, principe de l'arthritisme, du rhumatisme, de la goutte, de la gravelle, etc.

On condamna, d'après cet enseignement, l'amidon du pain blanc, les légumes déclarés débilitants, le sucre par crainte du diabète, qui pourtant n'atteint que les grands mangeurs de viande, et finalement l'alcool ; or, il y a trente ans, c'était un dogme qu'on devait traiter les pneumonies par l'alcool. Les aliments caloriques et respiratoires venant à manquer, on condamna l'humanité à toutes les maladies de refroidissement peu à peu.

Les réclames tapageuses de Liébig, vendeur de viandes de la Plata ; les sociétés de tempérance fondées en France par l'Angleterre dans le but avoué de nous vendre le thé anglais au lieu du vin français, vinrent encore aggraver le mal.

Ces réclames intéressées et ce but mercantile ayant altéré toutes les santés, restait le jardin des plantes et la pharmacie végétale, qui apportaient un remède à ces abus, car les herboristes opèrent encore beaucoup de guérisons.

Mais cet esprit, qui commençait à poindre vers la fin de l'Empire et s'est épanoui depuis, remplaçant les études consciencieuses et le souci de la vie humaine par les spéculations les plus tapageuses, atteignit insensiblement son paroxysme par les nouveaux Maîtres que l'Allemagne nous envoya depuis 1870. Or, en Allemagne, un tiers des médecins sont juifs. Les juifs ont monopolisé les produits chimiques qu'on a entièrement substitués aux plantes.

L'arsenic brûle l'estomac : le bromure attaque le cerveau ; la strychnine détraque le système nerveux.. Qu'importe, si le juif emplit sa caisse !

Aujourd'hui, on ne cite plus Claude Bernard, on a tronqué Payen, on viole les règles de l'hygiène alimentaire, on s'adresse à des réactifs qui ne réagissent pas, et, dans tous les salons, on ne parle plus que de maladies, que de morts subites. Les médecins avouent qu'ils ne connaissent plus les causes et les remèdes de nos maux si divers. Ajoutez à cela les falsifications impunies des denrées alimentaires, le *Tout à l'Égout* construit à l'inverse des prescriptions de la Commission d'hygiène, l'air et l'eau contaminés, l'orgie poussée à l'extrême dans un but de dépravation sectaire, et cette soif de l'or, qui suffit de nos jours à excuser les pires entreprises, même au dépens de la santé et de la vie de ses semblables.

Violant toutes les règles de l'hygiène, n'ayant plus pour les malades que des remèdes de spéculation, des spécialités lucratives et la réclame intéressée, tout échoue !

Alors vient l'opération inéluctable, si merveilleuse dans quelques-uns de ses succès, mais, exécutée même par ceux qui n'ont pas la science des Maîtres et opèrent quelquefois sans cause, avec médecins rabatteurs et pour la forte somme.

La science périt, dès lors, ainsi que la conscience ![(1)]

Les Députés français à Londres

Il ne s'agit plus d'une visite de courtoisie d'un souverain. La faute est commise ! Si les Anglais, les seuls auteurs de nos crises commerciales, dont les spéculateurs et la Bourse toute-puissante ont tué notre agriculture, notre industrie, notre commerce, ont besoin d'une convention, dont Chamberlain a déjà exprimé l'immense désir, où la France donne tout et ne reçoive rien, soyez sûrs qu'elle est déjà promise dans la chaleur communicative des banquets !

Si, ce qui est plus grave, l'Angleterre rêve d'une nouvelle *entente cordiale* pour contrebalancer par nos armes et par nos capitaux l'influence russe en Orient, on va la négocier à Windsor ! Nous l'apprendrons dans six mois, quand les faits seront accomplis.

Autrefois, l'or anglais passait le pont de la Concorde. Êtes-vous sûrs de ceux de nos députés partis là-bas ? De telles négociations ont amené le

---

1 – (N.D.L.R.) M. Jules Séverin a reproduit ces règles de l'hygiène, ces remèdes aujourd'hui oubliés, et augmentés des découvertes réellement scientifiques de notre temps, dans un petit livre : *Médecine anti-juive et française*, qui se vend à la Librairie Antisémite, 45, rue Viviennes, à Paris. Prix : 1 fr. 50.
Nous le recommandons vivement à nos lecteurs.

Portugal à n'être plus qu'une colonie anglaise. Nous en sommes menacés à notre tour, et la France n'est pas même consultée pour ces marchés compromettants.

Nous avions déjà 400 francs-maçons à la Chambre, qui recevaient dans le mystère, l'inspiration étrangère, maîtres absolus de tous leurs actes pendant quatre ans et demi sans contrôle ; la grande presse de notre capitale est payée pour faire le silence sur les seuls agissements de la Bourse de Londres, qui pille le monde, conduit les révolutions et les guerres, et dont il n'est pas permis de parler dans la grande presse sémitique des boulevards, quelqu'intérêt qu'on en ait en tout et pour tout.

Ceux qui sont sur la place du Marché vont recevoir des sollicitations pressantes.

En répondez-vous ?

Le Pape de demain

Tout en rendant hommage aux grandes qualités du Pape qui vient de mourir et dont la mort si sereine et si belle a été un sujet d'admiration pour tous, à ses incomparables Encycliques où tous les sujets du monde moderne sont magistralement traités, il est permis de dire que le ralliement fut une faute politique française.

A tort ou à raison, tous les hommes militants luttaient sur le terrain monarchique. Du toast du cardinal Lavigerie, je ne dirai rien.

Il en est autrement de l'*interview* du cardinal Lecot. Il avait répondu qu'il fallait adhérer aux lois scolaires et militaires, et qu'à les user on verrait bien ce qu'elles avaient de mauvais. Léon XIII le félicita d'avoir adhéré à la République, et, la veille de l'élection, la franc-maçonnerie, créant une confusion voulue, afficha partout les félicitations de Rome.

Albert de Mun, Cassagnac et de moins en vue ne passèrent pas à cette élection. C'était en 1893.

Les directions pontificales n'allaient pas aussi loin pourtant que ses interprètes intéressés l'ont prétendu.

Dans sa lettre du 16 février 1892, il nous reprochait de négliger nos devoirs envers notre foi et notre patrie. On lui avait dit que la cause de cette inertie était dans nos divisions, et il disait que, si nous ne pouvions nous entendre, nous acceptions un terrain commun, par exemple la Constitution.

Voyant que ses idées étaient mal comprises, il en fit une seconde, pour nous expliquer qu'il fallait quand même combattre les mauvaises lois et les hommes pervers, le 3 mai 1892.

Ceux qui avaient intérêt à faire croire au Pape que c'étaient nos divisions et non l'esprit d'inertie qui arrêtait tant de catholiques de nom, allèrent si loin dans leurs interprétations qu'ils créèrent un *péché de monarchie*. Les monarchistes en référèrent au pape, qui déclara qu'il ne condamnait ni la fidélité, ni la confiance, mais que, malgré les désirs d'un certain nombre d'entre nous, le peuple ne semblait pas les ratifier.

Ainsi, les monarchistes furent désavoués, en pleine lutte électorale. Ils furent battus. Si l'on tient compte de la pression, des fonds secrets, des urnes à double fond et des manœuvres de la dernière heure, ils arrivaient presque à égalité jusque-là. Les électeurs français, d'autre part, n'acclament que la droiture, la conviction, la crânerie, celui dont les idées ne changent pas à tout vent, et un programme net et immuable, parce que supérieur.

Les monarchistes n'avaient aucune chance, en se présentant comme républicains : ils se sont retirés. Les ralliés ne pouvaient se recruter que parmi les novices ils manquaient d'autorité et n'en ont pas encore beaucoup depuis.

Le mouvement continua pour abattre la résistance des Congrégations, les éparpiller et aboutir au désarroi actuel. La thèse du Pape, si les prémisses étaient exactes, était très défendable. Mais qui donc abattit la résistance des hommes politiques, de la presse et des congrégations Les journaux juifs, maçonniques et huguenots sans doute, mais aussi ceux qui renseignaient un pape prisonnier, les ambassadeurs, quelques nonces ambitieux et aussi son secrétaire d'État.

Il ne faut pas, si l'on tient à garder une France catholique, que pareille faute puisse se renouveler.

Le centre catholique allemand, la Belgique résistèrent aux directions pontificales. Ils ont triomphé, et le Pape mieux informé les a félicités depuis.

La France les a suivies, jusque dans les dernières limites, où certains avaient intérêt à les pousser. On peut juger la différence des résultats.

Jules Séverin

L'Enseignement Allemand en Chimie

Je fais de la chimie depuis 36 ans ; j'apporte la dernière main en ce moment à un ouvrage : *Toute la chimie minérale par électrolyse*, où toutes les actions directes ou secondaires sont étudiées pour toutes les préparations et analyses, et où il n'y a plus qu'un contrôle final à exécuter pour un quart restant de l'ouvrage.

J'avoue que je ne vois aucune raison logique pour que Wurtz, le fils du pasteur protestant de Strasbourg, qui avait fait ses études à Munich, s'appuyant sur les travaux de Dulong et Petit, d'Avogadro et de tous ceux qui ont étudié les chaleurs spécifiques, soit venu nous fabriquer des atomes, qui sont en contradiction avec les anciens équivalents sur presque toute la ligne. La furie est telle aujourd'hui qu'on continue par le genre de cristallisation, la température d'ébullition ou de congélation, à en fabriquer tous les jours.

Mais, me dira-t-on, parce que les coefficients de chaleur spécifique, multipliés par l'équivalent en volume, donnent toujours un chiffre identique. C'est une erreur : j'ai examiné vos tables avec beaucoup de soin ; il y a des variantes nombreuses ; de plus, à l'état gazeux, il y avait anomalie complète pour le mercure, le soufre, le phosphore et l'arsenic ; à l'état solide, il y en a pour le carbone, le bore et le silicium.

Et alors que nos équivalents équivalaient, vous avez bouleversé celui des trois quarts des corps chimiques, pour cette monomanie, de façon à nous donner des monovalents, des bivalents, des trivalents et des tétravalents, sauf pour l'élève et le praticien à retenir que tel corps marqué du chiffre ^{2} l'a été parce que c'est un monovalent combiné à un bivalent. Ainsi $MgCI^2$, le chlorure de magnésium, s'écrivait autrefois $MgCI$ et exige, pour isoler le métal aujourd'hui, K^2 au lieu de K, parce que le magnésium a été doublé pour cette lubie et que le chlore et le potassium ne l'ont pas été. Le thallium, monovalent dans un cas, est trivalent dans un autre.

Et notez que l'élève doit retenir tout cela, en surchargeant sa mémoire pour des équivalences calorifiques qui n'équivalent pas la plupart du temps.

Quant au praticien, en électrolyse comme en réactions ordinaires, c'est toujours l'ancien équivalent qui opère, sauf à le retrouver dans ce nouveau dédale. Il n'y a d'exceptions que pour quelques formules, comme celles des sesquioxydes, adaptées autrefois pour satisfaire à la théorie atomique en germe à cette époque, ou l'acide phosphorique et arsénique, dont l'équivalent n'est que de moitié en électrolyse, comme en chimie ordinaire du reste.

Aussi cette belle science, d'où tant de progrès admirables sont sortis, est-elle devenue incompréhensible même pour les augures entre eux.

Mais ce n'est pas tout ! On s'est imaginé, après tant de bouleversements sans cause, de transporter tout l'oxygène du côté de l'acide. Or, ce n'est pas la même chose : les acides complets, comme l'acide sulfurique, phosphorique, carbonique sont simplement attirés au pôle positif, tandis que la base est décomposée : l'oxygène va au pôle positif, équivalent pour équivalent d'électricité, et le métal, si c'est un sesquioxyde, pour deux tiers d'équivalent au pôle négatif, et, si c'est un bioxyde, pour moitié.

L'électricité qu'on n'a pas consultée, vous donne donc des moitiés et des tiers de vos fameux atomes. Du reste, vous l'avez pressenti vous-même, lorsqu'écrivant l'acide azotique $Az^2 O^5$ au lieu de $AzO^{2½}$ — car, pour le bioxyde d'azote vous mettez A z O, et l'azote n'a été doublé là que pour éviter des moitiés d'atomes — vous le classez aussitôt dans une bande à part, les anhydrides, pour réserver vos faveurs à l'acide hydraté, le vrai acide selon vous.

Pourquoi ?

Parce que l'oxygène de l'eau a été doublé et pas l'hydrogène. Aussi H O vous laisse-t-il un demi-équivalent d'oxygène inutilisé. En réunissant tout l'oxygène dans la formule $A z O^3 H$, vous retrouvez un nombre entier pour ces dieux-atomes que par étymologie on n'a pas le droit de diviser (*partie indivisible de la matière*).

Vous classez à part l'anhydride carbonique sulfureux. En connaissez-vous des hydrates ? Ils se combinent pourtant très bien à la chaux, à la baryte, ainsi que l'acide borique ou silicique anhydres, en les chauffant ensemble.

L'acide phosphorique PO^5, anciennement, devrait s'écrire $PO^{2½}$, car c'est ainsi qu'il travaille dans les bains galvaniques ; l'eau que vous y joignez n'y travaille pas, comme dans $B a (OH)^2 + 8 H^2 O$, l'hydrate de baryte, il n'y a que B a O qui travaille.

Vous avez condamné les lois de Berthollet, l'ami de Lavoisier, disant que chaque fois qu'un composé volatil ou insoluble peut se former, il se forme toujours, et vous avez ajouté : oui, pourvu qu'il y ait augmentation de chaleur dans les nouveaux produits, déclarant que ce n'était qu'une question de thermo-chimie.

Eh bien, j'ai comparé sur 30 actions des plus connues, de l'oxygène à la soude ; les lois de Berthollet se vérifient 30 fois et celles de la thermo-chimie 13 fois. L'hydrogène même déplace au rouge le fer dans l'oxyde de fer, et le fer au rouge déplace l'hydrogène dans la vapeur d'eau.

L'acide carbonique déplace la vapeur d'eau dans l'hydrate de potasse et la vapeur d'eau déplace l'acide carbonique dans le carbonate de potasse. C'est toujours Berthollet qui a raison !

Mais en fouillant dans les derniers replis de la chimie organique, où les affinités tombent, on a cité des cas où Berthollet a tort. Franchement, il est plus excusable que vos 57 % d'échecs dans les réactions les plus vulgaires de nos livres d'étude.

La plupart des inventeurs sont Français, et l'Allemagne n'avait aucun droit d'écraser sous la botte de ses uhlans cette belle science qui a fait jadis fleurir la médecine, l'industrie et ouvert le champ de milliers de découvertes. Aujourd'hui, il faudra, comme pour l'étude du chinois, la vie entière d'un savant pour en comprendre, les formules, avec des démentis à chaque pas dans la pratique. Mais l'enseignement officiel exige les nouvelles formules pour les diplômes.

La corruption de toutes les Sciences depuis 1870

Ce ne sont pas seulement la médecine et la chimie, mais toutes les sciences qui ont été corrompues et foulées aux pieds par les hordes barbares.

La philosophie, qui avait passé par le positivisme et le rationalisme, et avait quitté les sentiers du spiritualisme aussi bien chrétien que de celui d'Aristote et de Platon, sous l'influence des théories de Kant et d'Hegel, aboutissait au panthéisme maçonnique.

Il n'y a plus de cours de théologie catholique à la Sorbonne, si longtemps catholique. Il y a un cours de théologie protestante, rétribué par l'État.

En anthropologie, on dépassa les théories de Darwin et, tandis qu'on enseignait au Muséum, que, pour ces prétendues transformations d'espèces, on ne trouvait pas d'espèces intermédiaires dans les couches géologiques, que les squelettes du singe et de l'homme sont très différents, des conférenciers parcouraient les faubourgs parisiens, avec des ossements de singes et d'hommes, perfidement rapprochés dans le silence du laboratoire, pour créer de toutes pièces le squelette factice de l'ancêtre de l'homme, et tromper les simples et les ignorants.

Faut-il que l'esprit de perversion des masses soit fortement ancré dans certains esprits forts, pour chercher la perversion pour elle-même et s'atteler à une œuvre aussi satanique ? Vous qui nous vantiez jadis les beautés d'une République aimable, dont Platon fut sans doute l'inspirateur, comment, au lieu de la peupler comme lui d'hommes vertueux, si vertueux mède qu'on l'a déclarée toujours impossible, n'avez-vous cherché qu'à y accumuler tous les vices ?

L'École polytechnique est restée comme le rocher immuable, au milieu de la marche universelle, du progrès dans le monde.

Les formules de la résistance du fer et de la fonte sont données pour le point où ils cèdent ou s'écrasent.

Le pont qui s'effondre au passage d'une locomotive d'un poids prévu s'écrase conformément à la formule, puisque le coefficient de résistance du fer est donné au moment où il cède ; ce fait est si connu des architectes qu'ils multiplient par 5, pour que le bâtiment tienne.

Il en est de même des résistances d'un aqueduc ; il est calculé pour résister à une masse d'eau déterminée, mais le coefficient de résistance est celui où il ouvrira ses flancs à la pression du liquide, et il crève selon la formule.

Sa physique est établie sur des principes généraux, tellement en dehors des circonstances ordinaires, que la *Sainte-Chapelle*, qui en sort, en dehors de laquelle aucune invention n'est réputée scientifique, a une peine infinie à s'y retrouver dans la pratique.

D'ingénieuses machines américaines ont déjoué depuis longtemps les principes immuables de la transformation du mouvement de sa mécanique.

En 1881, au Congrès d'électricité, les polytechniciens défièrent Edison de distribuer uniformément l'électricité par bec d'éclairage.

— *Vous me défiez, Messieurs*, répondit le célèbre électricien ; *dans six mois ce sera réalisé à New-York.*

Et quand, en 1889, tous les ingénieurs français eurent échoué pour l'éclairage des boulevards à l'électricité, pendant l'Exposition, on écrivit à Edison, qui s'installa avenue Trudaine et que les autres imitèrent depuis.

J'ai vu, il y a peu de temps, des polytechniciens qui ne s'y reconnaissaient pas encore pour un montage électrique, installé maintenant partout.

On montait récemment un moteur hydraulique de 1 200 chevaux à Belgrade, et, quand les ingénieurs eurent comparé les moteurs anglais, français et suisses, ce furent ceux de Vevey (Suisse) qui l'emportèrent, J'ai eu le plaisir de les visiter, au moment de l'exposition de Vevey, et ils sont au-dessus de tout ce qu'on peut imaginer comme art.

La houille blanche fonctionne maintenant au Niagara, à Neuhausen à la chute du Rhin (Suisse), à Pittsburg (Pensylvanie), en Écosse, en Allemagne, et Masson, pour nous faire connaître les merveilles réalisées par les chutes d'eau et les dynamos dans le monde, doit traduire les ouvrages allemands, comme celui de Weber, Fischer et Gautier.

J'ai voulu connaître les sources et les minerais en Europe. J'ai dû m'adresser en Belgique, pour avoir le livre du D^r· Mœller sur les eaux minérales, à l'université de Lausanne ou en Allemagne, alors que l'institut en France songeait à en dresser la carte pour la France seulement.

Beaucoup de jeunes gens pauvres à l'étranger savent plusieurs langues. Le Français n'en connaît qu'une seule : la sienne.

Le chauffage à vapeur est installé dans tous les hôtels suisses, dans des conditions de perfection inconnues en France, et l'Allemagne inaugure le chauffage électrique, déjà réalisé dans les tramways américains.

Voilà l'instruction que vous voulez rendre obligatoire, M. Combes. Vous n'avez pas armé les jeunes générations pour la vie, vous êtes en infériorité avec l'étranger sur presque toute la ligne, et vous ne songez qu'à faire passer tous les jeunes gens par le moule universitaire.

Uniquement préoccupé de l'école sans Dieu, vous avez perdu tout le terrain parcouru par les autres nations, pendant que nous ne faisions que de la politique sectaire.

Vos programmes d'enseignement, vos formules surannées nous enlisaient dans un sable mouvant, pendant que tout se développait autour de nous, et de la vase universitaire sortaient les hommes politiques, *la chapelle fermée*, dont les idées étroites arrêtaient partout la marche du progrès.

Pour l'avenir de la nation française dans le monde, nous dénonçons les programmes universitaires, causes de la misère, de la ruine et de la décadence de nos populations, parce que tout y est actuellement pourri, et que nous n'y confierons pas nos enfants.

Les Lois Ferry

C'était peu de corrompre toutes les sciences et d'en faire un instrument d'exploitation, de dégradation morale et d'incohérence, par une ironie suprême de ceux qui se réclament de la science pour abattre l'enseignement du Sinaï, 35 fois séculaire, gravé dans la moi ale de tous les peuples, et celui des lois et conseils évangéliques.

Ceux qu'on appelait les *Prussiens de l'intérieur*, vomis par le suffrage universel du 8 février 1871, en un jour de clairvoyance qu'avait amené le danger national, — par la logique du même suffrage. L'activité déployée dans les Loges, la propagande effrénée d'une presse qui calomniait et dénaturait à jet continu tout ce qui restait de la France, — étaient revenus le 14 octobre 1877.

Gambetta (accentuer l'*m* et les deux *t*, *petite jambe* en italien), avait réussi, au commencement de 1879, ce que le Maréchal se démît de ses fonctions présidentielles. Nous approchions du grand. Ministère, et toutes les nations allaient avoir leurs représentants à la tête de la France : Tirard le génevois, Spuller le badois, Siegfried de la Suisse allemande, l'anglais Waddington, le polonais Krzyanowsky (Sigismond Lacroix) et un métis américain (d'après Rochefort), Daniel Wilson.

Il s'agissait de frapper un grand coup pour abattre en Europe une des dernières puissances catholiques qui résistait encore, et, dans le programme des loges :

> « *Destruction des armées permanentes et des banques d'État, abolition des Sacrements remplacés par des cérémonies laïques, organisations ouvrières comme l'Internationale, suppression de la magistrature inamovible et du budget du cultes, instruction gratuite, laïque et obligatoire* »

a, indiqué par le F∴ Gottin au congrès de Liège, ce fut ce dernier point qui fut repris par J Ferry et P. Bert.

Gambetta, dont la dictature fut décidée au convent de Locarno, en 1872, où fut promis l'appui de Bismarck et l'argent des Prussiens, pour faire plaisir à la Prusse et détourner le chauvinisme français des idées de revanche, avait lancé sa fameuse phrase :

> « *Le cléricalisme, voilà l'ennemi !* »

Qui, d'après M. Chesnelong, fut aussi lancée par Jules Ferry au Sénat.

Le 7 mars 1879, ce dernier déposa son projet de loi, où, après avoir rendu l'instruction obligatoire, article 7, il excluait les Congrégations enseignantes du droit de la donner. Ce projet, très-combattu, fut voté par la Chambre, sans l'être par le Sénat et, pendant les vacances, le fr∴ Ferry l'appliqua sous forme de décret, et, pour qu'aucune illusion ne subsistât, les Religieux furent chassés par la force publique le même jour où la grâce des communards leur permit de rentrer.

Les Loges s'agitèrent pour le soutenir énergiquement, par des conférences, des réceptions officielles, et, sous leur influence, Paul Bert déposa un rapport où le caractère de Congrégations autorisées ou non devait disparaître. Plus tard, M. Camille Sée s'occupa de l'instruction de la femme, pour lui enlever à son tour tout caractère religieux.

Cette campagne qui devait avoir comme corollaire la loi du divorce, le four crématoire, l'abolition du Concordat, la guerre à toute idée religieuse, avec l'hypocrisie des mots au début, la révolution et le matérialisme comme but, fut menée principalement par la *Ligue de l'enseignement*, qui l'avait commencée pendant la guerre.

Laissons parler là-dessus M. de Moussac. Voici les paroles-que, au Comité catholique, il nous citait du président de la Ligue, Jean glacé :

> « *Assez longtemps nous avons donné confiance aux familles par des livres anodins ; le temps est venu de dévoiler notre véritable but, qui est la déchristianisation de l'école, pour tenir la France de l'avenir.*
>
> « *Et nous avons chargé le fr∴ Ferry de préparer les lois scolaires ; fr∴ Ferry, qui ne recule devant aucune honte, est tout à fait l'homme qu'il nous faut.*
>
> « *On croit que c'est nous qui avons dirigé ce mouvement ; la vérité est que c'est tout à fait nous, et c'est ce qui prouve la force de l'association. Aussi avons-nous convié toutes les loges maçonniques à s'affilier à la nôtre.* »

M. de Moussac m'ayant dit que c'était dans le Bulletin de la Ligue qu'il trouvait ces renseignements, je l'ai moi-même consulté, et j'y ai vu que cette même Ligue, qui n'avait que 34 000 membres et 34 000 francs de souscriptions annuelles, avait préparé la loi de laïcisation (lisez de déchristianisation) de 1886, avait chargé M. Goblet de la présenter et l'avait félicité de la manière dont il l'avait présentée et soutenue.

On peut donc se demander comment ce dernier qui réclamait la laïcisation de toutes les écoles dans un temps rapproché, alors que l'instruction était obligatoire et les religieux expulsés, se plaignait récemment que M. Combes dépassât le but, quand il avait lui-même posé les principes précédemment.

M. Goblet, qui faisait enterrer sa belle-mère religieusement, baisait l'anneau de Monseigneur et portait le cierge au moment de l'offrande, n'a-t-il pas fait fermer aussi des chapelles et fait tirer sur de saintes filles qui priaient à Châteauvillain ?

Aussi la similitude entre ce qui se fit alors et ce qui se fait aujourd'hui est-elle complète. Seulement les catholiques traqués par des gouvernants maçonniques, des préfets juifs et des sous-préfets protestants se défendirent par un pétitionnement couvert de deux millions et demi de signatures ; on fit des conférences, et des pères de famille déclarèrent qu'ils braveraient l'amende et subiraient la prison, plutôt que de confier aux francs-maçons l'âme de leurs enfants, et le mouvement fut en partie enrayé.

Et, comme la main de l'Angleterre se trouve partout, le fr∴ André ayant confié récemment la direction des cercles militaires à la *Ligue d'enseignement*, celle-ci y a défendu le vin ; produit national français, à nos officiers, pour le remplacer par le thé, produit national anglais ; c'est une marque de plus de l'origine anglaise de la Ligue et le pendant de ce qu'elle fait dans les Sociétés de tempérance, dont elle inonde aujourd'hui notre pays, dans un intérêt mercantile, comme elle l'a avoué publiquement dans un congrès de tempérance. (Voir *Bulletin des Agriculteurs de France*.)

La résistance des Catholiques

En vain le Concile du Vatican avait-il reconnu que le devoir de tout homme est, par tous ses moyens d'action, de défendre, l'Église et la Société ; en vain Pie IX avait-il réclamé des pèlerinages à Rome, où il rappelait à ses devoirs sociaux, dans de continuelles allocutions, la masse des catholiques : elle était restée inerte, jusqu'au jour où la franc-maçonnerie italienne s'opposa, par des violences inouïes, à ces pèlerinages, d'où tant de bien social eût pu sortir.

Le catholique s'occupait d'oeuvres de salon et d'apparat, construisait des temples et des communautés, pour lesquelles on s'endettait quelquefois de 800 000 francs.

Devant ce débordement de presse de leurs adversaires, aucun journal populaire catholique n'existait Paris. Devant l'association maçonnique, encouragée par les francs-maçons habilement placés dans les ministères, l'enseignement et la presse, aucune organisation, aucun plan ! Rien, absolument rien n'était prévu !

J'ai parcouru, de 1875 à 1877, tous les congrès catholiques, en montrant le tirage des journaux maçonniques, juifs ou athées, les haines et les préjugés qu'ils semaient, j'ai rappelé les paroles du Concile et de Pie IX, comme de Léon XIII plus tard. Enfin, on en a eu quelques-uns, assez pour permettre à la masse de s'endormir du sommeil du juste, confiante dans quelque intervention divine, sans rien faire pour la mériter, ou dans quelque vague prophétie sans valeur aucune : doux oreiller d'un rêve jamais réalisé !

Pourtant, parmi l'élite des catholiques, un Comité catholique s'était formé depuis 1871. Toutes les questions de presse, d'enseignement, de législation, etc., y étaient traitées dans les sections du matin et de grands orateurs se faisaient entendre dans les séances générales.

La Société d'Éducation et d'Enseignement, ayant les mêmes président et vice-président, MM. Chesnelong et Keller, s'occupait spécialement des écoles.

Mais telle était l'indifférence du public que ces Assemblées vraiment magistrales, si vigilantes et éclairées, n'étaient suivies et connues que d'un petit nombre, une élite !

Albert de Mun, de son côté, avait fondé les Cercles catholiques d'ouvriers. Cette association recevait l'inspiration directe de la papauté et professait publiquement le devoir pour les classes qui occupent un rang plus élevé de se dévouer au bien matériel et moral des classes déshéritées.

Ces doctrines des Pères de l'Église et des Conciles, confirmées par des Brefs de Pie IX, et entre autres une admirable lettre à M. Léon Harmel, dont on cherchait l'application dans l'usine, dans l'esprit d'association, dans le dévouement sous toutes ses formes, reçurent plus tard une magnifique consécration dans l'Encyclique de Léon XIII, *Rerum novarum*, sur la condition des ouvriers, qui remplit de joie l'œuvre des Cercles catholiques.

Il y avait là toute une espérance de reformer la famille ouvrière, de réconcilier et de rapprocher les classes sous l'étendard de la charité chrétienne, au lieu du désespoir qui lançait la classe ouvrière dans toutes les haines de l'*Internationale* juive, pour laisser ensuite carte blanche aux ennemis de la France, en faisant ratifier par le vote populaire tout le plan social de démolition, rêvé et payé par ses ennemis.

Si l'on veut se faire une idée de la crainte que cette association jetait dans le camp de nos adversaires, comme J. Ferry lui-même en témoigna dans les Vosges, je rappelle seulement que l'abbé Garnier ayant fait aux ouvriers une conférence très bien accueillie à Rouen, mais conspuée par les francs-maçons, il alla leur en demander la raison, et ils lui répondirent :

« *C'est que l'ouvrier est notre fief et vous nous le prenez !* »

Ce sont d'ailleurs ces doctrines de dévouement à la cause sociale qui ont permis à un certain nombre de nos amis d'entrer au Parlement, mais les idées de bien-être répandues dans la bourgeoisie étaient telles, qu'elles restèrent le lot d'un petit nombre.

On s'était contenté de revendiquer les droits d'un enseignement supérieur libre, sans rien obtenir de la liberté des programmes universitaires, restés plus tard à l'entière disposition de ministres francs-maçons, de bâtir un temple de pierre au Sacré-Cœur et un grand nombre de basiliques et d'églises, époque par excellence de la maladie de la pierre chez les catholiques.

Mais, quand la liberté de l'enseignement fut menacée, les catholiques avaient leurs cadres, organisèrent des conférences et un vaste pétitionnement : le public commença à s'émouvoir et le mouvement déchristianisateur fut en partie enrayé.

Le secrétariat des droites, voyant que les finances de l'État étaient dilapidées depuis 1871 ; et ce magnifique mouvement de défense religieuse, auquel les libéraux eux-mêmes s'associaient, en forma la base de ses programmes électoraux, sans qu'elle ait beaucoup changé depuis lors.

Ce fut un tort de la restreindre à ces seules protestations. L'épuration maçonnique de la magistrature et de l'armée était indiquée déjà par Gambetta. Celle de la magistrature put s'opérer presque sans une seule protestation, privant le pays d'excellents défenseurs dont on négligea de s'adjoindre le concours.

Les traités de commerce de 1881 préparaient la ruine de l'agriculture, et de l'industrie par la suite, sacrifiés à l'étranger et aux spéculateurs cosmopolites. J'ai pu me rendre compte que nos protestations pour la liberté religieuse ne trouvaient pas d'écho dans les campagnes, où les religieux n'étaient pas connus. Le paysan répondait de plus qu'il n'avait jamais vu de milliards et que les milliards du Budget n'étaient pas pour lui.

Mais, quand les ruines agricoles commencèrent, comme elles avaient été prévues à la suite des traits de commerce de 1881, j'entrepris avec mes amis une campagne de presse et de conférences sur les intérêts du pays, qui eut un grand retentissement et rejaillit sur les élections.

C'est le levier qu'il faudra reprendre, si l'on veut toucher ces populations, tant sont grandes les ruines qui se sont étendues sur la province !

La Politique des intérêts

Je ne crois pas que rien ne puisse prouver davantage l'ingérence de l'étranger dans l'administration de la France, que les traités de commerce et les conventions commerciales, qui lui sont consentis chaque fois que le pays ne fait pas entendre sa voix et ses protestations.

À un moment où l'agriculture commençait sérieusement à souffrir, par suite de la baisse générale de ses produits, de 25 à 50 pour 100, supérieure par conséquent aux bénéfices que nous pouvions réaliser,

M. Tirard, aux applaudissements de la gauche, fit voter par acclamation les traités de commerce de 1881, où nous étions indignement sacrifiés à l'étranger.

Non seulement nous recevions sans droit des produits que les autres pays grevaient lourdement à leurs frontières, mais *la clause de la nation la plus favorisée*, mise dans tous les traités, accordée à 42 nations les amenait toutes à profiter des faveurs faites à une seule, sans concessions réciproques. Nous leur accordions en sus la franchise de nos ports, que nous ne rencontrons ni à Liverpool, ni à Hambourg, des tarifs de transports réduits et des docks gratuits.

Une campagne s'organisa, dans laquelle je salue les noms d'Estancelin, de Pouyer-Quertier, de Deusy, de Marc de Haut. Je m'y consacrai entièrement, et voici le résumé du discours que je prononçai à l'Assemblée générale des Agriculteurs de France, et que je, reproduisis dans toute la Région du Nord :

> « *On nous a dit, en 1860, que le libre-échange devait faire tomber les produits à portée de toutes tes bourses : le pain, la viande au détail, tes vêtements son : plus chers qu'autrefois pour le consommateur. On nous a dit que le producteur européen l'emporterait sur ses rivaux ; ce sont eux qui envahissent nos marchés. On nous a promis la pacification des peuples, et il y a 29 millions d'hommes sous les armes en Europe. Le libre-échange a fait banqueroute à toutes ses promesses.*
>
> « *Tandis que l'étranger se protège et a des excédents pour son Budget, nous avons des déficits qui s'aggravent encore des fonctions publiques et des travaux publics, qui forment la consolation de ceux que le libre-échange a ruinés. Le commerce de détail s'encombre de ces nouveaux arrivants qui grèvent les denrées de consommation. Le libre-échange nous a donné ainsi la vie plus chère qu'autrefois.*
>
> « *Des Ligues se dressent contre nous, comme* La Ligue contre le renchérissement du pain et de la viande, *qui ne contiennent aucun consommateur, mais les accapareurs de blé et de viandes, des spéculateurs qui touchent, au passage des produits du Nouveau-Monde dans l'Ancien, 50 pour 100 de bénéfice, et peuvent faire un cadeau au Trésor national, laisser le marché national aux français, et, même en remontant aux cours anciens, la marge est encore assez grande pour faire un cadeau important aux consommateurs.*
>
> « *Si l'agriculture, qui forme aussi le meilleur élément de la Défense nationale, renaissait, elle déverserait ses revenus dans l'industrie, payerait des droits de mutations et de consommation plus élevés et sèmerait la richesse dans tout le pays. Elle est la base de la richesse nationale* ».

Des conférences de ce genre, faites par moi, dans toute la Région du Nord, et reproduites dans tous les journaux de province, presque sans distinction de nuances, car il s'agissait d'un intérêt vital, amenèrent la chute de 50 députés de la gauche, remplacés par des conservateurs.

Le Temps et Le Gaulois ouvrirent une enquête, mais s'apercevant que la cause était le protectionnisme, la fermèrent aussitôt, car il n'est pas permis d'en parler dans les journaux de la capitale.

Plus tard, l'industrie ayant commencé à souffrir, nous fîmes l'Union de la Société des Agriculteurs de France avec l'Association de l'industrie française ; nous traçâmes, après enquête auprès des syndicats agricoles, notre programme réparateur pour 1892, nous promîmes dans nos Assemblées de le présenter aux candidats des élections législatives, et 300 revinrent ayant fait cette promesse : *plus de traités de commerce, mais des tarifs de douane réparateurs* !

Cette politique d'affaires eut une immense popularité dans le pays. La Société des Agriculteurs de France de 3 000 membres monta à 14 000 ; plus d'un million d'agriculteurs se groupèrent, dans les syndicats agricoles, sous leur patronage ; les deux tiers des Chambres de Commerce se réunirent à l'Association de l'industrie française, à qui MM. Aclocque et Pihoret avaient donné un tel essor. Jules Domergue en sortit et fonda la *Réforme Économique*.

Le tort des conservateurs fut de trop négliger ce levier puissant à Paris. Les Économistes nous livraient une guerre acharnée, et nous les fîmes sortir sous les huées de nos Assemblées générales. La grande presse des boulevards, toute dévouée à la spéculation, chercha à donner le change sur toutes nos réclamations ; beaucoup de conservateurs, élus sur nos programmes se tournèrent vers des francs-maçons notoires, leur laissant le soin de prendre la défense du pays. Aucune Ligue parisienne ne voulut prendre en main nos intérêts.

Pourtant nous avions prouvé que nous avions des administrateurs. Nous avions renversé en nombre toujours croissant les dangereux sectaires, que l'on n'avait pu mettre à bas avec la défense religieuse seule et l'exposé des finances de l'État. La France marchait du Nord au Midi, dans les campagnes et dans les villes, sans que les journalistes et les ministres aient réussi à maintenir les anciennes divisions.

Et cependant le grattoir de Constans avait en 1889 supprimé cent de nos députés. Nous comptions sur le triomphe en 1893, en finir avec les fantasmagories, les discours astucieux et les articles de parade, styles soigneusement par les spéculateurs et l'étranger. Alors le ralliement est venu, qui nous a tués, par des interprétations perfides, à la veille des élections.

Toutefois Léon XIII n'avait pas dit ce qu'on lui a fait dire comme nous l'avons déjà, vu dans un article précédent.

La Politique de Léon XIII

Le P. Canisius, en ouvrant un Concile par l'ordre du Pape, s'exprima ainsi : « Je prends l'engagement de ne pas citer une seule phrase d'un auteur, sans l'avoir lu en entier, car autrement on pourrait défigurer sa pensée. » Que doit-on penser de ceux qui l'interprètent, non seulement sans l'avoir lu en entier, mais sans même avoir lu les passages dont ils parlent ?

Dans l'Encyclique sur la « Liberté », Léon XIII déclare que la liberté doit exister pour le bien, que le mal ne doit pas être libre, ce qui est à proprement parler, la doctrine du *Syllabus*.

Dans celle sur le « Pouvoir », Léon XIII déclare que, si l'Église est la gardienne des vérités morales, d'autre part les nations s'administrent à leur gré. Le pouvoir est fait pour le bien commun et doit être obéi, mais une loi ne mérite obéissance qu'autant qu'elle est conforme à la droite raison et à la loi éternelle de Dieu.

Lorsqu'usant d'une manœuvre de la dernière heure, aux élections de 1893, on déclara à M. de Mun qu'il n'avait pas qualité pour exprimer la pensée de Rome, mais que, d'après lettre du pape au cardinal Lecot, on devait se mettre à genoux devant la franc-maçonnerie et la juiverie, ceux qui parlaient ainsi à la masse ignorante dans les journaux, avaient-ils lu cette lettre d'abord, et connaissaient-ils l'Encyclique « *Humanum genus* », où le pape organise la lutte contre la franc-maçonnerie

Si un gouvernement ne veut que le mal, dit-il, dans l'une d'elles, c'est le devoir des bons citoyens de se liguer et de le combattre, et, si l'anarchie descend dans la rue, les bons citoyens rétablissent l'ordre et le pouvoir qui existe le lendemain doit être obéi, parce qu'il est pour le bien commun.

Il est pour le *Syllabus* et l'*Infaillibilité* ; il offre la religion comme un moyen de pacifier les États, de ramener la justice et la paix dans le monde du travail, l'harmonie dans la famille, et condamne le faux libéralisme, qui consiste à faire abstraction de la morale et de la foi, aboutit fatalement à la licence et ouvre le champ à toutes les violences et les injustices.

Comment donc nous aurait-il conseillé de nous rallier à des œuvres mauvaises ? Loin de là, dans ses directions pontificales du 16 février 1892, il nous rappelle que nos devoirs primordiaux sont ceux envers notre foi et notre patrie. Il nous montre, sous des gouvernements non légitimes, ces devoirs toujours accomplis par les chrétiens, que ce soit sous Julien l'Apostat ou sous le premier Empire, nous rappelle que nous devons l'obéissance au pouvoir établi, les crises qui en résulteraient, si l'un pouvait s'y soustraire, mais loue saris réserves, surtout dans celles plus explicatives du 3 mai 1892, les catholiques qui luttent pour avoir de bonnes lois et qui combattent les agissements des hommes pervers.

Il reconnaît que chaque nation doit chercher, dans son histoire et ses traditions, ce qui lui convient le mieux, et, interrogé par les monarchistes, il répond qu'il ne condamne ni la fidélité ni la confiance, mais que ces désirs d'un certain nombre d'entre nous ne semblent pas ratifiés par la nation.

C'est le pendant du mot de Pie IX :

« *Agite, non agitate !* »

À l'un de nos amis qui l'en entretient, il explique que ce qu'il veut, c'est que, sous prétexte que le gouvernement n'est pas celui de notre choix, un certain nombre de catholiques privent le pays des services sociaux qu'ils pourraient lui rendre : occupez-vous de ses intérêts, acquiérez-y de l'influence, et ne restez pas à l'écart, en boudant dans vos châteaux.

Ainsi il reconnaissait le droit d'étudier par l'histoire et nos traditions ce qui nous convenait le mieux et d'en faire la propagande. Il nous exhortait à lutter contre la franc-maçonnerie. Il nous montra dans quelles limites nous devions l'obéissance au pouvoir établi, et les cas où, cette obéissance devenant une apostasie, nous devions préférer l'obéissance à Dieu à celle des hommes.

Quand je menai une campagne, dans les congrès catholiques, en faveur de la création d'une presse populaire, je pus citer les encouragements de Pie IX et plus tard de Léon XIII.

Sur la question des intentions des hommes politiques, sur les actes du pouvoir, prisonnier du Vatican, il a pu être trompé, comme en témoigne le dernier *Livre jaune*. Dans ses Encycliques, où il exposait chacune des théories en présence, avant de les juger au point de vue de la foi, il a pu être reproduit imparfaitement. Surtout la presse juive, maçonnique et protestante en a souvent dénaturé le sens.

Mais on ne peut nier qu'il a abordé tous les problèmes qui agitent le monde moderne, avec une haute philosophie et un sens canonique admirable.

Pour le reste, c'est à nous à créer les organes utiles pour la propagande, à étudier, à écrire ou en parler en public, selon les dons que Dieu nous a départis et selon le précepte de l'Apôtre.

Nul doute que, cherchant à entretenir de bonnes relations avec la France, et, ayant témoigné pour son gouvernement d'une bonté et d'un esprit de conciliation, qui ne lui furent pas rendus, s'il avait trouvé devant lui un autre gouvernement plus respectueux des droits de l'Église, il ne l'eût sacré, si c'était une monarchie, et ne l'eût, en tous cas, encouragé dans la voie de la justice et de la paix.

Et, si nous ne l'avons pas eu, cela tient moins aux divisions, je le reconnais, qu'à cet esprit d'indifférence et de bien-être matériel qui a envahi la bourgeoisie, et, si on veut sortir du désarroi où nous sommes, il faudra, qu'ayant succédé à la noblesse, elle la remplace dans son dévouement, devienne à son tour classe dirigeante, en s'inspirant pour cela de ses devoirs sociaux, si bien tracés dans les encycliques de Léon XIII, surtout dans l'Encyclique *Rerum Novarum*, qui seule lui assurera la popularité pour y réussir.

Comme a dit le cardinal Mermillod : Le peuple sera à celui qui l'aimera davantage.

La Délivrance du pays

Lorsque nous nous adressons au peuple pour lui parler des reformes qui s'imposent, il nous répond qu'il ignore et, dans son ignorance, il suit le tribun qui passe, parce que l'ami qu'il eût pu trouver dans la classe dirigeante n'est pas venu à lui.

Lorsque nous nous adressons aux membres de la classe instruite et qui devrait être dirigeante, elle a été pétrie par le programme juif, protestant et maçonnique, universitaire et obligatoire, et ne nous comprend pas. Pour sortir du gâchis où nous trouvons, il faut d'abord former des hommes militants, revenus des blagues universitaires et éclairés par l'étude consciente et la grande école de la vie : c'est ce à quoi j'ai apporté ma pierre, pour le nouvel et grand édifice social, depuis le 5 juin 1902, dans ce journal. Il faut ensuite l'action ; c'est ce à quoi je travaillerai avec vous par la suite.

L'agriculture était traitée en paria. Je l'ai défendue avec mes amis en 1884 et 1885 ; nous avons renversé 50 députés dans le Nord en 1885. Le Midi et l'industrie n'étaient pas admis davantage à se faire entendre dans la politique parisienne. Nous avons fait prendre des engagements à 300 députés en 1889, sans compter les 100 que le grattoir de Constans avait supprimés de la représentation nationale.

Mais l'enseignement économique, payé par l'Angleterre, a continué à être celui d'Adam Smith, de Cobden et de l'école de Manchester. La presse stipendiée par elle a fait chorus, et les hommes politiques parisiens ont continué à être pour les doctrines lancées hypocritement sous une apparence de bien public par les spéculateurs de la Bourse de Londres et les juifs de nos Bourses de commerce. Les francs-maçons des chambres les ont favorisés et servis.

La justice, l'harmonie et la paix ont longtemps régné sous l'influence de la philosophie chrétienne, pitoyable aux petits, juste envers les grands, et qui avait tracé les bases de l'ordre social. La philosophie maçonnique n'admet plus ni le Dieu de l'Évangile, ni la contrainte de la morale pour les grands, ni les liens de la famille auxquels elle préfère une honteuse promiscuité. Elle procède par l'assassinat et la révolution, et, dans le mystère de ses Loges, promet la liberté aux novices, et prépare l'avènement des grands Empires Maçonniques.

L'histoire de France fut l'histoire de la loyauté, de la concorde et de la civilisation. Elle a tracé un sillon d'honneur et de gloire dans le monde ; le progrès s'y développait à travers les âges, au milieu d'institutions tutélaires qui faisaient le bonheur du peuple.

On l'a salie par des accusations injustifiées d'intolérance et d'obscurantisme, inventées par les historiens protestants, renforcées par les philosophes, dont l'enseignement a été rendu obligatoire par les francs-maçons, et que démentent tous les écrits de l'époque, même ceux des adversaires de l'Église et des prétendues victimes.

Les brochures de la Société Démocratique ont répandu ces calomnies jusque dans le dernier village, une presse juive et protestante les a répétées à jet continu, car cette histoire est si belle qu'elle eût pu amener des regrets dans le temps présent, et la Censure frappe impitoyablement les réminiscences trop belles et trop véridiques dans nos théâtres.

Une révolution juive et protestante vint à la suite qui puisa son mot d'ordre en Angleterre, affranchit les Juifs, installa les francs-maçons au pouvoir et ceux-ci continuèrent à prendre le mot d'ordre à l'étranger. De là sortit le triomphe de la Bourse de Londres et des autres Bourses européennes, l'exploitation du travailleur, le règne des juifs, le remaniement de la carte de l'Europe, l'abaissement ou la destruction des puissances catholiques, la fondation du royaume de Prusse, puis de l'empire d'Allemagne.

Et pendant un siècle maçonnique, où nous eûmes tour à tour des rois, des empereurs ou des républiques, la franc-maçonnerie resta la véritable directrice des événements contemporains, brisant les rois, forçant la main aux empereurs et dirigeant les républiques. C'est elle qui est restée la grande ennemie.

Les Beaux-Arts eussent pu nous instruire : ils se sont confinés dans les vices des décadences grecque et romaine et ne se souviennent pour la France que des traîtres comme Etienne Marcel ou des révolutionnaires comme Danton.

Dans un pays de franchise et de sincérité, dans un temps essentiellement pratique, la littérature n'a gardé que la forme esthétique du langage de ces temps de décadence, où les périodes ronflantes et les ciselures de la rhétorique remplacent les principes et la sincérité.

Le droit puisé dans ces temps où régnait l'abus de la force a constitué les nouveaux privilèges de la Révolution, et écrasé les traditions et coutumes les plus respectables. C'est la main-mise du pouvoir sur l'initiative privée, qu'il arrête et rançonne ; c'est le faible et le travailleur épuisés, et les titulaires se partageant les places de l'État avec les lauréats des classes libérales.

L'Église, qui a qualité pour prendre la cause de la justice et des humbles, et qui a fait la France unie, forte et prospère, a perdu sa force sociale et politique et est arrachée de ses autels.

La lente et patiente observation humaine, l'étude consciencieuse des causes et des faits acquis, le souci des santés et du développement de l'industrie et de la gloire nationale, avaient fait la science grande et belle et avaient porté le nom de nos savants jusqu'aux extrémités de l'univers. Depuis 1870, l'exploitation, la réclame intéressée, la dénaturation des faits et l'altération des citations, la soif démesurée de l'or et de la gloire, les sommités de parade ont amené trop souvent la faillite de la science et de la conscience.

Et quand vous parlez des réformes utiles aux lauréats des diplômes, que voulez-vous qu'ils comprennent ?

Liste des Francs-Maçons

Nous sommes en Maçonnerie et non pas en République.
(Paroles de Mgr Fava).

Comme conclusion des articles de M. Jules Séverin, nous publions les principaux noms de la liste des francs-maçons arrivés au pouvoir en 1877. On verra que, malgré les changements si nombreux de ministères, quand ceux qui avaient été essayés étaient usés devant l'opinion, nous n'avons jamais cessé d'être dans la main des ennemis de la Foi et de la Patrie française pendant toute la durée de ces vingt-six ans écoulés.

Noms des principaux francs-maçons au pouvoir en 1877

D'après *les Sociétés secrètes et la Société ou Philosophie de l'histoire contemporaine*, par N. Deschamps

Sur les 209 noms cités par lui.

1. F∴ L. Gambetta, député de la Seine, président de la Chambre des députés, maçon dès avant 1869. — *Chaîne d'Union*, 877, p. 17.
2. F∴ Le Royer, sénateur inamovible, assiste comme maçon en 1868, à l'inauguration d'un temple maçonnique à Lyon. — Mentionné comme maçon pour la *Chaîne d'Union* en 1877.
3. F∴ Jules Ferry, député des Vosges, ministre de l'Instruction publique, membre de la L∴ *Alsace-Lorraine*. Or∴ de Paris, initié le 9 juillet 1875 dans la L∴ *La Clémente Amitié*, Or∴ de Paris.
4. F∴ Tirard, député de la Seine, ministre de l'agriculture et du commerce, membre et ancien vénérable de la L∴ *l'École Mutuelle*, Or∴ de Paris.
8. F∴ Édouard-Louis Laferrière, conseiller d'État, directeur des Cultes, initié le 10 avril 1870 dans la L∴ *Le Réveil Maçonnique* de Boulogne-sur-Seine.
10. F∴ Antonin Dubost, chef de cabinet du F∴ Le Royer, garde des sceaux.
12. F∴ H. Brisson, député de la Seine, vice-président de la Chambre, grand orateur en 1872 de la grande loge centrale (rite écossais).
13. F∴ de Mahy, député de la Réunion, questeur de la Chambre, orateur de la L∴ *Les Trinitaires*, Or∴ de Paris.

15 F∴ Pelletan, sénateur des Bouches-du-Rhône, vice-président du Sénat, ancien vénérable de la L∴ l'Avenir, Or∴ de Paris, ancien membre du Conseil de l'ordre du Grand-Orient de France.

24 F∴ Louis Blanc, député de la Seine, préside le 4 mars 1879 le banquet annuel de L∴ La bonne Foi, Or∴ de Saint-Germain-en-Laye.

29. F∴ Carnot, sénateur inamovible, initié en 1840 dans la L∴ Les Amis incorruptibles, de Paris, a fréquenté ensuite la L∴ Philadelphie.

34. F∴ Clémenceau, député de la Seine.

35. F∴ Constans, député de la Haute-Garonne, vénérable de la L∴ Les Cœurs unis, Or∴ de Toulouse.

38. F∴ Crémieux, sénateur inamovible, très puissant souverain, grand commandeur, grand maître du suprême conseil du rite écossais.

37. F∴ Émile Deschanel, député de la Seine ; membre de la L∴ Clémente Amitié, Or∴ de Paris.

46. F∴ Jules Favre, sénateur du Rhône.

48. F∴ Ch. Floquet, député de la Seine. En 1866, membre de la L∴ Ecossaise, n° 133 ; vénérable en 1873 de la L∴ La Justice, Or∴ de Paris.

58. F∴ Victor Hugo ; est signalé comme un des maçons importants dont le Grand Orient Mexicain a reçu des communications particulières.

61. F∴ Joigneaux, député de la Côte-d'Or.

74. F∴ Littré, sénateur inamovible ; initié le 9 juillet 1875 dans la L∴ La Clémente Amitié, Or∴ de Paris.

75. F∴ Lockroy, député des Bouches-du-Rhône.

76. F∴ Madier de Montjau, député de la Drôme, membre de la L∴ La Clémente Amitié, Or∴ de Paris. Parle à l'installation de la L∴ L'Homme Libre, Or∴ de Paris.

80. F∴ Henri Martin, sénateur ; La Chaîne d'Union, année 1874, p. 37.

81. F∴ Jules Méline, député des Vosges ; en 1869, orateur-adjoint de la L∴ L'École Mutuelle, Or∴ de Paris ; affilié à la L∴ Le Travail, Or∴ de Remiremont.

85. F∴ Alfred Naquet, député du Vaucluse ; fait au commencement de cette année une conférence sur le divorce dans les L∴ Les Amis de la Patrie et l'Avenir, Or∴ de Paris.

86. F∴ Oudet, sénateur du Doubs ; orateur titulaire de la L∴ Sincérité Parfaite, Union et Constante Amitié, Or∴ de Besançon.

96. F∴ Rouvier, député des Bouches-du-Rhône. En 1869, orateur de la L∴ La Réforme, Or∴ de Marseille.

99. F∴ Jules Simon, sénateur inamovible. Initié le 3 juillet 1870 dans la L∴ *Le Réveil Maçonnique*. Or∴ de Boulogne-sur-Seine. Le 24 octobre 1878, a eu lieu à l'Hôtel Continental, un banquet maçonnique sous la présidence du T∴ Ill∴ F∴ Jules Simon, en l'honneur des francs-maçons étrangers.

106. F∴ Viette, député du Doubs ; membre de la *Sincérité, Parfaite Union et Constante Amitié réunies*, Or∴ de Besançon.

110. F∴ Galtiaux, Conseiller municipal de Paris. Vante l'institution de *l'Orphelinat Maçonnique*, dont il est un des administrateurs dès 1860, dans la séance du Conseil Municipal du 16 mars 1860.

113. F∴ François Combes, Conseiller Municipal de Paris et vice-président du Conseil général de la Seine : initié le 25 juin 1879, dans la L∴ *La Rose du Parlait Silence*, Or∴ de Paris.

126. F∴ de Hérédia, conseiller municipal de Paris, vénérable de la L∴ *L'Étoile Polaire*, Or∴ de Paris, secrétaire du conseil de l'ordre du Grand Orient.

128. F∴ Jacques, conseiller municipal de Paris, initié en 1876 dans la L∴ *Les Amis de l'Humanité*, Or∴ de Paris, actuellement vénérable de cette L∴.

137. F∴ Jules Roche, rédacteur du *Siècle*, conseiller municipal de Paris.

141. F∴ Ch. Lauth, conseiller municipal de Paris, administrateur de la Manufacture de Sèvres, initié le 8 septembre 1872 dans la L∴ *Alsace-Lorraine*, ancien vénérable de cette L∴.

Administration et Presse

147. F∴ Edmond About, rédacteur en chef du *XIXᵉ Siècle*. Initié en mars 1860, dans la L∴ *Saint-Jean-de-Jérusalem*, Or∴ de Nancy.

158. F∴ Chatrian, homme de lettres. Initié le 14 octobre 1875, dans la L∴ *Alsace-Lorraine*, Or∴ de Paris.

160. F∴ Jules Claretie, publiciste. Déjà maçon en 1867.

169. F∴ Gréard, directeur du Ministère de l'instruction publique L∴ *des Amis bienfaisants*, Chaîne d'Union, 1877, p. 37.

171. F∴ Clovis Hugues, rédacteur en chef de la Jeune République, de Marseille, membre de la L∴ *La Parfaite Union*, Or∴ de Marseille.

177. F∴ Lavertujon, ancien directeur de la *Gironde*, candidat aux dernières élections législatives de Bordeaux en 1868, vénérable de la L∴ *Française élue écossaise*, Or∴ de Bordeaux.

179. F∴ Ferdinand de LESSEPS ; *Monde maçonnique*, août 1879.
180. F∴ Jules de LESSEPS ; *Monde maçonnique*, août 1879.
181. F∴ Jean MACÉ, promoteur de la *Ligue de l'Enseignement*, membre de la L∴ *Alsace-Lorraine*, Or∴ de Paris.
194. F∴ Elisée RECLUS, homme de lettres.
196. F∴ Francisque SARCEY, directeur du *XIXe Siècle*. *Le Monde maçonnique*, 1878, p. 99.
202. F∴ SIEGFRIED, maire du Havre, l'un des fondateurs de la *Ligue de l'Enseignement*, bulletin de la *Ligue de l'Enseignement*, çà et là.

    N. Tous ces noms avaient été publiés par le journal *La Défense* les 18 et 20 mai 1879, sans soulever aucune réclamation. L'auteur y a ajouté les affiliations. J'en ai reproduit ceux qui ont une très grande notoriété.

RÉCAPITULATION DES CHAPITRES

Introduction	11 à 14
L'Enseignement Protestant dans nos Écoles d'Agriculture et de commerce : l'économie politique juive	15 à 19
L'Influence du protestantisme en philosophie ; la philosophie juive .	20 à 23
L'Enseignement protestant en histoire ; erreurs et mensonges historiques. — La révocation de l'Édit de Nantes ; la Saint-Barthélemy ; l'Inquisition ; Galilée, victime de l'inquisition ; le Père Loriquet ; les Crimes des Borgia ; Marie la Sanglante ; Paris vaut bien une messe	24 à 37
Conséquences des Mensonges historiques pour justifier la Révolution ; *leur enseignement rendu obligatoire*	38 à 40
Les Beaux-Arts païens ; la Littérature païenne.	41 à 46
La franc-maçonnerie, son origine, initiation à ses mystères, l'action maçonnique au XVIIIe siècle, ses chefs occultes, — Que dire ? Que faire ? Nécessité d'une franc-maçonnerie blanche. — Doctrines de la maçonnerie : morale, serments, destruction de la famille, assassinats et révolutions, grands Empires maçonniques.	47 à 69
Le travail des philosophes au XVIIIe siècle ; l'action de Voltaire ; quelques citations des philosophes.	70 à 76
Destruction de l'enseignement chrétien en France et en Europe. Destruction des corporations et fondation de l'Internationale .	77 à 84
Les Juifs prennent la direction de la franc-maçonnerie ; les doctrines de la barbarie antique restaurées ; le Talmud et la Kabale.	85 à 90
Préparatifs de la Révolution française dans les Loges ; la Révolution en sort tout entière ; échec de la Révolution en 1799	91 à 97

Jules Séverin

Histoire d'un siècle maçonnique

Napoléon. — Le concordat. — *Le droit moderne ; le droit romain ; jurisprudence juive* —

Le Monopole Universitaire. — Conséquences actuelles du règne de Napoléon ou notre constitution calquée de l'Empire .... 98 à 112

La Restauration ; 1815 - 1830 ; La Franc-Maçonnerie sous la Restauration ; La Révolution de juillet préparée de longue main dans les loges .... 112 à 120

La génération de 1830 ; Louis-Philippe ; La Franc-Maçonnerie sous Louis-Philippe ; Les Juifs sous Louis-Philippe .... 121 à 129

La révolution italienne ; la révolution de 1848 ; Le plan de Palmerston .... 130 à 137

Napoléon III. — La guerre de Crimée ; la guerre d'Italie ; l'unité italienne ; les traités de commerce de 1860 ; la guerre prusso-autrichienne ; la guerre de 1870. — Conséquences actuelles du règne de Napoléon III, sous une République qui a encore perfectionné les rouages du despotisme .... 138 à 161

La politique de Pie IX ; L'Assemblée de 1871 paralysée dans ses bonnes intentions ; travail des sectes de 1870 à 1873 .... 162 à 169

Triomphe des francs-maçons en 1877. — *L'étalon d'or ; l'enseignement juif et protestant en médecine ; l'enseignement allemand en chimie ; corruption des sciences depuis 1870 ; les lois Ferry* .... 170 à 188

La résistance des catholiques ; la politique des intérêts ; la politique de Léon XIII .... 189 à 195

La délivrance du pays. — Liste des principaux francs-maçons au pouvoir en 1877 .... 196 à 202

N. B. — On trouvera de plus des articles d'actualité écrits au jour le jour dans *La Délivrance* et dont je fais profiter les lecteurs de cette brochure :
Compte-rendu de deux de mes Conférences économiques. — Bravo Millevoye ! bravo Drumont ! écrit au moment de la visite d'Édouard VII à Paris ; Loubet chez son souverain ; les députés français à Londres ; le Pape de demain, écrit à la mort de Léon XIII.

RETROUVEZ TOUTES NOS PUBLICATIONS
sur les sites

- vivaeuropa.info
- the-savoisien.com
- pdfarchive.info
- freepdf.info
- aryanalibris.com
- aldebaranvideo.tv
- histoireebook.com
- balderexlibris.com

Librairie Excommuniée Numérique CULUS (CUrieux de Lire des Usuels)

www.ingramcontent.com/pod-product-compliance
Lightning Source LLC
LaVergne TN
LVHW091544060526
838200LV00036B/704